BREXIT

「民衆の反逆」から見る英国のEU離脱

緊縮政策・移民問題・欧州危機

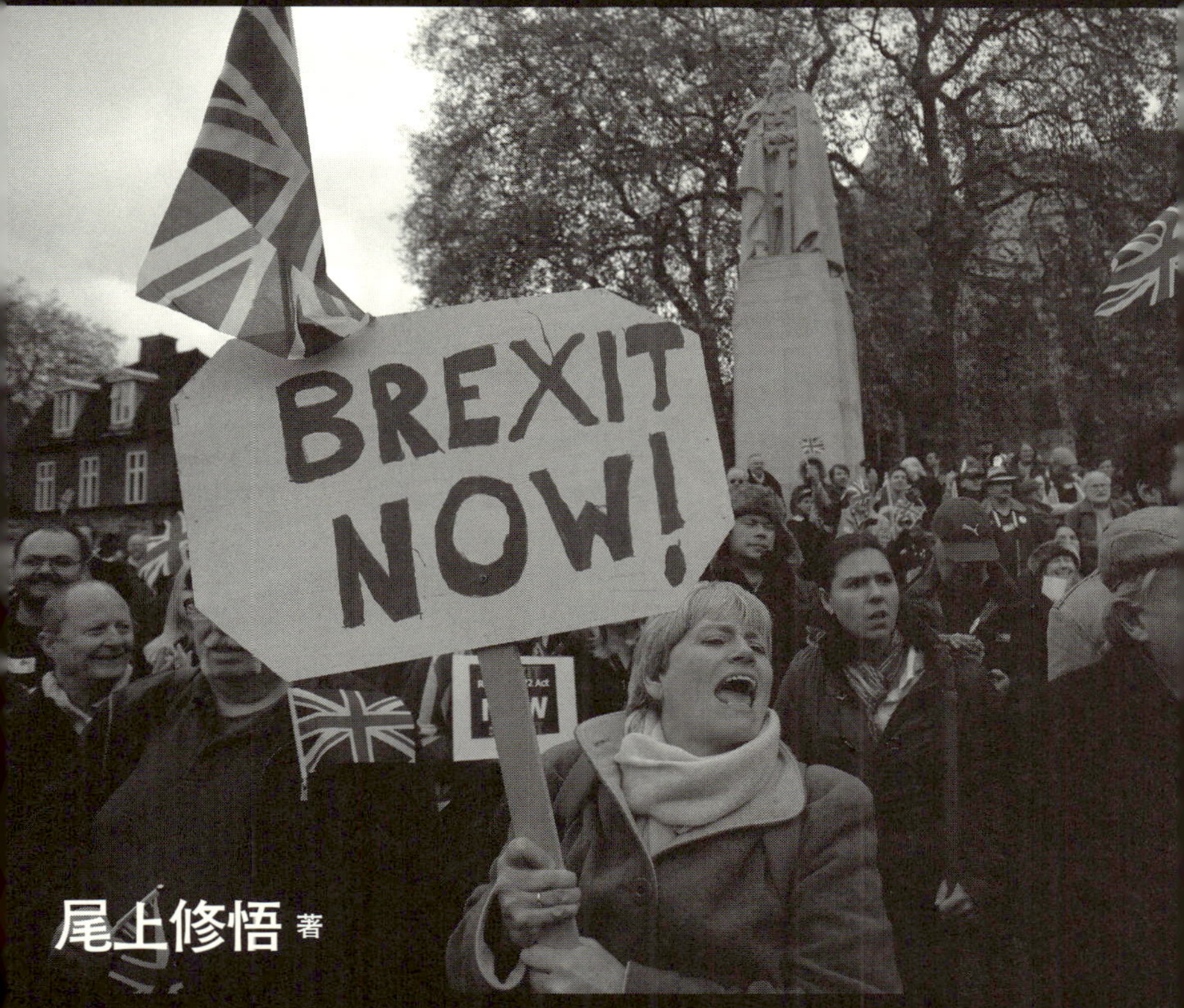

尾上修悟 著

明石書店

ＢＲＥＸＩＴ　「民衆の反逆」から見る英国のＥＵ離脱

――緊縮政策・移民問題・欧州危機

＊

目次

序章　Ｂｒｅｘｉｔで問われているもの　14
一．問題の所在と分析視点　14
二．本書の目的と構成　18

第Ⅰ部　イギリスの緊縮政策と総選挙

第一章　緊縮政策の経済的・社会的諸結果　22
一．財政赤字問題と連立政権　22
（一）保守党の選挙キャンペーン　22
（二）連立政権の成立　27
二．緊縮政策の遂行とその諸結果　29
（一）緊縮政策の遂行　29

（二）緊縮政策の諸結果　33
三．緊縮政策の緩和と経済復興　40
（一）財政緊縮策の転換　40
（二）緊縮緩和策による経済復興　42
（三）緊縮政策と有権者の意向　46
（四）ＥＵ問題と移民問題　48
第二章　二〇一五年の総選挙と保守党の勝利　56
一．総選挙のキャンペーンとその結果　57
（一）総選挙のキャンペーン　57
（二）総選挙の結果　60
二．保守党勝利の背景とインパクト　62
（一）世論調査と選挙結果　62
（二）保守党勝利の意味　62
（三）労働党の敗北とその後　64
（四）総選挙のインパクト　68

三．ＥＵレファレンダムの決定　70
（一）総選挙とＥＵレファレンダム　71
（二）欧州における「イギリス問題」　72
（三）ＥＵレファレンダムのリスク　74
四．イギリスのＥＵとの関係をめぐる諸問題　78
（一）イギリスの総選挙に対するＥＵの反応　78
（二）イギリスのＥＵとの再交渉問題　80

第Ⅱ部　イギリスのＥＵレファレンダム（国民投票）

第三章　ＥＵレファレンダムのキャンペーン　90
一．イギリスとＥＵの新協定をめぐる諸問題　91
（一）キャメロン首相のＥＵ改革の要求　91

（二）イギリスとEUの新協定の成立　94
二．EU残留派キャンペーンの論点　100
（一）残留派のサポート　100
（二）残留派の離脱論批判　106
三．EU離脱派キャンペーンの論点　112
（一）離脱派のサポート　112
（二）離脱派の残留論批判　118
四．両派のキャンペーンをめぐる諸問題　120
（一）欧州問題　120
（二）経済問題　124
（三）ビジネス問題　128
（四）政治問題　135
（五）移民問題　138
五．イギリスの有権者の動向　142
（一）キャンペーン開始後の有権者の動向　143
（二）レファレンダム直前の有権者の動向　146

第四章　EU離脱派の勝利とそのインパクト　160

一．EUレファレンダムの投票結果　160
二．離脱派勝利の市場へのインパクト　162
（一）外国為替市場へのインパクト　162
（二）証券市場へのインパクト　164
（三）金とその他の市場へのインパクト　168
三．離脱派勝利のイギリス経済へのインパクト　169
（一）マクロ経済と経済政策へのインパクト　169
（二）産業へのインパクト　175
四．離脱派勝利のイギリス政治へのインパクト　180
（一）保守党の内紛　181
（二）労働党の内紛　188
（三）イギリス（連合王国）の分断問題　192
（四）再レファレンダム運動の勃興　195

五．離脱派勝利のEUへのインパクト　197
（一）EU全般にわたるインパクト　197
（二）EUとイギリスの離脱交渉問題　201
（三）EU加盟国の反応　207

第Ⅲ部　Brexitの影響と交渉プロセス

第五章　Brexitとイギリスの政治・経済・社会問題　220
一．Brexitとイギリスの政治問題　220
（一）メイ政権の成立とその基本方針　220
保守党の党首選　220／メイ新首相の基本方針　222
（二）レファレンダム批判をめぐる問題　227
（三）二大政党をめぐる問題　231

（四）スコットランド独立問題　235
二．Brexitとイギリスの経済問題　237
（一）国内経済問題　237
（二）国内産業問題　244
金融サーヴィス産業　244／その他の産業への影響　248
（三）経済政策問題　251
基本方針　251／金融政策　254／財政政策　255
三．Brexitとイギリスの社会問題　257
（一）ソーシャル・ケアと医療の問題　258
（二）住宅問題　260
（三）移民問題　261
第六章　Brexitとイギリスの対EU関係　271
一．Brexitとイギリスの対EU経済関係　272
（一）イギリスの対EU財政問題　272
（二）イギリスの対EU金融問題　272

パスポート権問題　273／同等ルール問題　274／ユーロ建て決済問題　276
（三）イギリスの対EU産業問題　278
漁業権問題　278／ユーラトム問題　279
二．Brex・itの方法問題　280
（一）EU離脱の基本的方向　280
（二）メイ政権のEU離脱の基本方針　284
メイの基本方針　284／ハードBrex・it論の展開　286
（三）Brex・itの方法をめぐる論争　287
ハードBrex・it論批判　287／メイのハードBrex・itの方針　290
三．イギリスのEU離脱交渉問題　291
（一）第五〇条をめぐる諸問題　291
（二）メイ政権の交渉スタンス　293
（三）EUの交渉姿勢　301
第七章　Brex・itの交渉と総選挙　308
一．第五〇条発動の決定　309

（一）第五〇条発動の用意　309
（二）第五〇条の発動　311
（三）第五〇条発動後のＢｒｅｘｉｔ交渉問題　314
二．総選挙の決定と選挙キャンペーン　317
（一）総選挙の告知　317
（二）選挙キャンペーンの展開　320
保守党のキャンペーン　320／労働党のキャンペーン　324
（三）有権者の意向の変化　327
三．総選挙の結果と社会問題　330
（一）総選挙の結果　330
（二）緊縮政策と社会問題　334
四．総選挙後のＢｒｅｘｉｔ交渉問題　342
（一）Ｂｒｅｘｉｔ交渉の準備と政治問題　342
（二）Ｂｒｅｘｉｔ交渉の諸問題　344
清算金問題　345／ＥＵ市民権問題　346
（三）Ｂｒｅｘｉｔの方法をめぐる問題　347

終章　Ｂｒｅｘｉｔが意味するもの　360
一．イギリスにとってのＢｒｅｘｉｔの意味　360
二．ＥＵにとってのＢｒｅｘｉｔの意味　367
あとがき　376
参考文献　378
索引　394

序章　Ｂｒｅｘｉｔで問われているもの

一．問題の所在と分析視点

二〇一六年六月に行われたイギリス*のレファレンダム（国民投票）によるＥＵ離脱（以降Ｂｒｅｘｉｔと略）の決定が、戦後の欧州史上でベルリンの壁崩壊以来の大事件であったことに異論はないであろう。そして、この一大ドラマは一幕ものではなかった。それは、前後に一幕を持つ三幕構成であった。二〇一五年の総選挙が第一幕である。そもそもこの選挙で保守党が勝利しなければレファレンダムの可能性は消えていた。次いで第二幕がクライマックスのレファレンダムであり、さらに第三幕が用意された。二〇一七年に再び総選挙が行われ、ドラマの結末がどうなるかわからないことを人々に見せたのである。
このようにイギリスは、二〇一五年から二〇一七年にかけて毎年国民的選挙を行った。そこでまず銘記すべき点は、これらの三回の選挙の結果が、いずれも世論調査などに基づく大方の予想に反するものであったという点である。なぜそうなったのか。ここで世論調査の方法は問題とならない。多くの専門家やジャーナリスト、そして何よりも政治家が予想できなかったからである。そうだとすれば、かれらがイギリスの有権者の意向を正しく把握できない要因は他にあると言わねばならない。

実は、そうした要因にいち早く気づき、イギリスの社会に警鐘を鳴らした論者がいる。一人はファイナンシャル・タイムズ（以下FTと略）紙の著名な記者、P・スティーヴンス（Stephens）である。彼は二〇一五年の総選挙の前に、FT紙に「大分裂」と題した長大な論稿を寄せた。[1] ポスト・オリンピックの中で二〇一五年のイギリスは、大きく分断された社会と化す。経済は再び成長したものの、繁栄した人々と不遇の人々との間に深い溝が生じた。イギリスがこれほど分裂したことはない。ロンドン・キングス・カレッジ政治学教授のV・ボグダノー（Bogdanor）が指摘するように、イギリスは確かに分裂した社会に移行しつつある。こうした中で人々は、政治家に対する信頼をなくすと共に、精神的な拠り所を失った。かれらは次第に「反対」勢力として現れる。それは反エリート、反欧州、反移民、そして反資本主義の形をとる。この「反対」精神はまた時代精神を表す。彼はこのように論じて、生活の困難に陥った人々が現行のイギリスとEUのガヴァナンスに抵抗し始めたことを説いたのである。

* 本書で「イギリス」という名称は、とくに断わりがない限りイングランド、ウェールズ、スコットランド、並びに北アイルランドから成る連合王国（United Kingdom: UK）を指す。

一方、やはり二〇一五年の総選挙の前に、すなわちレファレンダムが決定される前に一冊の衝撃的な書を著した論者がいる。T・ブレア（Blair）政権の時代に欧州担当相であったD・マックシェーン（Macshane）は『ブレグジット（BREXIT）――いかにイギリスは欧州から離脱することになるか』というタイトルの本を出版した。[2] どうしてこの本が衝撃的なのか。それは彼が、D・キャメロン（Cameron）首相を筆頭とするEU残留派の政治家や知識人に対して、レファレンダムでEU残留が問題なく決定されるという安易な見方を徹底的に排しながら、Brexitがありえることを知性のペシミズムをもって公に表明したからである。レファレンダムが決定される前から、Brexitの可能性をこれほど強く謳った論者を筆者は他に知らない。

マックシェーンの行論をごく大ざっぱにまとめれば次のようである。イギリスの政界、ビジネス界、並びにメディアはいずれもBrexitはありえないと考えている。しかし心配なことは、プロ（親）欧州のエリートは、一般市民を全く理解していない（out of touch）点である。[3] かれらは、グローバル化の時代で敗者として無視されている人々といっしょに時を過ごすことはない。かれらは、イギリスの労働者階級の仕事が、流入する移民労働者のために消える姿に気づかない。マーストリヒト条約の成立時に、「欧州は人々を保護するためにある」と言われた。しかし実際には、EUはかれらを保護するどころか、市場開放に基づく競争、民営化、並びに緊縮による社会的支出の削減でかれらの生活水準を押し下げてきた。[4] それはまた、EUのテクノクラート（高級官僚）の下に財政赤字の基準を満たすためであった。こうしてEUの民主的正当性は危機に晒された。それは、ユーロ圏の失業危機やギリシャの悲惨な貧困危機となって現れる。イギリスの人々のEUに対する信頼が著しく低下したことは、ギリシャ危機の登場によって引き起こされたのである。[5]

彼はこのように論じながら、イギリスの有権者がレファレンダムでEU残留に投票することを疑わない人々に対し、その逆が起こる確率は高まっていると警告した。この警告はまさに正しかった。では、なぜ彼がそのように主張したのか。言うまでもなくマックシェーンはブレア時代のプロEU派であった。そうであればこそ彼は、Ｂｒｅｘｉｔの起こることを心配したのである。穿《うが》って言えば、彼はEUレファレンダムを実施して欲しくなかった。イギリスの人々はもはや、EUに対してそれほど友好的でない。かれらのそうした心情に、今日のEUの抱える問題が露呈されている。賢明にもマックシェーンはこのことに、他のエリートと異なって気づいていたのである。[6]

フランスのEU研究を主導するストラスブール大学教授のM・デヴォリュイ（Dévoluy）は、欧州建設でさまざまなアンビヴァレンス（相反する関係）が現れると論じ、その一つとしてエリート対民衆という対立構図を指摘した。[7] このアンビヴァレンスが、スティーヴンスやマックシェーンが唱えるように、イギリスのみならず欧州全体でますますはっきりと表されたのである。それはまた、欧州におけるいわゆる「民主主義の赤字」を意味した。そして、そのきっかけをつくったのが、やはり二〇〇八年以降のグローバル金融危機であった。その直後にイギリスの民衆は、「金持をやっつけろ（eat the wealthy）」というプラカードを掲げて強欲なロンドンの金融ビジネスと政府に抗議した。ところが、それから一〇年ほど経った今日、かれらは逆にやっつけられてしまった。民主主義の赤字はその結果、縮小するどころか一層膨らんだ。これでもって人々の怒りが治まる訳がない。逆にかれらの憤りは高まる一方であった。民衆が、政治家やビッグ・ビジネスらのエリート群に対して反逆し始めたのは当然であろう。

現代のイギリスにおいて、一般労働者を中心とする民衆の怒りと反逆の矛先は緊縮と移民の政策に向けられた。それらが、かれらの生活を困難にさせる最大の要因であったからである。しかも、こうした傾向は二〇一五年の総選挙以来、言わば通奏低音の如くに現れた。ところがエリートは、それに気づかなかった、というよりは気づこうとしなかった。この点は、本来であればそうした動きを真っ先に察知して対策をアピールしなければならないはずの労働党においてさえも同様であった。ブレア以来、労働党の支配勢力となった中道左派は、そのことを全く理解しようとしなかったのである。[8] それは、かれらもエリートであったからに他ならない。

ところで筆者の言う「民衆」は、きちんとした自身の意思を他者と共に積極的に表すことができる人々を指す。したがって、かれらの反逆は積極的で主体的なものとなる。そのような民衆の反逆が、二〇一五年の総選挙以来イギリスで続けて表出したのである。Ｂｒｅｘｉｔのプロセスはまさに、その現象を裏付けるものであった。

二　本書の目的と構成

筆者は以上のような問題意識の下に、本書で二つの点を説き明かすことにしたい。一つは、二〇一五年の総選挙から始まりレファレンダムを経て二〇一七年の総選挙に至るまでのＢｒｅｘｉｔのプロセスを詳細に辿ることである。そのねらいは、イギリスと欧州における右派と左派の政治家、経済と政治の専門家、並びにジャーナリストらが一体何をどのように論じてきたかを明らかにすることにある。このことはまた、そうしたかれらの考え方に民衆がどう反応したかを見る上で重要となる。その際に筆者は、とくにＦＴ紙に注目した。そこではＥＵ担当の著名な記者と並んで、イギリスの内外を代表する数多くの政治家や研究者が論稿を投じているからである。

本書のもう一つのねらいは、Ｂｒｅｘｉｔのプロセスの底流に潜む民衆の動きを正しく把握しながら、かれらが各々の局面でいかなる反応を示したかを明らかにすることである。その目的は、政治家やその他のエリートに対する民衆の反逆を浮彫りにさせることである。これによって、かれらがＢｒｅｘｉｔのドラマで主役の座を占めた姿を表に出すことにしたい。これらを通して、Ｂｒｅｘｉｔが今後のイギリスとＥＵにとって何を意味するかを考えること、これが本書の間接的動機となっている。

本書は以上の目的に沿うために、序章と終章を除いて三部から成る。第Ⅰ部は、イギリスの二〇一五年の総選挙について論じる。ここでは、キャメロンの率いる連立政権の下で緊縮政策がどのように施行され、それがいかなる結果を生み出したか（第一章）、また、その政策の変更によって保守党がいかに総選挙で勝利したか、そしてその勝利は何を意味したか（第二章）を明らかにする。第Ⅱ部は、イギリスのＥＵレファレンダムを検討する。まず、レファレンダムのキャンペーンがどのように行われたかを、残留派と離脱派に分けながら詳しく検証する（第三章）。次に、その結果予想に反してなぜ離脱派が勝利したのか、またそのことが何を意味するか、さらにそれはどのような影響を及ぼすかについて考察する（第四章）。第Ⅲ部は、Ｂｒｅｘｉｔの及ぼす諸影響と二〇一七年のイギリス総選挙の問題について論じる。まず、ＢｒｅｘｉｔがイギリスのＥＵ政治、経済、社会の三つの側面に及ぼす様々な影響を考える（第五章）。次いで、ＢｒｅｘｉｔがイギリスのＥＵに対する関係にいかなるインパクトを与えるかについて、経済と政治の両面から見る（第六章）。そして最後に、Ｂｒｅｘｉｔの正式な発動と二〇一七年の総選挙を振り返りながら、今後のイギリスとＥＵの交渉の行方を探ることにしたい（第七章）。

注

1 Stephens, P., "The great fragmentation", *FT*, 25, February, 2015.

2 Macshane, D., *Brexit: How Britain will leave Europe*, I.B. Tauris, 2015.

3 *ibid*., p.xiii.

4 *ibid*., p.15.

5 *ibid*., p.198.

6 Gibbon, G., *Breaking point: The UK referendum on the EU and its aftermath*, Haus Curiosities, 2016, p.22.

7 Dévoluy, M., "Aux sources de la polysémie du modèle européen", in Dévoluy, M., & Koenig, G., dir., *L'Europe économique et sociale*, Press universitaires de Strasbourg, 2011, pp. 22-23.

8 Münchau, W., "The left needs to stop trying to win from the centre", *FT*, 3, October, 2016.

第Ⅰ部

イギリスの緊縮政策と総選挙

第一章　緊縮政策の経済的・社会的諸結果

二〇一〇年に成立したイギリスの保守党と自由民主党から成る連立政権は、キャメロン首相とG・オズボーン（Osborne）財務相の下で非常に厳しい財政緊縮政策を開始した。それによってイギリスの経済と社会は困難な状況に追い込まれ、人々の不満は一挙に高まった。このことに気づいた政府は、今度はそうした政策を一時的に転換して経済の建て直しを試みる。本章は、そうした連立政権下での財政政策を中心とする経済政策の変化を追いながら、それが経済と社会に及ぼした影響について検討する。そうすることで、イギリスの有権者の政治に対する意向の変化を探ることにしたい。

一．財政赤字問題と連立政権

（一）保守党の選挙キャンペーン

図1－1　イギリスのGDPの成長率（2004～2014年）

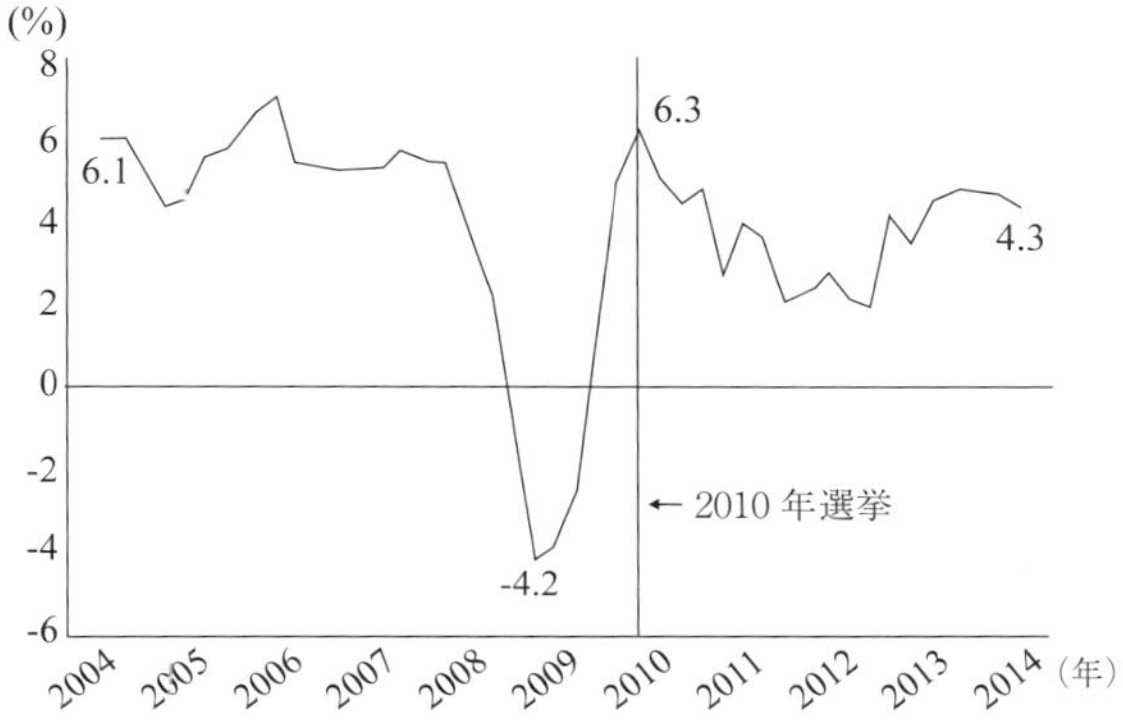

出所：Clarlke, H.D., et al., *Austerity and Political Choice in Britain*, Palgrave Macmillan, 2016, p.31 より作成。

キャメロンは二〇〇五年に保守党の党首になると、これまでの党のイメージを大きく変えようと試みた。それは、二〇一〇年の「少数派の意思決定（Minority Verdict）」と題されたレポートで表される。[1] そこで次のように論じられた。保守党はこれまで、労働者の大多数の支持をえることに失敗してきた。なぜなら、同党は依然として一般の人々の側に立ったものではないと考えられていたからである。とくにイギリスの一般市民は、公共サーヴィスの点で保守党に信頼を寄せなかった。有権者は保守党を、大きな家の前に佇む上品な家族のイメージで捉えていたのである。

　キャメロンとその仲間は、以上のような考えの下に、保守党の旧来の姿を変える決心をする。それが保守党の近代化戦略と呼ばれるものであった。この戦略は、かつてブレアが労働党で行ったものに類似している。言ってみれば、ブレアがいわゆる「第三の道」として中道左派の道を切り開いたのと同じく、キャメロンは中道右派の道を歩もうとしたのである。それはまさに「ニュー・ライト」の登場を意味した。では、そうした保守党の新しい動きは、二〇一〇年の総選挙に向けたキャンペーンでどのように展開されたか。それは、真にイギリス国民の利益に沿うようなものとして現れたであろうか。

　イギリスは他の先進国と同じく、二〇〇八年のグローバル金融危機によって経済の状況を著しく悪化させた。図１－１に見られるように、二〇〇四年以降に四％以上であった経済成長率は、二〇〇八年に一挙にマイナス四％台に低下した。それはまた、ノーザン・ロック（Northern Rock）銀行の経営破綻に代表される金融機関の危機を鋭く反映していた。これにより、銀行は貸出しを急減（クレディット・クランチ）させると共に、人々は支出を一斉に控えた。イギリス経済は、紛れもなく真正リセッション（景気の後退）に陥ったのである。

　そうした中でＧ・ブラウン（Brown）首相の率いる労働党政権は、経済復興を図るための刺激策を採る。まず金融政策として、イングランド銀行による金利の引下げが行われた。それは二〇〇九年三月に〇・五％まで低下する。しかし、金利政策には限界があった。金利がすでに〇％台になった段階で、それ以上の金利引下げは効果的か。そこには、Ｊ・Ｍ・ケインズの示した「流動性のワナ[*]」がある。イギリスはすでに、そうした金利の状況に追い込まれていた。そこでイングランド銀行は、流動性のワナを避けるための政策、すなわち量的緩和策を打ち出す。それは、二〇〇八年秋の金融危機がピークの時に導入された。[2] これにより同行は、二〇〇九年三月から二〇一〇年一月までに二〇〇〇億ポンドにも上る政府債を購入する。それはＧＤＰの一四％に値するほど大きなものであった。イングランド銀行はこうして、ＧＤＰを一・五～二％に引き上げることを示唆したのである。

　他方でブラウン政権は、ケインズのリセッション治療として表される財政政策を用いることも忘れていなかった。ケインズは周知のように、民間需要が急落したときに、政府支出をより多く行うことでそのギャップを埋めるべきと唱えたからである。もちろん、それによって財政赤字が拡大するものの、それは将来の経済成長によりやがて解消されるとみなされた。この政策により、イギリス政府の赤字は二〇〇八～二〇〇九年に膨らんだ。それはＧＤＰの五％近くになり、その後も二〇一〇年の総選挙まで上昇する。[3]この赤字のレヴェルは確かに、歴史的に非常に高いものであった。しかし同時にイギリス経済は、以上のような金融政策と財政政策を両輪としながら、見事に経済復興を一挙に果した。図１－１を振り返るとわかるように、成長率は急上昇して元の高いレヴェルに回復したのである。

そこで問われるのは、保守党が総選挙で勝利するためにはいかなる戦略を採ればよいかという点であろう。すでに経済復興が行われた段階で、労働党政権のどの点をマイナス要因として攻撃するかが練られたのである。実はこの点について、キャメロンの右腕として登場したオズボーンは、早い段階から労働党の政策を批判していた。彼は、二〇〇八年の危機時にブラウン政権が財政政策を用いたことを痛烈に批判した。二〇〇九年四月にオズボーンは次のように語る。「すでに我々があまりに多くの借金をしているときに、我々はその債務から脱け出す方法を用いるようにしなければならない。デイヴィッド・キャメロンと私はつねに、この無責任な行動を採ったことに反対する議論を展開してきた。[4]」この発言は、キャメロンの率いる保守党が選挙に勝利すれば反ケインジアン的政策に着手することを意味した。これはまさに、イギリスで両大戦間期に採用されたものである。ケインズはそれを、「財務省のアイデア」と呼んで強く批判したこともよく知られている。そして、それによってイギリ

---

* ケインズは貨幣需要の中で、証券価格の下落予想から生じる需要を投機的需要と称した。その際に、利子率が極めて低い水準になると、わずかな利子率の上昇でも多大な資本損失が発生し、貨幣需要の利子率に対する弾力性が非常に高くなる。この状況が流動性のワナと呼ばれる。

スの不況は当然に一層悪化した。では、それにも拘らず、なぜ保守党がそうした反ケインズ政策、すなわち財政緊縮策を採ろうとしたのか。有権者が、それで不況になれば反発するのは必至であろう。

実は、そこには以下のような主として三つの要因があると考えられる。第一にサッチャリズムがある。キャメロンもオズボーンも、M・サッチャー（Thatcher）首相の時代に育った人物である。その点でかれらは、サッチャーの落とし子であった。彼女の掲げた「小さな国家＝社会」という方法は、保守党で依然として受け継がれている。サッチャーが保守党の黄金時代をつくったことを考えれば、このサッチャー回帰は当然党内で歓迎された。そうだとすれば、キャメロンが新世代の保守党のリーダーとして現れ、一見「大きな国家＝社会」を目指して人々の生活をサポートするかのような姿勢を表したものの、彼は根本的には、保守党の伝統を重んじていると言わねばならない。このことが、民衆に対する裏切りとなって現れることは明らかであろう。

第二に、新古典派経済学の影響がある。それは今日でも、経済学における支配的な地位を占める。そこでは、ケインズ経済学を否定した上で、生産と雇用が政府のマクロ経済政策によるものではないことが強調される。政府支出に代表されるマクロ経済的テコを使って経済を刺激することは避けねばならない。それゆえ政府は、財政赤字につねに注意する必要がある。キャメロンとオズボーンが、この経済教義に立って政策提言したことは間違いない。しかしかれらは、そうした政策の欠陥、すなわち厳しい財政緊縮が経済を悪化させるという問題を無視した。この点を忘れてはならない。

そして第三に、ギリシャ危機がある。イギリスで選挙キャンペーンが行われているとき、ギリシャでは大債務危機が現れていた*。イギリスもこのまま政府赤字を続ければ、やがてはギリシャと同じく巨大な債務に直面してしまう。かれらはこのように主張して、人々に対して盛んにイギリスの債務状態の危険さを訴えた。[5] ギリシャ危機の余波は、何とイギリスの将来の経済政策をめぐる議論にまで及んだのである。ただし、ここで銘記すべき点は、債務危機に対するギリシャとイギリスの対処の仕方が全く正反対な点であろう。ギリシャが債権団から外圧的に財政緊縮策を強いられたのに対し、イギリスは自発的にそうした政策を用いることが保守党により宣言されたのである。

(二) 連立政権の成立

以上のようにしてキャメロンとオズボーンは、ブラウン政権の不況対策を財政赤字の規模に焦点を当てることによって強く非難した。この批判は、保守党の選挙キャンペーンの中軸に据えられたのである。当時、イギリス経済が大いに復興したことを踏まえれば、かれらはその点を無視して財政赤字のマイナス面を取り上げる他はなかった。

確かに、そうした保守党の選挙キャンペーンの結果、かれらは総選挙に勝利した。しかし、それは完全な勝利ではなかった。あれほど不人気であったブラウン首相に対し、キャメロンは保守党を単独過半数の勝利に導けなかったのである。そこでキャメロンは、自由民主党党首のN・クレッグ(Clegg)と手を組んで連立政権をつくる。実は、自由民主党は選挙前から連立政権を非常に重視する唯一の政党であった。そうした中で自由民主党は、より誠実な姿勢を示した保守党を連立のパートナーとして選択したのである。[6]

しかし、この連立政権には当初より大きな問題があったことを指摘しなければならない。それは両

＊ ギリシャの債務危機について詳しくは、拙著『ギリシャ危機と揺らぐ欧州民主主義』明石書店、二〇一七年を参照されたい。

党の財政赤字に対する取扱いが正反対であったという点である。この点は、選挙前の両党のマニフェストにすでに表されていた。保守党は先に見たように、財政赤字を大きく削減する政策を緊急に課すことを打ち出す。他方で自由民主党は、保守党よりもはるかにより小さな規模の赤字削減を目指す。かれらはあくまでも、長期で赤字を解消することを考える。両党は連立によりこの財政赤字問題に関して歩み寄ったであろうか。全くそうではなかった。自由民主党は確かに、連立の交渉で多くの利権を勝ちとることができた。ところが、財政赤字の削減という中核となる戦略は、明らかに保守党の主張するものとなったのである。

連立政権は、キャメロンとクレッグの連名で政府のプログラムを公表する。[7]その中でかれらは、政府赤字の削減の必要性を次のように宣言した。「政府は、債務危機によって最も危機に晒されている人が最も脆弱であると信じる。……それだから我々は、公正な、かつまた責任のある方法で赤字に取り組む活動を直ちに行う必要がある。[8]」同時に、その際の赤字削減は収入増よりも支出減によって果されることが明らかにされた。

この声明は、その後の連立政権の姿勢を捉える上で極めて重要な意味を持つ。まず、キャメロンが当初掲げた、大きな社会の建設による保守党の革新という方向はこれで消失した。[9]財政赤字を支出削減で達成させる以上、小さな社会が目指されることは言うまでもない。このことが他方で、一般市民に生活上の痛みを与えることも間違いない。これは、選挙キャンペーンで保守党が人々に対して示した公約を反故《ほご》にする。一方、自由民主党もやはり、当初の教育費負担の軽減という約束を破ることになる。

実はキャメロン自身も、こうした公約違反に気づいていた。そこで彼は、同プログラムにおいて、経済復興の保証がイギリスの直面する最も緊急の課題であることを謳う。つまり、政府支出の削減と経済復興を両立させようと言うのである。果して、このようなことが可能であろうか。この点こそが問われねばならない。

二 緊縮政策の遂行とその諸結果

(一) 緊縮政策の遂行

連立政権は発足時から財政緊縮政策の断行を企図する。[10]そこでかれらはまず、緊急予算を組むことで財政赤字を消滅するプランを設けた。その際に、新たな独立機関がつくられる。それは、「財政管理局(Office for Budget Responsibility：OBR)」と呼ばれる。[11]その目的は、この緊急予算のための経済成長と借入れを予測することである。そこでＯＢＲは、政府支出に関するデータを公表し、また財政目標を監視し、さらに短・中期の経済予測を提供する。これによって連立政権は、金融市場での信頼をえようとした。ＯＢＲはその意味で、そうした政府プランの組織的側面を表す。他方でＯＢＲの活動は、政府支出の大きな削減を特定させると共に、政府の緊縮政策を促すことを主眼とした。要するにそれは、連立政権が進める緊縮政策の拠点となったのである。

かれらの財政緊縮は具体的にどのように行われたか。まず連立政権は、二〇一〇～二〇一一年の財政年度に、非先端的サーヴィスに対して六〇億ポンドの支出削減を決定する。[12]次いでかれらは、緊急予算を告知した。その大枠は次のようであった。「政府が引き継ぐ予算とそのプランは、全体的な緊縮を表す。その緊縮額は、二〇一四～二〇一五年までに年一一三〇億ポンド、二〇一五～二〇一六年までに年一二八〇億ポンドである。そのうち年九九〇億ポンドは支出の削減により、また年二九〇億ポンドは増税により創出される。二〇一五～二〇一六年までに全体の緊縮の七七％は支出の削減をつうじて達成される」[13]。

このように連立政権は、非常に大きな財政緊縮の圧力をかけた。かれらは、公共部門の借入れを二〇一五～二〇一六年までにGDPの一・一％にまで低下させることを主張した[14]。これにより、景気変動分の支出を差し引いた財政の構造的赤字を二〇一四～二〇一五年までに解消することが見込まれた。最終的に新政府は、公共部門における純債務の対GDP比の上限を二〇一三～二〇一四年に七〇％、さらに二〇一五～二〇一六年に六七％までにすることを目標としたのである。

以上のような財政赤字削減計画の下で、オズボーン財務相は早速、緊急予算の作成に着手する。それは支出面で言えば、福祉支出や公共支出を削減ないし凍結するものとして現れた。表1－1は、二〇一〇～二〇一二年までにイギリスで行われた主な財政政策を示したものである。見られるように、二〇一〇年に公務員賃金の制限や教育支出の見直しが図られた。

ここで、とくに教育支出の変更点に注目する必要がある。それはまず、大学授業料の再検討を図る。キャメロン政権は二〇一〇年一二月に、大学授業料の上限を三二九〇ポンドから九〇〇〇ポンドに引き上げた[15]。これは、連立政権の一翼を担う自由民主党がマニフェストで示した公約を反故にするものであった。かれらはそこで、大学授業料を無償にすると約束したからである。そのため、学生は二〇一〇年の総選挙で自由民主党を最も支持した。近年、イギリスの大学生は増加している。その中には貧しい家庭からの志願者も含まれている。それゆえ、このイギリス政府の裏切り行為に対し、学生が猛烈に抗議したのは当然であった。それは、連立政権成立後の最初の反政府運動となって現れた

表 1-1 連立政権下の財政・金融政策（2010 ～ 2012 年）

年月日		政策内容
2010 年	6 月 22 日	・緊急予算の設定：VAT が 17.5% から 20% に引上げ。
	7 月 6 日	・50 万人の公務員に対する賃金の上限設定。
	12 月 9 日	・大学生の授業料引上げに対する抗議運動。
	12 月 20 日	・学校のスポーツ向けファンディング政策の全面見直し。
	12 月 26 日	・学童向け本の無料化政策の全面見直し。
2011 年	2 月 18 日	・個人の税控除を 630 ポンドに増大。 ・酒、タバコ、清涼飲料に対する課税の引上げ。
	4 月 6 日	・国民医療サーヴィス（NHS）への支払いの停止。
	10 月 6 日	・イングランド銀行による 750 億ポンドの量的緩和。
	10 月 12 日	・失業者の増大（257 万人）。
2012 年	2 月 9 日	・イングランド銀行による 500 億ポンドの追加的量的緩和
	2 月 15 日	・失業者の一層の増大（267 万人）。
	3 月 21 日	・所得税の最高税率の引下げ。 ・住宅取得税の引上げ。 ・企業の不動産購入に対する課税の引上げ。 ・より低い所得の納税者に対する税控除を 1100 ポンド増大。 ・育児手当ての年収による制限。 ・家庭向け食料品（パイ）に対する VAT の設定。 ・慈善的寄付に対する税控除の上限設定。
	4 月 25 日	・リセッションの復活。

出所：Cowley, P., & Kavanagh, D., *The British general election of 2015*, Palgrare Macmillan, 2016, pp.27-29 より作成。

のである。また、子供の教育費負担増も問題とされねばならない。連立政権は先のプログラムの中で、イギリスが二〇二〇年までに子供の貧困を終結させると宣言した[16]。教育支出の削減は、この方針と明らかに矛盾する。

一方、特筆すべきことは、課説面で付加価値税（VAT）が従来の一七・五%から二〇%に引き上げられたことである。連立政権は、税収の増大よりも支出の削減を重視するとしながらも、やはり税金の引上げを実行した。しかもそれは、逆進税となる間接税を対象とした。他方で、高額所得者に対する所得税の引上げは全く組み込まれていない。この点は、連立政権のプログラムの中でも示されていなかった[17]。そこでは唯一、かれらの所得税免除の制限が記されただけである。要するに、累進税の引上げは、当初から全く想定されていない。一体、これでもってイギリスの一般市民は満足するであろうか。公共支出の削減と間接税の引上げが、かれらに対して最大の打撃を与えることは間違いない。キャメロンもクレッグも、このことを正しく理解していたであろうか。あるいはかれらは、理解しようとしなかったのではないか。そう思わざるをえない。

このようにして財政緊縮をスタートした連立政権は、その後も二〇一二年の春までそうした政策を基本的に続けた。例えば二〇一一年の予算編成において、嗜好品に対する間接税が新たに引き上げられた。また注視すべき点は、国民的医療サーヴィス（National Health Service：NHS）への支出の停止である。これにより、先に見たプログラムでの公約は反故にされた。そこでは、医療支出の各年の増大を保証することが謳われていたからである[18]。そして二〇一二年の新予算においても、住宅取得税の引上げや子育て手当支給の年収による制限がなされた。さらには、何とイギリスの民衆が日々食する低価格の食料品（パイ）に対してまでVATが課せられた。これなどはまさしく、失笑を買うほどの愚策であった。

このようにオズボーンは、一般の人々の生活苦を伴うような財政政策を次から次へ打ち出した。彼はまさに、支出削減人であり緊縮のチャンピオンと化す。他方で所得税に関して言えば、富裕者をむしろ優遇する政策が施された。二〇一二年の新予算で所得税の最高税率が引き下げられたのである。具体的には、トップの所得層の税率が五〇ポイント低下した。このことは当然に、人々に対して保守党はやはり金持の利権を守るためにあることを印象づけた[19]。

このようにして見ると、キャメロンとオズボーンが保守党を近代化するとして示された革新的プログラムは、緊縮政策の遂行によって完全に打ち壊されたと言ってよい。かれらの唱えた「大きな社会」のプロジェクトは全く花を開くことがなかった。否、それどころか反対に、連立政権の下で「小さな社会」の建設が推進されたのである。その結果は当時のイギリスの経済と社会にどのように現れたか。

(二) 緊縮政策の諸結果

まず図1-1を振り返るとわかるように、イギリスのGDPの成長率は二〇一〇年以降に急落した。それは二〇一二年には総選挙直前の成長率の三分の一ほどに低下したのである。このことからだけでも、イギリスが緊縮政策によっていかに不況に陥ったかがよくわかる。緊縮政策は、イギリス経済の復興に全く貢献しなかった、というよりは逆に大きなマイナス効果となって現れた。

一方、こうしたイギリス経済の低落は当然に、人々の生活上の痛みを伴った[20]。二〇一〇年から二〇一一年にかけて、家計の実質可処分所得は大きく低下したのである。また、世論調査による経済

図1－2　イギリスの失業率[(1)]（2010～2014年[(2)]）

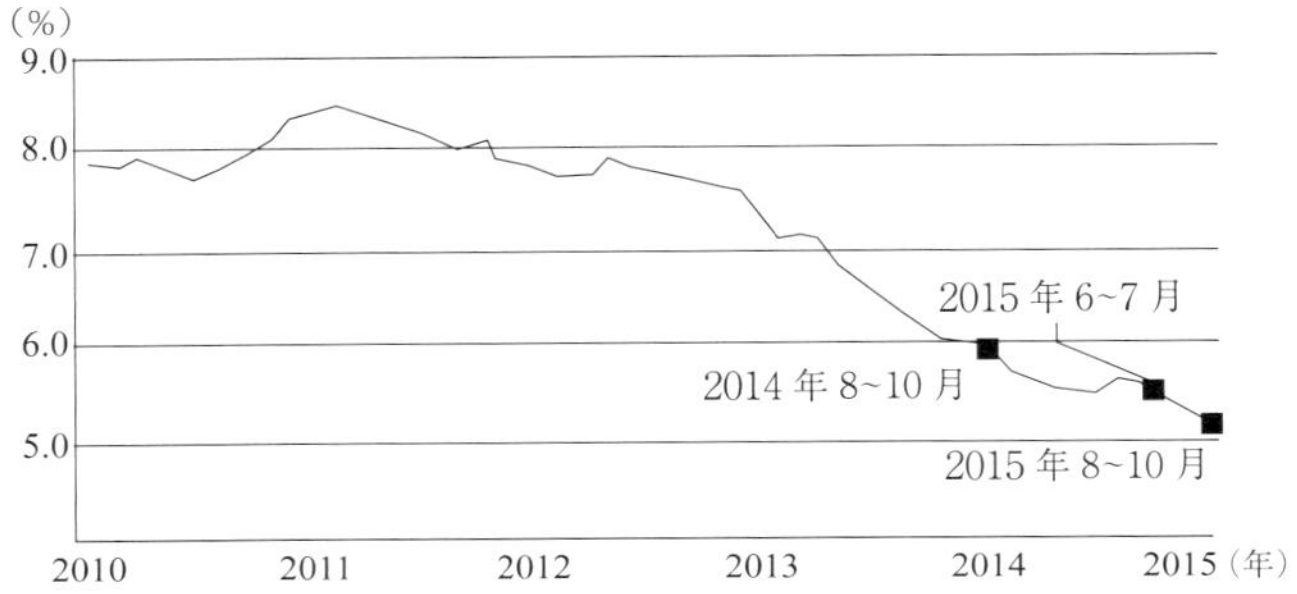

注：(1) 16歳以上の就業人口に対する失業者の割合。
(2)各年次は8～10月の期間のもの。
出所：*Economic & Labour Market Review*, No.12, December, 2015, p.23 より作成。

楽観度の指数は、やはり同期間に大きく悪化した。それは、二〇一一年には継続的にマイナスの値を示す。このことは言うまでもなく、イギリス経済に対する悲観的な見方が定着したことを意味する。

そして、このような経済状況の悪化を象徴するのが失業率と貧困率の上昇であった。図1－2は、二〇一〇年以降の失業率の変化を表している。見られるように、それは二〇一〇年から二〇一一年にかけて上昇し八％を超えるに至る。[21] 失業率は、同期間の緊縮政策によって悪化することはあっても大きく低下することは決してなかった。また、イギリスの平均収入の年平均成長率の変化を図1－3より見ても、それは二〇一〇年から二〇一二年にかけて停滞・減少する傾向を示した。[22] 一方、イギリスの実質賃金も二〇一〇年まで維持されていたが、それ以降に急落する。図1－4はこの点をよく表している。しかも、その低下は長期に渡って続いたのである。[23] さらに、このような失業率の上昇と平均収入や実質賃金の減少を反映する形で、イギリスの貧困率は男女共に二〇一一年から二〇一二年にかけて大きく上昇した。[24] この点は図1

図 1-3 イギリス[1]の平均収入の成長率（2010 ～ 2015 年[2]）

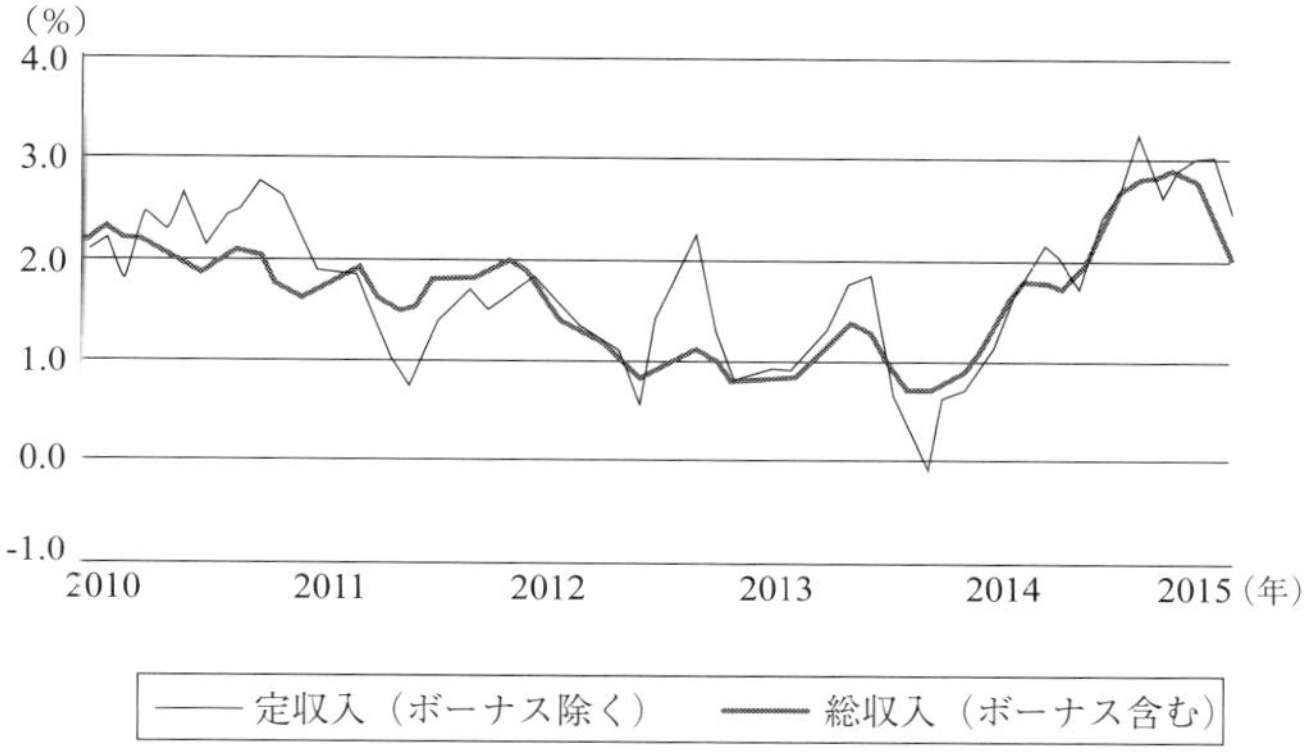

注：(1)北アイルランドを除く。
(2)各年次は 8 ～ 10 月の期間のもの。
出所：*Economic & Labour Market Review*, No.12, December, 2015, p.19 より作成。

図 1-4 イギリスの実質賃金の成長（2004[1]～ 2014[2]年）

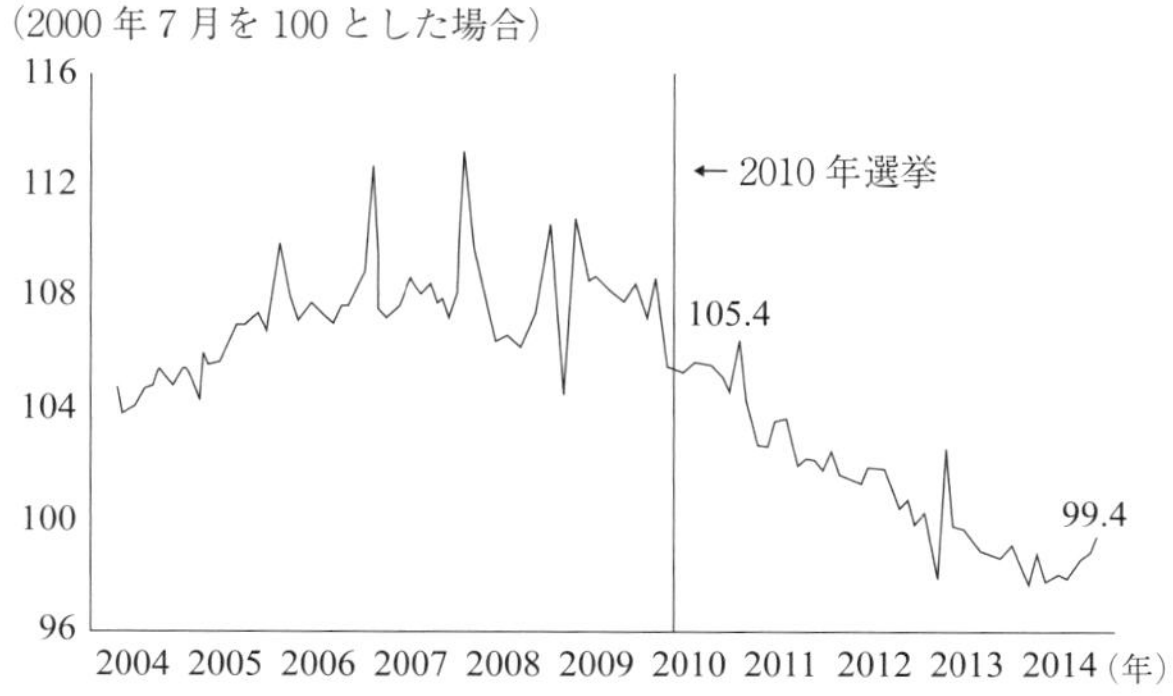

注：(1) 4 月の値。(2) 12 月の値。
出所：Clarke, H.D., et al., *op.cit.*, p.45 より作成。

図 1－5　イギリスの貧困率（2008 ～ 2014 年）

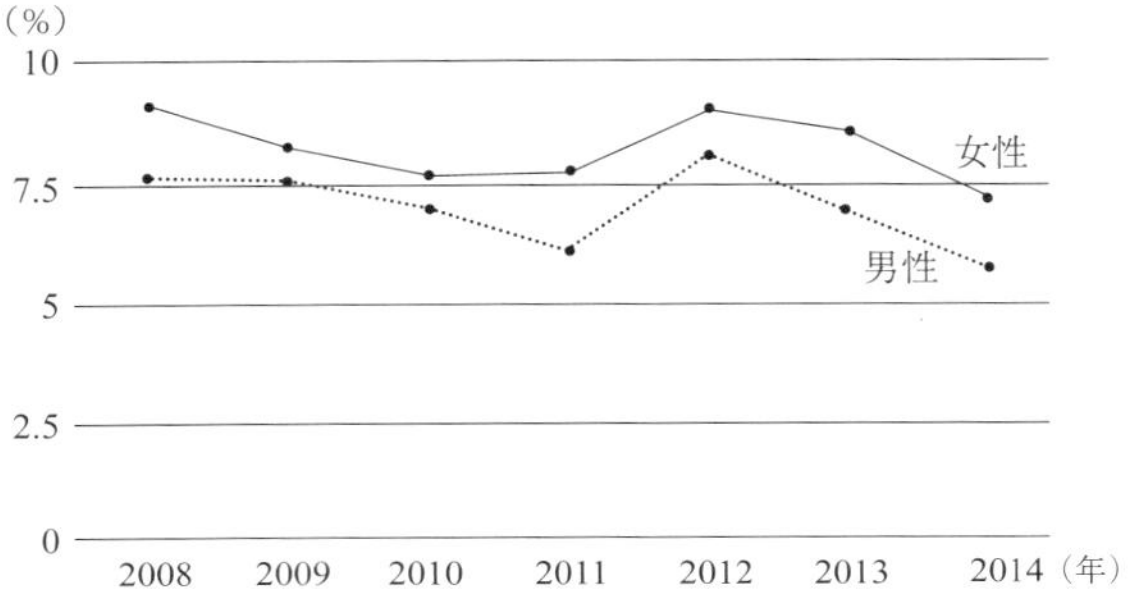

出所：*Economic & Labour Market Review*, No.12, December, 2016, p.159 より作成。

図 1－6　イギリスの財政赤字（2008 ～ 2015 年）（対 GDP 比）

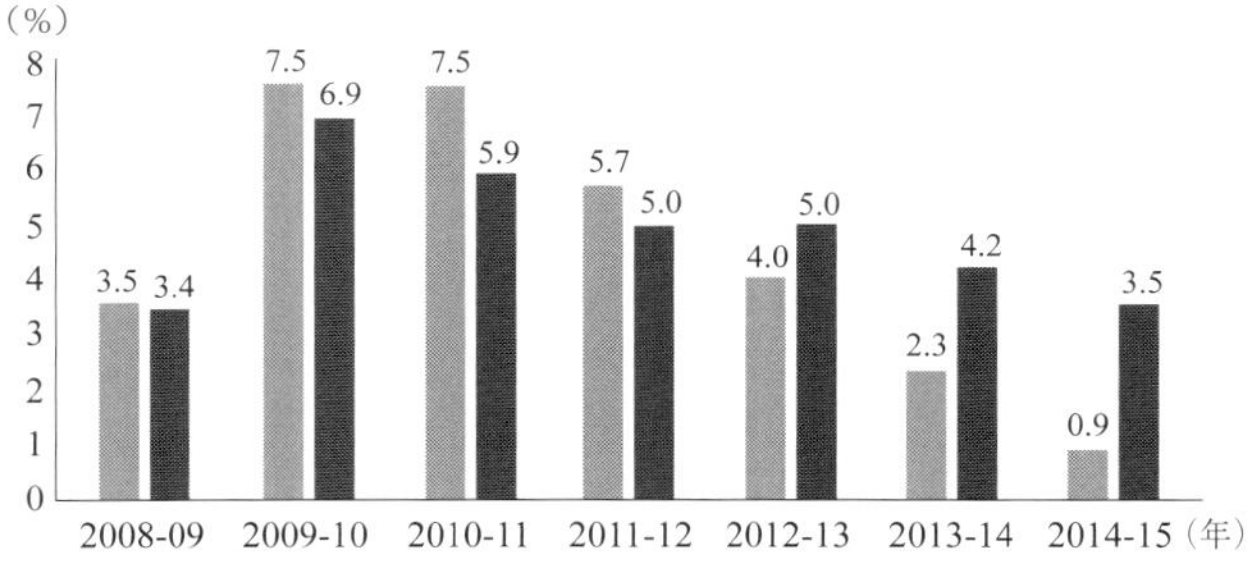

注：左側部分は予測値。
出所：Clarke, H.D., et al., *op.cit.*, p.42 より作成。

－5に見られるとおりである。

以上のように、イギリスの経済と社会は、連立政権の促進した財政緊縮政策によって悲惨な事態に追いやられた。では、そうした政策によってキャメロンとオズボーンが当初より予定した財政赤字の解消を一挙に果せたかと言えば必ずしもそうではなかった。確かに図1－6に見られるように、二〇一三年まで財政赤字は減少し続けた。しかし、その減少の割合はそれほど大きくなかった。当初のプランと現実との食い違いがここではっきりと現れたのである。

そうした中で、生活苦を強いられたイギリスの一般市民は、さらに医療サーヴィスの面で手痛い仕打ちを政府から受ける。オズボーン財務相の指令の下で、政府の医療向け支出が削減されたからである。この医療サーヴィスの悪化はまさしく、人々にとって死活問題であった。この点について、H・クラーク（Clarke）らが非常に詳しい分析を行っている。[25] 以下では、かれらの行論《こうろん》を追いながら当時のイギリスの医療サーヴィスの実態を見ることにしたい。

そもそも医療ケアの提供は、保守党にとってつねに困難な問題として現れた。国民的医療サーヴィス（National Health Service：NHS）は、労働党が戦後まもなく（一九四八年）に設立したものだからである。そこで二〇一〇年の選挙の際に、保守党は幅広い緊縮政策の中でも医療サーヴィスを守ることを約束した。問題となるのは、それが真に実行されたかという点であろう。

かれらが目指したのはまず、ＮＨＳの再組織化であった。しかし、それを大規模に行うことは当然に政府に対して財政上の圧力となる。連立政権が支出を削減しようとするときに、そうした再組織化が困難であることは言うまでもなかった。同時に、政府がイギリス国民に対して医療支出の保護を約束したものの、かれらは、ＮＨＳに対する支出増大の圧力が高まっていることを考慮しなかった。この点も指摘しなければならない。NHSを維持するために追加的な支出が求められたのに対し、連立政権の提示した緊縮プログラムは、それに応えることができなかったのである。

さらにもう一つの深刻な問題が現れた。それは、NHSで十分な医者を保てなくなったことである。その理由として、公共セクターの報酬の凍結が挙げられる。そこで多くの医者はNHSから離れた。かれらは、民間の医療ケア機関と契約する傾向を強める。しかも由々しきことに、大学の医学部授業料が従来の三倍にも引き上げられた。そのため、医学部に学生が志望するインセンティヴは急速に低下した。これらのことが、将来のNHSのサーヴィスを悪化させるのは目に見えている。

図1−7　イギリスの医療支出（1997〜2013年）

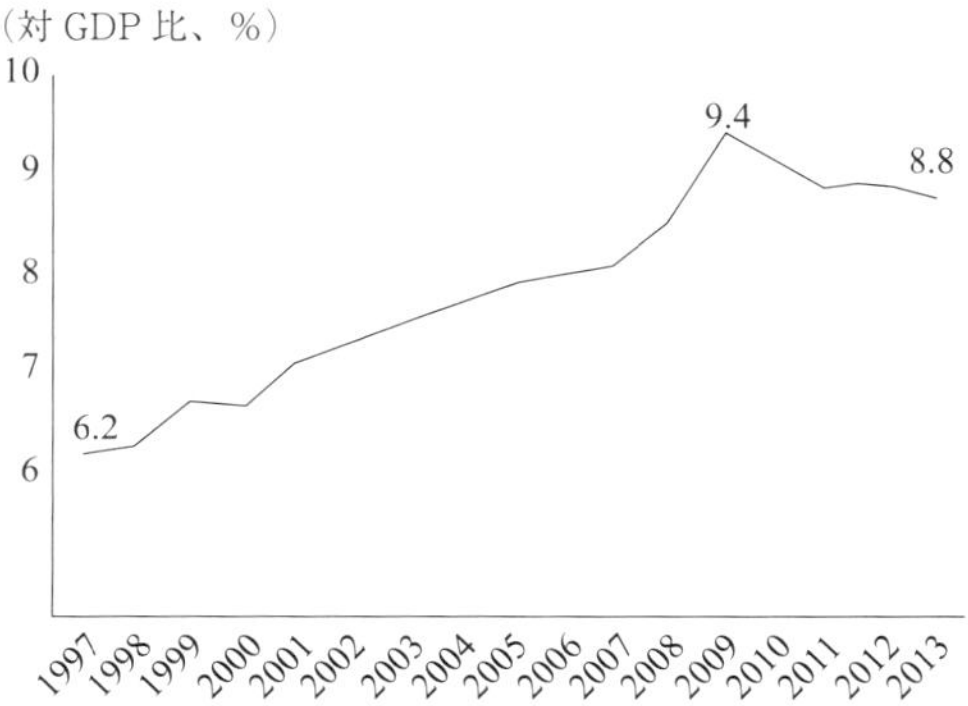

出所：Clarke, H.D., et al., *op.cit.*, p.48より作成。

一方、より一般的な問題として人口上の圧力がある。欧州で高齢化が進んでいることは、もちろんイギリスでも現れている。それが医療の需要を高めていることも確かである。しかしイギリスのケースでは、それらのことにさらにもう一つの特異な事情が加わる。それは移民の圧力である。その数は周知のように、旧共産圏の東欧諸国がEUに加わってから著しく増した。これらのことから、NHSへの追加的な支出が急増したことは言うまでもない。図1−7に見られるように、労働党政権下で医療支出の対GDP比は明らかに高められた。しかし二〇一〇年以降に、それは停滞かむしろ低下する傾向を示した。それはまた、国民所得の減少に歩を合わせた。このことだけからも、連立政権は医療ケアをイギリス国民に十分に提供してこなかったと言ってよい。かれらがプログラムで示した、医療サーヴィスの保護という約束は反故にされたのである。

以上に見たように、連立政権の遂行した財政緊縮プログラムは、イギリスの人々の日常生活に対し、失業や賃金の低下、並びに医療ケアの不足などの様々な形を通して苦しみを与える結果になった。こうした中でイギリスの有権者の多くは、政府に対して強い不満を露《あらわ》にした。キャメロンは、「もはや人々とコミュニケートできない」人物と称されたのである。[26] 実際に当時の世論調査によれば、家計がいかに厳しいかをキャメロンが真に理解していると考えている人は、応答者の三分の一以下であった。そして六〇％以上の人々が、彼の政策は一般市民を犠牲にして富裕者を有利にするものであると認識した。このような一般市民とのコミュニケーションの欠如は、キャメロンの評価を著しく悪化させる最大の要因であった。

しかし振り返って見ると、そのような人々とのコミュニケーションが不足する問題は、イギリスの歴代の首相のすべてに現れていた。それは、ブレアらの市民の保護を第一に考えるはずの労働党の党首においてすらも変わることがなかった。それゆえイギリスの民衆が、エリートの政治家に対して怒りを鬱積させたことはよくわかる。

実は、保守党の内部調査でも、二〇一二年の段階で、政府が一般の有権者を犠牲にして富裕者を優遇することはまさに党に死をもたらすとみなされた。したがってそれは、政府に対して福祉の改革を強く求めた。事実、二〇一二年五月の世論調査は、保守党にとっての最善の方法は勤労者側に立つことを示すものであり、それは福祉の改革を促すことであると考えられたのである。[27]

三　緊縮政策の緩和と経済復興

（一）財政緊縮策の転換

オズボーン財務相の課した緊縮政策は度を超すほどに厳しいものであった。とりわけ一般市民が日常的に食する「小さなパイ」にまで課税したことに激しい非難が浴びせられた。それは、累進税を一切引き上げないことと対照的に、普通の裕福でない人々をあまりに無視したものとみなされた。こうして二〇一二年の政府予算案は、キャメロン政権の人気を凋落させる結果となる。このことが、当初のオズボーンが示した緊縮プランを再考させる引き金になったのである。

実際にイギリス経済の現実を見ても、失業率の高止まりとデフレの脅威は増していた。このことも先に示したとおりである。そうした中で、労働党党首のE・ミリバンド（Miliband）は、二〇一二年の予算案がイギリス全体を混乱させるとして、それを強く批判した。[28] これにより予算案をめぐる論争が引き起こされたことは、間違いなく保守党にダメージを与えた。事実、予算案発表直後の世論調査で、労働党の支持は保守党のそれを上回る。その後も、二〇一三年半ばまで、その差が縮まることはなかった。

キャメロン政権はこの事態に及んで、今度は一転して緊縮策の転換を図るに至る。かれらの緊縮プログラムは、当初の計画よりも一層和らげられたのである。しかし、そこで行われた財政刺激は、一般の人々には知られない形で行われた。我々は、この点にも注意する必要がある。

表1－2は、二〇一三～二〇一四年における連立政権下の財政政策の変化を、予算案を中心に示し

表 1－2　連立政権下の財政・金融政策（2013 ～ 2014 年）

年月日		政策内容
2013 年	1 月 23 日	・キャメロンの EU レファレンダム実施宣言。
	2 月 22 日	・イギリス政府債の格付け低下（AAA から AA1）。
	3 月 20 日	・個人的税控除の増大と法人税の削減（20% に）。 ・燃料税増大の撤廃とビール税の廃止。 ・150 億ポンドの追加的なインフラ・プロジェクト。
	7 月 1 日	・カーニーがイングランド銀行総裁に就任。
2014 年	3 月 19 日	・所得税の下限を 40 ポイント引上げ。
		・緊急サーヴィスのメンバーに対する相続税の廃止。
		・救命用の飛行機と船に対する燃料税の廃止。
	11 月 17 日	・EU 予算への追加的支払い（8 億 5000 万ポンド）の決定。

出所：Cowley, P., & Kavanagh, D., *op.cit*, pp.31-36 より作成。

ている。見られるように、所得税、法人税、並びに間接税などの税一般が、同期間に確かに続けて軽減されていることがわかる。オズボーンは、自由民主党に促されながら個人の所得税控除を六五〇〇ポンドから一万六〇〇〇ポンドに引き上げた[29]。これにより多くの低所得労働者が所得税の一部を免除された。また、二〇一四年の予算で彼は、年金受給者に対し、退職前から年金の一部にアクセスできるようにした。こうした一連の政策によりオズボーンは大胆にも、労働者に有利な予算案を提示したと宣言したのである。

　また、二〇一三年の予算で、インフラ・プロジェクトが追加されたことも留意すべきである。ただし、そこでもやはり、高額所得者に対する累進税については何も触れられていない。本来であれば、一般市民の減税やＶＡＴの軽減による収入減の分を、そうした累進税で補うという財政資金移転が考えられてよいはずである。しかし、富裕者の支持を軸とする保守党中心の連立政権には、そうした発想が全くない。しかもオズボーンは、そのような税の軽減を図る一方で、福祉に対する社会的支出の制限も告知する。これでもって、ほんとうに財政緩和が果されるのか。甚だ疑わしいと言わねばならない。

（二）緊縮緩和策による経済復興

図1－1を振り返るとわかるように、イギリスの経済成長は二〇一三年から二〇一四年にかけて確かに上昇した。それは、いわゆるU字型回復を示したのである。このことで明らかにされたことは何か。それは、キャメロン政権が財政政策を緊縮から緩和に転換したことによって、イギリス経済が急速に復興したという事実を端的に表している。つまりそのことは、緊縮プログラムを続行することでは決してイギリス経済を回復できなかったことを意味する。この点を絶対的に銘記する必要がある。さらに注意すべきは、復興と言っても、それは二〇一〇年の総選挙前のピーク時には到底及ばないという点であろう。イギリスの成長率は上がったものの、それはピーク時に比べて二％ほど低かった。このことは、財政緊縮によるイギリス経済に与えたダメージが、それほどに大きなものであったことをはっきりと示している。

一方、図1－2で示されたように、失業率も二〇一三年を境に低下した。それは、二〇一〇～二〇一二年まで八％前後に止まっていたのに対し、二〇一四年には六％、そして二〇一五年の総選挙直前には五％台にまで下落した。また平均収入の上昇率も、二〇一三年の底から次第に高まり、二〇一四年以降に大きく増大した。これらのことから貧困率は、図1－5に見られるように、二〇一二年をピークとして、それ以降に着実に低下した。

以上の事実を踏まえれば、キャメロン政権が財政政策を、当初の緊縮から緩和に転換させたことは、一定のマクロ経済効果を表したと言うことができるかもしれない。しかし、そのことは真にイギリス経済を実際に復興させたのかと問えば、それは決して定かでない。まず、人々の生活の観点から見ても、その答は明白にイエスとは言えない。否、むしろノーと言った方がよいかもしれない。かれらの実質賃金は、図1－4で明らかにされたように、二〇一〇年以降に継続的に低下したからである。二〇一三年に入って、それは確かに一時上昇したかに見えたものの、その後は再び下落した。

他方でマクロ経済的に見ても、そうした政策転換は必ずしも功を奏していない。図1－6からわかるように、二〇一三年以降に財政赤字は着実に減少したものの、その削減率は二〇一〇年のプログラムで予定した目標をはるかに下回った。財政赤字は当初、二〇一三～二〇一四年に対GDP比で二・三％に設定された。しかしそれは、実際にはその倍近くの四・二％に達する。また二〇一四～二〇一五年にその比率は〇・九％というように、ほぼ財政均衡状態になるはずであった。ところがそれは依然として三・五％を示し、目標値のほぼ四倍近くになる。このように財政赤字の削減が当初の予定に沿わなかったことの大きな要因は、やはり税負担の軽減による収入の低下であろう。それは決して支出の大きな拡大によるものではない。そうであれば、累進税の促進による収入補塡効果の欠如が余計に目立つ。

他方で、イギリス経済の対外的な負の側面すなわち国際収支の赤字問題も、結局一向に解消されることはなかつた。表1－3は、イギリスの二〇一〇～二〇一四年における国際収支構造を示している。見られるように、イギリスの経常収支の赤字は、二〇一二年以降に削減されるどころか逆に大きく膨らんだ。二〇一四年の赤字は、二〇一二年のそれの二倍弱に及んでいたことがわかる。そうした経

表 1-3　イギリスの国際収支（2010 ～ 2014 年）

（10 億ドル）

項目	2010 年	2011 年	2012 年	2013 年	2014 年
A　経常勘定	-67.6	-43.67	-86.45	-122.22	-152.61
財	-150.75	-149.91	-168.26	-180.45	-203.35
輸出	417.81	493.75	480.66	478.85	486.19
輸入	568.56	643.66	648.92	659.3	689.54
サーヴィス	-66.7	-41.97	-53.55	-53.76	-56.83
第 1 次所得	31.17	32.94	1.71	-26.44	-54.38
第 2 次所得	-32.07	-34.65	-34.6	-42.03	-41.39
B　資本勘定	-0.05	-0.16	-0.55	-0.74	-2.79
C*　金融勘定	-57.25	-37	-82.92	-116.67	-158.4
直接投資	-12.63	53.82	-34.72	-64.63	-134.06
ポートフォリオ投資	23.45	20.18	336.12	-80.02	-134.73
D　誤差脱漏	20.31	17.71	15.7	13.25	7.14
E　準備資産	10.01	10.87	11.63	6.96	10.14

注：*C=A+B+D−E
出所：IMF, *Balance of Payments Statistics*, 2015, p.1076 より作成。

常赤字の最大の要因は財収支の赤字であった。それは、輸出が伸び悩む一方で輸入が輸出を大きく上回って増大したためである。ここに一つの矛盾が現れる。すなわち、イギリスの経済成長の高まりは他方で輸入を押し上げて財収支を悪化させる結果になった。そしてそのことは、純輸出の減少から経済成長を今度は抑制させた。こうしてイギリスの景気回復は、対外経済面の改善にとっては仇となった。

さらにもう一つ注視すべき収支がある。それは第一次所得収支である。そのほとんどは純対外投資収益から成る。その推移を見ると、二〇一一年まではかなりの黒字を示していたのに対し、その黒字幅は二〇一二年に著しく減少する。そしてそれ以降に、今度は二〇一四年まで赤字が大きく膨らんだのである。このことは一体何を意味するか。それは、イギリスの対外投資において、二〇一一年までは対外投資が対内投資を上回っていたのに対し、二〇一三年以降は逆に、対内投資が対外投資を大きく上回ったことを表す。この点はとくに、対外直接投資に関して明白に現れた。イギリスに対する外国直接投資は二〇一二年以降に著しく増大したのである。

このようなイギリスの純対外投資傾向もやはり、先の財収支の場合と同じく、景気の回復を大いに反映していた。イギリスの経済復興の兆しにより、外国投資家はイギリスを魅力的な投資先とみなした。その結果、同表に見られるように、金融勘定は二〇一二年以降に赤字を拡大させた。二〇一四年の赤字幅は二〇一二年のそれの二倍弱に達したのである。

他方で、イギリスの経済復興が開始されたことは、別の大きな対外的事象をつくり出した。それは、イギリスに流入する移民の増大となって現れた。イギリスの景気回復は、EUとりわけ東欧諸国からの移民労働者を引き付けたのである[30]。しかもそうした労働移動が、イギリスへの外国直接投資の増大に歩を合わせた点にも留意する必要がある。そこでは、イギリスの経済復興→イギリスへの外国直接投資増→イギリスへの労働移動増、というスキームが描かれる。イギリスにおける対内移民の拡大はまさに、こうした経済のグローバル化と密接に結びついた。我々は、この点を忘れてはならない。そして、このイギリスへの移民が増大したことは、その経常収支の赤字を促す一つの要因ともなった。それは、かれらのえた労働報酬の海外送金として表される。実際に、それを含んだ第二次所得収支は同表に示されたように二〇一三年以降に赤字を拡大させたのである。

このようにして見ると、イギリスの経済復興は対外経済的観点からも、ストレートに評価されるべきものではない。そうした復興によってイギリスの経常収支の赤字が膨らむのであれば、それは結局経済成長を抑える要因となる。そこで、そのマイナス要因を取り除くための経済政策が打ち出されねばならない。それがなければ、キャメロン政権の行った一時的な財政緊縮の緩和は見せかけの刺激策に終るに違いない。

(三) 緊縮政策と有権者の意向

ところで以上に見たような経済的成果を根拠として、キャメロンの率いる連立政権はイギリス国民に対し、これまで行ってきた緊縮政策が経済復興の基盤をつくったと力説した[31]。しかし、そうした主張が全くのまやかしであったことはすでに示したとおりである。それにも拘らず、かれらがイギリス経済の復興を連立政権の最大の成果であることを国民に訴えたのは、選挙に勝利するためには、経済的要因が決定的に重要であることに気づいていたからに他ならない[32]。実際に当時の世論調査によれば、連立政権は、経済的な能力と信頼に関して労働党よりも優位に立っていた。

表 1−4　イギリス有権者の政党支持の変化（2010 ～ 2015 年）

（%）

年次	保守党	労働党	自由民主党
2010 年	39	31	19
2011 年	37.3	40.3	10
2012 年	33	40.3	10.3
2013 年	29	41.7	8.7
2014 年	31	34	12.7
2015 年	33.3	34.7	7.3

注：2012 年は第２四半期、それ以外は第１四半期のもの。
出所：Cowley, P., & Kavanagh, D., *op.cit.*, p.11 より作成。

表１−４は、イギリスの有権者の保守党、労働党、並びに自由民主党に対する支持率の変化を、世論調査に基づいて示している。見られるように、二〇一〇年の時点で保守党の支持率は労働党のそれを大きく引き離していた。また、自由民主党の支持率もかなり高かった。ところが連立政権の下で緊

縮政策が始められると、かれらの支持率は急速に低下したことがわかる。保守党の支持率は二〇一〇年の三九％から二〇一二年に三三％、さらには二〇一三年には二九％にまで落ち込んだ。保守党はその間に一〇％も支持率を低下させたのである。そして自由民主党の支持率も、二〇一〇年の一九％から二〇一三年の八・七％へと一〇％以上も下げた。一方、こうした連立政権への支持が減少したのと全く逆に、労働党の支持率は大きく上昇した。それは、二〇一〇年の三一％から二〇一三年に四一・七％へと一〇％以上高まったのである。この現象は、イギリスの人々が厳しい緊縮政策に対していかに不満を抱いていたかを明白に物語る。したがって、もし二〇一三年に総選挙が行われていれば、労働党が勝利することは確実であった。

しかし、以上の動きは再び変化する。保守党の支持率は二〇一四年以降に次第に高まった。これと反対に、労働党の支持率は大きく低下する。これにより、二〇一五年の総選挙前の時点で、両党の支持率はほぼ拮抗するに至った。ただし、自由民主党の支持率は、二〇一四年に一旦上昇したものの二〇一五年には大きく落ち込む。それは、二〇一〇年の四割ほどまでに低落した。

このようにして見ると、イギリスの有権者の意向は、政府の遂行する緊縮政策とその経済へのインパクトによっていかに変化したかがよくわかる。二〇一〇〜二〇一二年に行った緊縮政策によって、保守党は有権者の支持を大きく失った。これと対照的に、二〇一三年から始めた緊縮緩和策とそれに基づく経済復興によって、保守党は再び支持をえることができたのである。為政者が、こうした有権者の意向の変化を正しく把握しなければならないことは言うまでもない。

（四）EU問題と移民問題

では、イギリスの有権者の政党支持が定まっていたかと言えば、決してそうではない。そこには様々な不確定要素が潜んでいた。その最も深刻な二つの要素はEUと移民であった。しかも両者は密接に結びついている。そこでまず、EUの問題について見てみよう。

キャメロンは保守党の党首として、最初のうちは欧州問題について語ることを避けた。彼は、イギリスの国民が教育やNHSに対してより関心があることを前提として、保守党は欧州について論じるべきではないと表明したのである[33]。ところが、キャメロンが政権を握ると状況は大きく変化した。彼は、EUにおけるイギリスの権限を守ることに失敗している。保守党のユーロ懐疑派はこう判断した。実際にキャメロンは、金融取引税も阻止できなかったし、一層の統合を進めようとするJ－C・ユンケル（Juncker）の欧州委員会委員長就任もストップできなかった。こうして、保守党議員の一部は政府に対し、よりユーロ懐疑的な方向に向かうように圧力をかけた。かれらは、EUメンバーシップの是非を問うためのレファレンダムを行うように運動したのである。

実は、これまでの保守党内において、つねに最大の争点となったのは欧州問題であった。そこでは、一部の議員がユーロ懐疑主義を強く打ち出した[34]。かれらは、二〇一一年にEUレファレンダムに関する議論を行うことを要求する。保守党は次第に、欧州問題をめぐって党内対立を深めた。こうした中で、二〇一三年に入って保守党の支持率が低下したこととEUレファレンダムの継続的要求を受けながら、キャメロンはついにユーロ懐疑派に譲歩する。彼は二〇一三年一月に、よりよい条件を交渉でかちえた後にレファレンダムを行うことを宣言したのである。それはまた、二〇一五年の総選挙における保守党の勝利を前提とするものであった。

一方、キャメロン自身が、イギリスのEUに対するポジションについて確固とした信念を持っていたかと言えば全くそうではない。彼は、根本的には保守党の伝統的なユーロ懐疑主義者に位置する。彼は、EUについて考えれば考えるほどユーロ懐疑的になることを認めた。それだからキャメロンは、一層緊密な同盟に向けたEUのゴールを拒絶する。しかし他方で彼は、改革されたEUにイギリスが留まることを欲する。そこで、もしEUとの再交渉がうまくいけば、彼はEU残留のためのキャンペーンを行うことを明らかにした。イギリスの国民的利益は、柔軟で開放的なEUからえられる。彼はこのように決断したのである。

問題となるのは、キャメロンがそのような再交渉を成功させることができるかという点であろう。もしそれができなければ、彼は保守党の統一はおろか、レファレンダムでの残留の勝利さえも導けなくなるに違いない。実際に彼の指名した閣僚のうち、何人もがすでにEU離脱を表明した。その中には、P・ハモンド（Hammond）、M・ゴーヴ（Gove）、さらにはD・スミス（Smith）らの党の主要な人物も含まれていた。この点を踏まえると、キャメロンはこの段階で、保守党内のムードに対して誤った判断をしたのではないかと思わざるをえない。現実に当時の保守党議員の多くは、イギリスのEU離脱に対して原則的に賛同していたのである。

さらに、キャメロンが見過したもう一つの状勢は、イギリスの有権者のEUに対する意向の変化であろう。実は二〇一二年の段階で、彼を支持するイギリス人のほとんどは、イギリスをEUから撤退させたいと考えていた。[35] ところがそうした傾向は、彼がEUとの改革のための再交渉を宣言した後に逆転する。キャメロン派の人達は、EU残留の意思を表す。この点で、キャメロンのスピーチ効果は確かに大きかった。しかし、それはすぐに消えてしまう。二〇一三年の世論調査では、離脱派が残留

図 1-8　イギリスにおける外国人労働者(1)（1997 ～ 2015 年(2)）

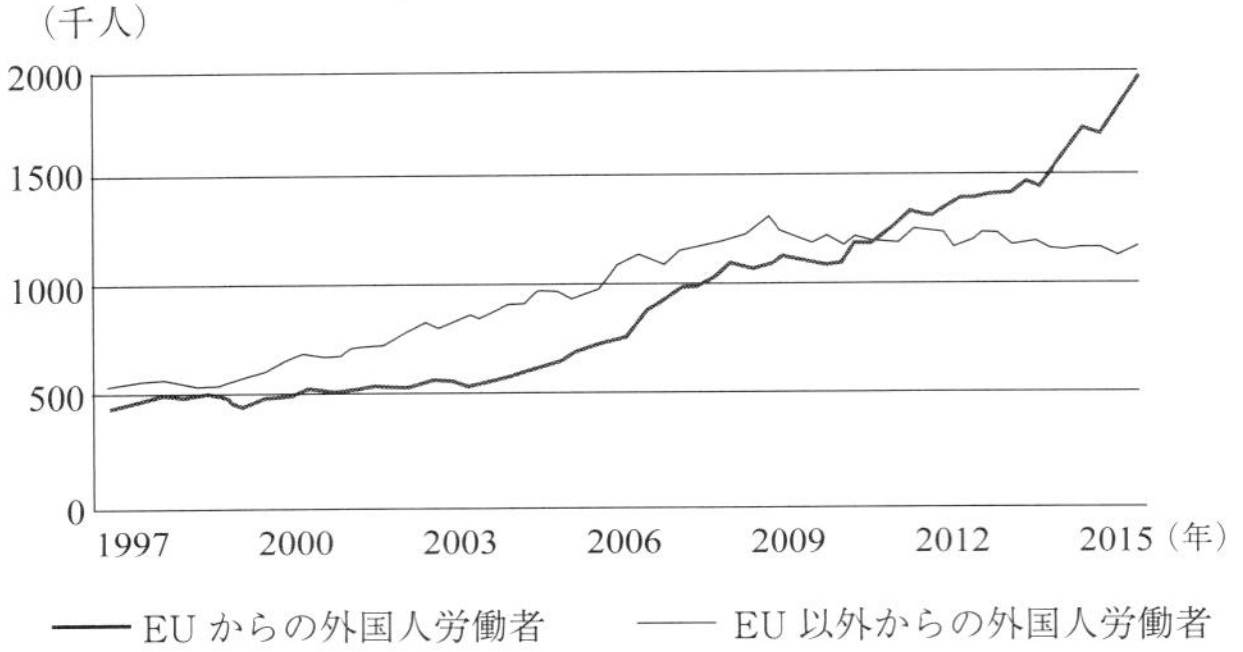

注：(1)イギリス以外の国の国籍を有する労働者。
(2)各年次は 4 ～ 6 月の期間のもの。
出所：*Economic & Labour Market Review*, No.9, September, 2015, p.16 より作成。

派を上回った。そして総選挙が近づくにつれて、今度は再び残留派が優勢となる。このように、イギリスの有権者の意向は目まぐるしく変わったのである。

このような有権者のEUに対する思いの変化のくり返しは、かれらがEUの存在を、生活の上でそれほど重視していないことを如実に示すものであった。事実、イギリス市民の欧州に対する関心度は通常高くない。総選挙直前の世論調査で明らかにされたように、欧州問題をトップのテーマと考える応答者は全体のたった一五％にすぎないのである。[36]

では、イギリスの有権者の最大の関心はどこに注がれたのか。それは、EUそのものというよりはむしろ、EUのルールに基づいてそこから押し寄せる大量の移民であった。事実、有権者はこの移民問題を、当時のイギリスが直面する最重要な問題のトップに掲げていた。[37]なぜそうなのか。かれらは、EUからの不熟練の移民労働者が、イギリスの低賃金労働者の賃金を一層押し下げると共に、そうした移民が集中する所で一般市民への社会的サーヴィスが劣化したことに対し、大いに不満を抱いたからである。図1－8は、イギリスにEUと非EUから流入した移民労働者の推移を示す。見られるようにEUからの移民労働者は、ちょうどキャメロン政権の発足に合わせて非EUからのそれを上回る。かつまたその数は、二〇一三年ごろから急激に増大した。こうした移民の著増は皮肉にも、先に明らかにしたように、連立政権の自負したイギリス経済の復興に比例する形で引き起こされたのである。

そうした中で、イギリス政府は移民問題の解消に向けて一体何をしたか。人々がこの点を問うのは言うまでもない。キャメロンは選挙公約で、EU移民を年数万人のレヴェルに減少させると謳った。しかし現実には、イギリスに流入する移民の数は継続的に増大し、ついにそれは年三〇万人以上の規模に達した。これではイギリスの人々が、憤りの気持を高めるのは当然であろう。

この民衆の怒りは、キャメロン政権に対する絶望感の下に、次第に保守党支持から離れる傾向を生み出す。その結果が、反移民と反EUを強く訴えるイギリス独立党（United Kingdom Independent Party : UKIP）の飛躍となって現れたのである。それは、二〇一四年の欧州議会選挙で端的に表された。UKIPは、二〇一三年五月の地方選挙で多数の議席を獲得した後、欧州議会選挙でついに第一位に浮上する。[38]かれらは、二七％もの得票率と二四議席を取得した。それは、二〇〇九年の選挙時と比べて大幅な増加を意味した。これに対して保守党は、労働党にも抜かれてしまう。イギリスの国民的選挙で保守党が第三位になったのは、これが初めてであった。

欧州議会選挙キャンペーン中の世論調査によれば、九千人以上の応答者のうち、約二千人がUKIPに投票する意思を表した。[39]そして留意すべき大事なことは、そのようなUKIP支持者の中に、保守党の支持から転向した人々が多く含まれていた点であろう。かれらは、ある特定のグループに集中していたと言われる。それは、保守党の一般的な支持者よりも、より高齢かつ、より貧困な人々で、さらには労働者の階級に属する人々であった。かれらは、今日の保守党が一般の人々を理解しない上流階級によって主導されていることに反対しながら、同党を拒絶する姿勢を露にしたのである。

このように、UKIPに対するイギリスの人々の支持が高まったことに対し、キャメロンは当然にその対処に躍起となった。UKIPの支持者の政治的関心はもちろん、同党の主たる論点である移民とEUであった。そこで連立政権も、とりわけ移民に対して次第に厳しい政策を採る姿勢を打ち出した。[40]当時の内相であったT・メイ（May）は、非EU移民の流入に厳しいルールを設ける。では、移民政策に関して保守党が一枚岩であったかと言えば、決してそうではない。かれらの一部は、移民削減政策に不満を抱いた。その代表がオズボーン財務相であった。どうしてかれらは、反移民策に抵抗したのか。それは、保守党を支持する企業が、熟練労働者や不熟練労働者の移民が減少することに反対したからである。そうだとすれば、保守党はUKIPに対して思い切った対抗策を打ち出せるはずがない。このことが後に、保守党にとって非常に大きな問題となって現れる。ここで我々はひとまず、保守党の移民とEUの問題をめぐって次第に追い込まれていく姿をきちんと頭に入れておく必要がある。

イギリスの社会はこの数十年間に、かつての福祉に依存する姿を一掃したと言われる。[41]そこでは、労働から外された人々が増えると共に、かれらの受ける恩恵は確実に減少した。この脱福祉社会への転換に拍車をかけたのが、キャメロン連立政権下の緊縮政策に他ならない。ただし、それは人々の怒りを買うことで一時的に和らげられ、イギリス経済は復興したかに見えた。しかし、有権者の不満が完全に消え去った訳ではなかった。人々とりわけ一般労働者は、大量に流入する移民労働者に不安感を覚え、その改正を政府に訴える動きを示したのである。

注

1 Cowley, P., & Kavanagh, D., *The British general election of 2015,* Palgrave Macmillan, 2016, p.42.

2 Clarke, H.D., Kellener, P., Steward, M.C., Twyman, J., & Whiteley, P., *Austerity and political choice in Britain*, Palgrave Macmillan, 2016, p. 40.

3 *ibid*., p.34.

4 Wren-Lewis, S., "The Macroeconomic record of the Coalition Government", *National Institute Economic Review*, February, 2015.

5 Clarke, H.D. et al, *op.cit*., p.39.

6 *ibid*., pp.35-36.

7 *The Coalition: our programme for government*, HM government, 20, May, 2015.

8 *ibid*., p.15.

9 Dorey, P.,"Policies under Cameron:modernization abandoned", in Peele, G., & Francis, J., ed., *David Cameron and conservative renewal: The limits of modernisation*, Manchester University Press, 2016, p.67.

10 Hood, C., & Himaz, R., *A century of fiscal squeeze politics: 100years of austerity, politics, and bureaucracy in Britain*, Oxford University Press, 2017, p.185.

11 *The Coalition*, *op.cit*., p.15.

12 Clarke, H.D. et al., *op.cit*, p.36.

13 HM Treasury, *Budget*, 2010, p.2

14 Clarke, H.D., et al, *op.cit*., p.37.

15 *ibid.*, pp.6-7
16 The Coalition, *op.cit.*, p.19.
17 *ibid.*, p.30.
18 *ibid.*, p.24
19 Cowley, P., & Kavanagh, D., *op.cit.*, p.43.
20 *ibid.*, pp.10-11.
21 *Economic & Labour Market Review*, December, 2015, Palgrave Macmillan, p.23.
22 *ibid.*, p.19.
23 Clarke, H.D., et al., *op.cit.*, p.45.
24 *Economic & Labour Market Review, op.cit.*, p.159.
25 Clarke, H.D., et.al., *op.cit.*, pp.45-49.
26 Cowley, P., & Kavanagh, D., *op.cit.*, p.57.
27 *ibid.*, p.59.
28 Clarke, H.D., et al., *op.cit.*, p.8.
29 Cowley, P., & Kavanagh, D., *op.cit.*, p.8.
30 Clarke, H.D., et.al., *op.cit.*, p.53.
31 *ibid.*, p.43
32 Cowley, P., Kavanagh, D., *op.cit.*, p.56.
33 *ibid.*, pp.12-13.
34 *ibid.*, pp.49-50.
35 Clark, H., et.al., *op.cit.*, pp.14-15.
36 *ibid.*, p.15.

37 Cowley, P., & Kavanagh, D. *op.cit.*, p.14.

38 Clarke, H., et al., *op.cit.*, p.17.

39 *ibid.*, p.18.

40 Cowely, P., & Kavanagh, D., *op.cit.*, p.53.

41 Nervill, S., "UK's jobless welfare claimants hit 30 -year low", *FT*, 5, June, 2015.

第二章　二〇一五年の総選挙と保守党の勝利

二〇一五年の総選挙でキャメロンの率いる保守党は、大方の予想に反し単独で政権を握れる勝利を収めた。どうしてかれらは勝利したのか。まず、この点が問われねばならない。他方で、この選挙で保守党が勝利したことの意味を考える必要がある。これによって、イギリスは二〇一七年までにEUに残留するかどうかについてのレファレンダムを行うことが決定されたからである。このことは、イギリスのみならずEUひいては全世界に多大なインパクトを与えた。総選挙をめぐって生じたこれらの問題を検討することが本章の目的である。

一．総選挙のキャンペーンとその結果

(一) 総選挙のキャンペーン

イギリスの二大政党である保守党と労働党は、選挙が近づくにつれてキャンペーンの激しさを増した。その中で、どちらかと言えばより具体的な方針を掲げたのは野党の労働党であった。[1] かれらは、労働者の家族に対して三〇万ポンドまでの住宅取得に課される税金の軽減を訴えた。同時に、党首のミリバンドは、初めて住宅を購入する人々を助ける対策のパッケージを約束する。それは二億二五〇〇万ポンドにも上る。そして、そのファンドの一部は、外国人のイギリスでの不動産購入に対する印紙税の引上げで賄われるとされたのである。

一方、保守党はこのような労働党の方針に直面し、選挙キャンペーンに情熱を一層傾ける必要が生じた。ところが党首のキャメロンは、強い意志と信念に欠けると思われた。彼は、この党内の声に反発するかのように、イングランド西部の人々に対する住宅購入支援に熱心に取り組んだ。そしてもちろん、保守党のオフィシャルなキャンペーンのテーマはイギリス経済であった。有権者が保守党に執着するのは、経済の記録された数値のゆえと信じられたからである。

同時に保守党は、ミリバンドが首相になることへの警告を強く発した。その際の力点は、彼がスコットランド民族党（Scottish National Party：SNP）と結託してスコットランドを独立させるという点に置かれた。かれらは、これが最も効果的なメッセージになると判断したのである。では、この二大政党が二〇一五年の総選挙において、イギリスの人々から真に信頼されるほどの政策を打ち出せたであろうか。

当時のイギリスにおいて、三つのストーリーがよく語られた。[2] 第一に、今日のイギリスの財政困難をもたらしたのは労働党の浪費のせいである。第二に、キャメロンの主導する過去五年間の財政緊縮政策が目ざましい経済復興を生み出した。そして第三に、これと同じ道を歩み続けることがイギリス経済を健全な状態に戻す。これらのストーリーは真実であろうか。

まず、第一の点について言えば、そうした労働党の政策批判は完全に的はずれである。そもそも二〇〇八年の金融危機以前に、イギリスの公的債務の対GDP比は歴史的な低水準であった。したがって、政府支出の増大は当然に正当化された。次に第二の点についても、すでに前章で明らかにされたように全く誤った主張である。実際にオズボーン財務相による財政緊縮策は、逆に経済復興を著しく遅らせた。確かに復興を政権期間の後半に達成したことが認められるものの、それは決して強いものではなかった。

そこで問われるのは、次期政権を担う二大政党がいかなる経済政策とりわけ財政政策を採ろうとしているかという点であろう。実は選挙キャンペーンにおいて、この点に関する両党の相違は見られない。いずれも緊縮政策を公約したのである。保守党は全般的な黒字を、また労働党は経常予算の黒字を求めた。とくに保守党は、政府支出の対GDP比を一層低めることを政策として掲げた。一体、これ以上政府支出を削減すればどうなるか。保守党はほんとうにイギリスの人々の抱える社会問題を解決するつもりがあるのか。この点が問われるのは当然であろう。他方で、保守党に対抗してそうした社会問題に真に取り組まねばならないはずの労働党も、過去の政権が行った政策に対する罪意識から思い切った支出拡大政策を打ち出せない。こうした二大政党の姿勢に対してイギリスの人々は全面的な信頼を寄せることができるであろうか。

ＦＴ紙の記者スティーヴンスは、選挙結果の出る直前に、すでにイギリスの二大政党は崩壊していると唱えた。[3] そもそもイギリスの有権者は、沈滞し続ける経済状態に対する保守党の処方に反対してきた。かれらの大半は、イギリス経済の方向転換を強く求めた。それにも拘らず、オズボーン財務相は、さらに五年間も財政緊縮を続けることを声高に謳った。これでもってキャメロン政権は、イギリス市民の支持をえられるであろうか。実際にキャメロンとオズボーンは、保守党における高齢の党員の意見に耳を傾けた。他方で労働党も、依然として労働組合によるファンディングに頼った。いずれも内向きの姿勢を露にしたのである。

スティーヴンスが唱えるように、イギリスの有権者はグローバリゼーション、低賃金、並びにＥＵからの圧力に不安感を強く抱いていた。かれらは、よく警護された福祉国家と公正で安全な移民システムを欲した。そしてかれらは、スーパー・リッチの人々がグローバル化の利益を一人占めしてきたことに激しく憤慨した。こうした中で、二大政党ではないＵＫＩＰやＳＮＰが、かれらの不安と怒りを代弁する形で勃興した。それはまた、人々のアイデンティティを復活させることを訴えることによってであった。キャメロンもミリバンドも、結局は旧体制にとりつかれた。両者はいずれも、イギリス国民が置かれている状況を正しく把握できない、あるいは把握しようとしない。この二人のリーダーはまさに、イギリスが飛躍するためのよいルート・マップを提供してこなかったのである。

このように、イギリスの二大政党に対する有権者の信頼は大きく低下した。しかし他方でかれらは、イデオロギーよりも現実的な感覚を優先する。それゆえ慎重な姿勢は崩されていない。ＦＴ紙は選挙直前に独自の世論調査を行った。それによると、保守党と労働党は共に三四％の支持を集め、両者の力は拮抗していた。[4] したがってキャメロンもミリバンドも、一方的に勝利することはないと見込まれた。

ＦＴ紙は六五〇議席のうち保守党が二八一、労働党が二六七、ＳＮＰが五一（スコットランド全体で五九議席のうち）の議席獲得を予想した。そこでキャメロンは、単独で政権が握れないことから、再び自由民主党との連立を組むことになる。同紙はこのように見込んだ。ただし、ミリバンドも依然として首相の座を収める範囲に留まる。それは、ＳＮＰや他の小さな政党のサポートをえた場合である。選挙結果はＦＴ紙の予想どおりであったか。

(二) 総選挙の結果

二〇一五年五月七日に行われたイギリス総選挙の結果は表2－1に見られるとおりである。同表はまた、イギリスで通常五年毎に行われる総選挙について、二〇〇一年からの四回分の結果を示している。これにより、我々はイギリス国民の全体の投票と主要政党（保守党、労働党、並びに自由民主党）への投票の傾向を読み取ることができる。

まず投票率について見ると、それは次第に上昇している。とくに二〇一〇年から著しく高まったことがわかる。イギリスの人々の政治への関心がその頃から非常に強くなったのである。そこで次に政党別に見ると、投票結果は劇的な変化を表した。最初に労働党に注目すると、かれらは二〇〇一年に圧勝し、その後も二〇〇五年に再び勝利して単独政権を握る。しかし、二〇〇五年の総選挙でかれらは前回よりも得票数を大きく減らした。その議席数は五六議席も減少させた。こうした労働党に対する人々の支持の低下傾向は、その後も続く。そして、ついに二〇一〇年の総選挙でかれらは保守党に敗北する。労働党は二〇〇五年に比べ、得票数で一〇〇万人弱、また議席数で一〇〇弱減少させ

表 2－1 イギリスの総選挙の結果（2001 ～ 2015 年）

		2001 年	2005 年	2010 年	2015 年
有権者（千人）		44,403	44,262	45,610	46,354
投票率（%）		59.4	61.2	65.1	66.2
投票者（千人）		26,369	27,124	29,687	30,698
議席数		659	650	650	650
保守党	得票数（千人）	8,358	8,772	10,727	11,334
	得票率（%）	31.7	32.4	36.1	36.9
	議席数	166	198	307	331
労働党	得票数（千人）	10,725	9,547	8,607	9,347
	得票率（%）	40.7	35.2	29.0	30.4
	議席数	412	356	258	232
自由民主党	得票数（千人）	4,813	5,982	6,836	2,416
	得票率（%）	18	22	23	7.9
	議席数	52	62	57	8

出所：Cowley, P., & Kavanagh, D., *op.cit.*, pp.432 ～ 433 より作成。

た。では二〇一五年でそれらはどう変わったか。得票数は前回よりも若干増えたものの、議席数はさらに三〇席以上も少なくなる。これにより二〇一五年の労働党の議席数は、二〇〇一年のそれの五六％ほどまでに落ち込んだ。このように労働党は二〇〇一年に大勝して以来、次第に人々の支持を失っていく。かれらはこうして、二〇一五年に壊滅的な敗北を経験したのである。

　これに対して保守党はどうであったか。その傾向は労働党のそれと対照的であった。かれらは二〇〇一年に大敗を喫したものの、それ以降は着実に得票数を増やしていく。その結果、保守党は二〇一〇年に第一党に返り咲いた。ただし、それは単独で政権を握れるほどの勝利ではなかった。ところが二〇一五年になると、かれらは大方の予想を覆して単独政権政党になる。もっとも、その獲得議席数は三三一であり、総議席の過半数を若干上回るにすぎない。保守党は、かつての労働党のように圧勝したのでは決してないのである。この点を忘れるべきでない。

二．保守党勝利の背景とインパクト

(一) 世論調査と選挙結果

二〇一五年の総選挙で際立った点の一つは、世論調査が全くあてにならなかったことである。それはすべて、最後まで保守党の労働党に対するリードを過小評価した。[5] 一一の世論調査のうちBBCによるものを除いて一〇までが、逆に労働党は保守党を一％リードして勝利することを示した。結果は全く逆であった。これは、世論調査そのものに深刻な問題を投げかけた。実際にそこには、「シャイな保守派」の潜在的効果が見られた。かれらは、オン・ラインで保守党を支持していたのである。

キャメロンは、この勝利を一九九二年のJ・メイジャー（Major）による「信じられないほど喜ばしい勝利（amazing victory）」になぞらえた。彼は奇しくも、当時の選挙アドヴァイザーであった。[6] しかし、それらの二つの勝利の間に大きな違いが見られる。獲得した議席数を見ると、メイジャー政権は二一議席の差で過半数に達したのに対し、キャメロン政権の過半数の達成はたった一二議席の差によるものであった。それゆえキャメロンが単独で政権を握ったとしても、それは十分に安定したものとは言えない。彼自身も、政権の危うさに気づかない訳にはいかなかった。

(二) 保守党勝利の意味

では、大方の予想に反して保守党はどうして勝利したのか。保守党の選挙対策者であったL・クロスビー（Crosby）は、今回の選挙キャンペーンの中でとくにイギリス経済のパフォーマンスに焦点を当てた。[7] 彼は、これまでの連立政権が二〇〇万人の雇用、財政赤字の半減、並びに所得税の削減に成功したことをイギリス国民に強くアピールしたのである。しかし、こうしたバラ色の経済的メッセージに共鳴したのは、実際にはロンドンの人々だけであった。この点を忘れるべきでない。

他方で、選挙直前の保守党のマニフェストでオズボーン財務相は、財政緊縮へのコミットメントから明るいオプティミズムにシフトすることを宣言した。彼は、国民的医療サーヴィス（NHS）に対し二〇二〇年まで年八〇億ポンドを投下すると同時に、労働者の家庭の子供に対するケアの無料化を謳う。ところが、それらを行うためのファンディングについて議論されることはなかった。そうだとすれば、そうしたオプティミズムの実現可能性は明らかでない。

確かに当時のイギリス経済のパフォーマンスは、西側の欧州で最も良かった。保守党はこの点を踏まえて、キャメロン連立政権がいかにイギリス経済を発展させたかを人々に訴えたのである。

こうして、保守党が勝利したことにより、かれらの経済政策の正しさが証明されたとする見方が強まった。それはまた、緊縮政策＝新自由主義の勝利を意味すると捉えられたのである。ハーヴァード大学のN・ファーガソン（Ferguson）教授は、この点を強調する代表的論者であった。彼はFT紙に投稿し、オズボーンの政策が正しかったこと、そしてそれを批判した考えが誤っていたことを指摘する。[8] ケインジアンのエコノミストは、キャメロン連立政権の五年間に、オズボーンの政策が惨憺たる経済的結果を生み出すと予想した。例えばP・クルーグマン（Krugman）は、オズボーンの緊縮の実験は疑いなくリセッションに導くとし、二〇一二年四月にイギリスは自滅的な緊縮の死のスパイラルを続けると警告した。それは経済政策を破綻させ、長期にわたってイギリス経済に打撃を与える。クルーグマンはこのようにオズボーンの政策を激しく非難した。労働党党首のミリバンドも、このクルーグマンの描いたストーリーを鵜呑みにしたのである。ところが、事実はクルーグマンの予想に反して、イギリスがリセッションに陥ることはなかった。否、それどころか、イギリスの二〇一四年の経済成果はG7の中で最良であった。同時にイギリス政府は、財政の安定化に成功した。

ファーガソンの主張点をまとめると以上のようになる。もはやくり返すまでもなく、彼の見解は全くミス・リーディングなものでしかない。イギリスが経済成果を押し上げたのは、緊縮政策の続行によるものでは決してなかった。それは、その逆に緊縮を緩めた結果であった。つまり、オズボーンは緊縮政策から緩和政策に転換したことでイギリス経済を復興させることができたのである。この点を、ここで再度声高に強調しておきたい。しかもそうした政策転換が、イギリス国民に十分に知らされることなく進められたことも今一度銘記されねばならない。

そうだとすれば、キャメロンが良好な経済成果を緊縮政策の成果として掲げながら保守党を勝利に導いたことは、国民を欺く行為であったと言ってよい。冷静で中立的な分析を信条としなければならないはずの研究者でさえ、ファーガソンに代表される新自由主義＝緊縮論者は、以上のようなトリックに気づかずに緊縮政策のポジティヴ効果を一方的に訴えた。これは実に驚くべきことであり、また研究者として恥ずべきことであろう。そしてもちろん、イギリス政府の国民をだます姿勢は断じて許されてはならない。

(三) 労働党の敗北とその後

一方、労働党は今回、一九八七年以降で最悪の選挙結果を迎えた。これにより、ミリバンド党首は責任をとって辞任した。事実、労働党の敗北はまさに信じられないほどであった。選挙直前に、ミリバンドが次の首相になると思われていたからである。したがって、労働党議員のショックは極めて大きかった。とくに、伝統的に労働党の地盤であったはずのスコットランドで壊滅的に議席を失ったのは決定的であった。かれらは、ＳＮＰに屈したのである。

ミリバンドは二〇一〇年に労働党の党首になって以来、イギリスの政治は、グローバル金融危機（二〇〇八年）後に左翼に大きくシフトしたことを一貫して唱えた。[9] そうした中で彼は、党の仲間やビジネス、さらにはメディアからの批判をかわすことに力を注いだ。しかし実際には、このような労働党の左傾化に対する批判は党内で強まった。元党首で首相のブレアとその仲間から成る中道左派は、労働党があまりに左派にシフトしたことを非難したのである。

このように、労働党は選挙前からすでに深い分裂の傾向を表していた。かれらはもはや一枚岩ではなかった。この点が、労働党敗北の大きな要因となったことは疑いない。では、ミリバンドの辞任後に誰が党首となるのか。その選出はまた、中道社会民主派と伝統的左派との対立を露呈させるに違いない。

ところで、労働党が敗北した背景に、より一層深刻な問題がある点を指摘しておかねばならない。それは、同党の社会政策に対する取組み方の問題である。イギリスは、かねてより公共サーヴィスを拡大する必要があり、そのためのファンディングを見出さなければならない。そして、そのことを真に念頭に置かねばならない政党が労働党であることは疑いない。

一国のある人々を救うために、他のある人々からより多くの資金を引き出す必要がある。イギリスが福祉国家として成り立つからには、それは資金的に余裕のある人々によって支えられねばならない。累進税こそがそれを可能にすることは言を俟たない。ところが、FT紙のEU問題担当記者であるJ・ガネシュ（Ganesh）が指摘するように、労働党左派のミリバンドが党首であった期間においてさえ、かれらはそうした課税の必要性に一切言及してこなかった。[10]

かつて労働党は、「社会的市場（social markets）」の名の下に重い税負担を市民との合意の一部として実現させた。しかし、その考えは次第に棚上げされ、選挙で勝利することが労働党にとって至上命令となる。これにより労働党は、本来の政策の支柱である社会政策（社会福祉）を前面に打ち出して闘うことができなくなった。この労働党の変身ぶりに、有権者とりわけかつての労働党の支持者である労働者が気づかないはずはない。

こうした中で労働党は、ミリバンドに代わる新しい党首を選出する。かれらは、より強い左派色を示すJ・コービン（Corbyn）を新党首に選んだのである。[11] コービンの勝利は目覚ましかった。彼はこれにより、保守党の行った緊縮政策に反対し、不平等に対抗し、資本家のやり過ぎに対決する姿勢をはっきりと表した。それゆえ、同じく左派のギリシャのシリザ（Syriza）やスペインのポデモス（Podemos）らが彼を支持したのは言うまでもない。かれらは、コービンの勝利が欧州の人々に希望のメッセージを送るとみなした。また、米国のB・サンダース（Sanders）も、「民衆の所得と富が世界中で不平等なときに、イギリスの労働党がJ・コービンをリーダーとして選んだことは喜ばしい」と語る。

このようにして見ると、コービンの勝利は、欧米で展開された民衆の動きを表していると考えられる。それはまた、労働党の議員を含めたイギリスのエリートの予想をはるかに超えるものであった。

事実、コービンは当初、力を持たない候補者とみなされたのである。

コービンは、イギリスの現実を変えることができるであろうか。もちろん、二五万人のコービン票は、イギリスの国民的革新を進めるものではない。かれらはまず、労働党の変革を願う。しかし、それは簡単ではない。一一五年に及ぶ古い組織は、複雑な権力構造から成る。コービンはそれをつくり変えねばならない。ところが、すでに労働党の主流派議員は、コービン・プランであるイギリスの核兵器廃絶やNATO離脱を拒絶しているのが現実である。

他方で、キャメロンのレファレンダムの実施に関する問題が浮上する。コービンは、実は長い間ユーロ懐疑派であった。彼は、一九七五年のレファレンダムの際にも離脱に投票した。また、マーストリヒト条約とリスボン条約に対しても反対してきた。そこで今回のレファレンダムでも、彼はBrex:itの姿勢を表すに違いない。しかし、労働党の多くの人は、彼にしたがうことはない。つまり、労働党はEUレファレンダムに際して、一致した見解を示すことができないのである。

振り返って見ると、労働党左派はかつて一九八〇年代初めに一旦EUにシフトした。それは、EUが「社会的ヨーロッパ」の建設を法制化したからである。このことが、当時の首相であったサッチャーの逆鱗に触れたことは言うまでもない。これに対して、多くの労働組合はむしろEUメンバーシップを支持した。しかし今日、「社会的ヨーロッパ」の色彩がEUで次第に薄れていることは疑いない。否、むしろそうした欧州と逆向きの動きさえ現れている。そうであれば、コービンのみならず左派の人々がBrex:itを意識するのも無理はない。実際に左派は、キャメロンのレファレンダムの実施が彼の誤りを露呈させるチャンスになると考えたのである。

（四）総選挙のインパクト

総選挙での保守党の勝利は、イギリスの経済と政治に様々な直接的インパクトを与えた。まず、イギリスのみならず欧州全体の金融ハブであるシティは、基本的には政治から離れているとしても、そこに携わる人々はやはり保守党に強く共感する。それゆえ、この点は、最初に株価に反映された。かれらの勝利は喜ばしいことであった[12]。イギリスを代表する株価指数のFTSE100は二・三％も上昇した。それは、一九八〇年代のサッチャーの下での保守党勝利を思い起こさせるものであった。

他方で、保守党はビジネスの政党として一層信用を高めた。それは、具体的に法人税を引き下げることで現れた。これに対してビジネス・サイドも選挙キャンペーンで保守党を支えてきた。経営者は保守党に資金を提供したのである。中でも最も大きな資金提供者はヘッジファンドであった。かれらはその見返りを期待した。金融危機に対する民衆の怒りを鎮めるために遂行された銀行への課税を元に戻すことが望まれたのである。さらにEUレファレンダムに関しても、ほとんどのビジネス・リーダーはBrexitを否定する。それは、コストを増大させて市場へのアクセスを減らす。かれらはこうみなした。この点でも、保守党の勝利はビジネス集団に安心感を与えた。キャメロンは、イギリス国民に対してEU残留に価値があることを当初より説いていたからである。

一方、イギリスのマクロ経済に対するインパクトはどうであったか。まず銘記すべき点は、イギリスが選挙前から危険なデフレ状態にあったという点であろう。イギリスは一九六〇年以来最低レヴェルのインフレを経験する。それはまさにロー・インフレを表していた。この点は先に見たように、オズボーン財務相の一時的な政策転換で解消されることはなかった。

そうした中で、オズボーンは開き直ったかのごとく、このデフレは家計にとってはよいことであり害がないことを強調した。[13] しかし実際には、イギリスの家計は過去数年間の緊縮政策による賃金の低落で苦しんでいた。したがって消費者の支出が、総選挙によって一挙に高まると予想することは到底できなかった。保守党が勝利しても、イギリスではしばらくデフレが続くとみなされた。イングランド銀行がターゲットにする二%のインフレ率に達するには、依然としてかなりの時間を要すると考えられたのである。

他方で、イギリスの国内政治の面でも様々な問題が現れた。その一つの大きな問題は、やはりスコットランド独立問題であった。今回の選挙で、スコットランド民族党（SNP）が勝利したことがそれを象徴した。SNPのリーダー、N・スタージョン（Sturgeon）は、勝利後にスコットランドはイングランドと分断すべきことを人々に訴えた。[14] SNPの情熱は二〇一一年以来、独立の支持をスコットランドで広げることに向けられたのである。

こうしたSNPの台頭と対照的に、労働党のスコットランドでの敗退は無惨であった。労働党はそもそも、スコットランドの労働者階級の支持を中心に設立されたはずである。ところが今回、かれらが獲得した議席はたった一議席にすぎない。SNPが労働党の地盤を完全に掌握したのである。SNPのメンバーは事実、二〇一四年九月以来著しく増大した。同時にかれらは、独立レファレンダムを直ちに行うことを願った。しかし、SNPの執行部はこの点について慎重な姿勢を示す。原油価格が下落して以降、スコットランドは独立のための経済的根拠を弱めたからである。

このスコットランド独立の動きに対し、キャメロン首相はあくまでも、一つのイギリス＝連合王国（UK）を維持することを保守党勝利後に改めて宣言した。彼は、スコットランド問題に取り組むことが新政権の第一のプライオリティになることを約束したのである。[15] そこで彼は、スコットランドへの新たな権限移譲を強調する。それは所得税と付加価値税をめぐるものであった。そのことはまた、スコットランドに課税権限を与えることで、低い課税による中道右派の政治的な場をつくり出すことをねらいとした。現実に保守党は、スコットランドでの支持を増やせないでいたのである。

他方で、移民のコントロールという問題も、キャメロンが政権を握ってから一貫して横たわる厄介な問題であった。この点は、保守党の勝利後も変わることがなかった。それはまた、EUレファレンダムをめぐる一つの最大の争点になると考えられた。その際にキャメロンと対立するのが、UKIPを率いるN・ファラージ（Farage）であった。彼は、党の設立当初から反移民のメッセージを強力に送ることでイギリスの多くの人々を引き付けた[16]。同時に彼は、反移民の観点から人々の自由移動を認めるEUを大いに非難した。つまり彼とUKIPにとって、反移民は反EUを意味したのである。

しかし、ファラージはこの選挙直後にUKIPの党首を辞任した。UKIPが議席の大きな獲得に失敗したからである。ただし、この点からストレートにUKIPの支持低落を導いてはならない。と言うのも、かれらの得票率は一三%にも達していたからである。それにも拘らず議席をえられなかったのは、イギリスで最大の票を取得した候補者のみが当選されるシステムが採用されていたからに他ならない。そうだとすれば、イギリス国民の間で反移民＝反EUの気運が継続的に高まっていると考えるのが正当であろう。ノッティンガム大学のM・グッドウィン（Goodwin）教授が指摘するように、UKIPの成果は戦後のイギリス政治史上、新党としては最も著しいものであった。同時にそれは、不可避的にユーロ懐疑派の運動を活気づけた。我々はこの点を銘記しておく必要がある。

三．EUレファレンダムの決定

（二）総選挙とEUレファレンダム

二〇一五年の総選挙はそもそも、イギリスのEU加盟問題の議論が開始されることを含み込んでいた。キャメロンは、総選挙で保守党が勝利した場合はEUメンバーシップに関するレファレンダムを行うことを、二〇一三年の時点で表明していたのである。それゆえキャメロンは、総選挙後に正式にEUレファレンダムの実施を発表した。問題となるのは、H・ウィルソン（Wilson）元首相の下で一九七五年に行ったEUレファレンダムのときと異なり、キャメロン政権を支える保守党内で、今回のレファレンダムに対して一致した見解をえられなかった点である。[17] キャメロンは当初より、イギリスがEUに残留するために闘うことを明らかにする。それは、彼がEUの改革により、イギリスのための新たな協定を確保することを前提とした。ところが、このキャメロンの基本姿勢に対し、閣僚を含む五〇名以上の保守党議員は、彼がEU法の優位をなくさない限りはイギリスのEU離脱に向けて彼と争う構えを表したのである。

こうしてキャメロンは、出発点から保守党内で反逆に出会った。これに対して彼は、Brexitのキャンペーンを行いたければ閣僚の座を去らざるをえないとする脅威を反逆者に与えた。しかし、保守党の反逆者＝Brexit派はこれに屈することがなかった。そのヘッドであるS・ベイカー（Baker）は、イギリスの議会が自身の領土に対して主権を持つことは当然であり、もしそれが認められなければイギリスはEUを離脱せざるをえないと語る。この発言には、保守党の伝統的なナショナリズムが色濃く表されている。キャメロンへの反抗はまた、彼の保守党改革に対する反対の意志を露骨に示すものであった。

このように、キャメロンの率いる改革派と旧来の考えに依拠する保守派は、レファレンダムをめぐって真っ向から対立した。レファレンダムには当初から暗雲が漂っていた。そうした中で、キャメロン自身がレファレンダムに対して明確なヴィジョンを持っていたかと問えば、答は否であった。彼は総選挙での勝利を受けて、レファレンダムの結果について非常に楽観的であった。キャメロンはまず、いち早く、具体的には二〇一六年の夏までにレファレンダムを行う意向を明らかにする。[18] そこでは、EUレファレンダムでの敗北、すなわちイギリスのEU離脱という結果は全く想定されていない。しかもキャメロンは、そうしたスケジュールを一つの政治的戦略と捉えた。彼は有権者に対し、イギリスのEU加入をめぐる課題を調べる時間的余裕を与えない方がよいと考えた。それは功を奏すであろうか。キャメロンは当時、選挙での勝利に酔いしれたために事態を正しく見ていなかったのではないか。レファレンダムを早めることはEUとの交渉期間を短縮させ、それだけ成果も十分にえられない。それでもって有権者を説得できるほど事態は簡単ではない。このことにキャメロンのティームは気づいていなかったのである。

(二) 欧州における「イギリス問題」

他方でむしろ欧州の方が、イギリスのレファレンダムの実施によってBrexitが起こる可能性に対して危機感を抱いた。しかしかれらは、イギリスの国内政治にEUが介入することには限界があることも認識する。また、とりわけ東欧諸国（ポーランド、ルーマニア、並びにチェコ共和国など）は、多くの移民をイギリスに送り出しているだけに、Brexitの発生に困惑の意を明らかにした。[19] それによってかれらは、労働者の自由移動が阻止される羽目に陥るからである。

欧州にとり、キャメロンの選挙での勝利はまさに、ＥＵレファレンダムの実施に伴う「イギリス問題」を到来させた。それでなくても欧州は、これまでＧｒｅｘｉｔ問題で頭を痛めてきた。ここでさらに、Ｂｒｅｘｉｔ問題としてのイギリス問題が加わったのである。しかもそれは、Ｇｒｅｘｉｔ問題よりはるかに重大な問題であった。事実、もしイギリスがＥＵを離脱すれば、それが欧州プロジェクトに前代未聞の打撃を与えることは間違いない。

キャメロンはこうした中で、イギリスがＥＵに留まるためには、ＥＵを根本的に改革する必要があることを訴える。彼は今回の選挙での勝利を盾にしながら、ＥＵとの再交渉を前進させることを誓った。しかし実際には、そもそも保守党内でユーロ懐疑派が多く存在する。その代表的な人物であるＤ・デイヴィス（Davis）は、たとえキャメロンがＥＵと何を交渉しても六〇名ほどはＥＵ離脱に投票することを明らかにした。そこで、もしイギリスがよい協定をえられなければ、保守党の統一は吹き飛んでしまう。デイヴィスはこのように警告した[20]。

それゆえキャメロンは、ＥＵとの間でイギリスにとって有利な協定を結ぶ必要がある。彼の戦略は、主たる三つの領域で図られた。それらは第一に、ＥＵをより競争的にすること、第二に、加盟国に対してＥＵの権限を縮小すること、そして第三に、イギリスの福祉に対する移民労働者のアクセスを抑制することである。とくに第三の点は、ＥＵ移民の流入規模に対するイギリス市民の不安を鎮めることをねらいとした。表２－２は、キャメロンのＥＵに対する要求のリストを掲げている。このように彼のＥＵに対するスタンスは、硬直的なユーロ懐疑派のものでは全くない。それは逆に、野党を含めたイギリスの主流派の考えに沿うものであった。

そこで問題は、むしろ欧州側にこそある。そこには二つの重要な障害が存在する。一つは、東欧

表2－2　キャメロン首相の EU に対する要求

要求項目	首相の要求
移民労働者の福祉	・海外に住む子供達に対する恩恵の廃止。 ・移民が恩恵を受けるのに４年間の期間の設定。
EU の拡大	・新 EU 加盟国からの移民が海外で働くことができるまでより長い移行期間の設定。
EU の経済	・公式のルール（とくに労働市場）の排除。 ・自由貿易協定の加速とサーヴィス市場の自由化。
単一市場の保護	・ユーロ圏がイギリスの単一市場へのアクセスを制限しないことを保証。
一層緊密な統合	・イギリスは「絶えず一層緊密になる統合」から除かれる。 ・欧州の超国家創立に反対。
国家主権	・一定の権限をイギリスに移転。 ・イギリス議会が EU 法に対してレッド・カードを示す。

出所：Parker, G., & barker, A., "The British question", *FT*, 21, May, 2015. より作成。

諸国がキャメロンの移民労働者に対する差別的アプローチに反対していること、もう一つは、キャメロンの「完全な条約変更」に対してすべてのＥＵ加盟国が反対していることである。この後者の点は一層大きな障害となる。現実に、フランスとドイツの二大国は、二〇一七年の国内での選挙を控えているためイギリス問題を取り上げたくはなかった。このようにして見ると、キャメロンがＥＵとの協定をイギリスに有利なものとすることは非常に難しいと言わねばならない。そうした中でキャメロンは、できるだけ早い時期にＥＵレファレンダムを行うことを改めて強調した。

（三）EUレファレンダムのリスク

ＦＴ紙のＥＵ担当記者でつねに鋭い論評を行っているＷ・ミュンショー（Münchau）は、総選挙の前から保守党と労働党のどちらが勝利してもＢｒｅｘｉｔの起こる可能性があることをはっきりと指摘していた。[21] 言うまでもなく保守党が単独で勝てば、

EUレファレンダムの実施は必須となりBrexitは起こりえる。では労働党が勝利した場合はどうか。実は、労働党のマニフェストの中でEUに関する内容はたった一ページにすぎない。かれらはEUを中心問題に据えていないのである。労働党は、緊縮の削減、より一層の財政原則、並びにEUの法制に対する拒否権のみを求める。しかしこれだけでも、欧州側からすれば著しくユーロ懐疑的なプログラムを表す。この点でイギリスの労働党は、欧州の社会民主派と一線を画す。そこでもし労働党が勝てば、ミリバンド党首はやはりレファレンダムを行い、Brexitを国民に訴えるに違いない。こうして総選挙の結果がどうであってもBrexitの可能性は否定できない。ミュンショーはこのように予想した。

果してどうであったか。ミュンショーは選挙後にFT紙で、保守党の勝利により新たな欧州危機が生じたと唱える[22]。それは四つの要因から成る。第一に、レファレンダムまで不確実性が延長されたこと。誰もレファレンダムの結果を予想できない。キャメロンは確かに、連立政権を組む必要がないものの、彼の多数派は決して大きくない。このことは、保守党でユーロ懐疑派を強める一因になる。第二に、イギリスとEUとの交渉は簡単でないこと。この点は先に示したとおりである。キャメロンがイギリスの人々にEU残留を求めるためには、すべての人にEUとの合意が最良であることを説かねばならない。それには巨大な外交努力が必要とされる。第三に、EUは地政学的な弱点を抱えること。もしBrexitが起これば、EUはロシアに対する連合のスタンスをキープできなくなる恐れがある。そして第四に、BrexitとGrexitが同時に起ること。EUにはもはや、両者をいっしょに扱う余裕はない。

このように、EUの前途にはますます多くの悪い事象が立ちはだかっている。その結果はどうなるか。それは不可知である。このことこそが最大の不安材料となるに違いない。ミュンショーが正しく指摘するように、世論調査はいかなるものであれ、将来起こることを一〇〇％正しく伝えるのでは決してない。この点はすでに、今回の総選挙でも明白に示された。

ところで、このキャメロンの決定的勝利を、海外の主要新聞は懐疑的に受け止めていた[23]。例えばワシントン・ポスト紙は、それはイギリスを「リトル・イングランド」に向かわせる道とみなす。またニューヨーク・タイムズ紙も、それは「イギリスの自殺」と評した。そしてもちろん、多くの欧州紙はキャメロンがレファレンダムを行うことに対して、信じられない思いと共に怒りの気持を示したのである。要するにかれらは一様に、イギリスのEUレファレンダムの実施によりBrexitの起こる可能性があることに大きな不安感を抱いた。イギリスは確かに、Brexitの問題だけでなく、SNPの飛躍によってスコットランドの独立（Scexit）問題も引き起こしかねない。その点でイギリスは、この選挙によって先行きの極めて困難な国であることを世界に露呈したのである。

こうした中で、FT紙の著名な記者G・ラックマン（Rachman）は当時、そのような諸々の不安はイギリスにはないことを断言した[24]。彼は、キャメロン政権の五年間にBrexitもScexitも起こらないことを信じる。イギリスは世界で最も外向きの国であり、その経済成長は先進諸国の中で最も高い部類に入る。また世論調査によれば、イギリスの大多数はEU残留を望んでいる。これらから、イギリスのレファレンダムにおけるリスクは確実にない。このように、ラックマンの見解は先に見たミュンショーのそれと全く正反対である。

では、当時の欧州論者がこぞってラックマンのように楽観論を唱えていたかと言えば決してそうではない。否、むしろ悲観的な見方や、そこまでいかなくても不安を露骨に表す論者が少なからず見られた。例えば、ＦＴ紙の記者スティーヴンスは、イギリスのＥＵレファレンダムは、つねに向こう水のギャンブルであると唱える。[25] なぜかと言えば、レファレンダムの結果がはっきりと読めないからである。そこには、根本的に非対称性の問題がある。ＥＵはイギリスをメンバーに留めたい。しかし他方で、かれらはキャメロンが満足するＥＵ改革を示せない。この状態で、ＥＵ残留を一〇〇％信じることができるであろうか。

イギリスの元影の首相であったＥ・ボールズ（Balls）も、ＦＴ紙に自ら投稿してＥＵレファレンダムに潜むリスクを指摘する。[26] 彼自身は残留を支持するものの、離脱に投じる市民の心情にも理解を示す。現実にＥＵにとり、調整手段として必要な労働者の移動の増大が、イギリスで経済的かつ政治的に維持不可能となっていたからである。そうだとすれば、イギリスがＥＵに将来も入り続ける訳にはいかないとする考えも当然に人々の賛同をえるであろう。その結果、レファレンダムは不透明になる。そこでボールズは、レファレンダムが避けられないとしても、それはより確実な状況、すなわちイギリスの要求するメンバーシップの条件をＥＵが満たした段階で行われるべきであると論じる。

以上より判断すれば、イギリスのＥＵレファレンダムの決定は、キャメロンの思惑とは異なって、それほど簡単に済ますことができるものではない。このレファレンダムは、両者の将来の命運を左右する。こう言っても決して過言ではない。そうであればなおのこと、イギリスもＥＵもレファレンダムに対して確かなヴィジョンを持つ必要がある。

四．イギリスのＥＵとの関係をめぐる諸問題

（一）イギリスの総選挙に対するＥＵの反応

欧州のリーダーはまず、保守党が過半数を獲得して勝利したことを一様に歓迎した。それは、キャメロンとの関係がよくないフランスのＦ・オランド（Hollande）大統領も含むものであった。しかしＥＵは同時に、今後Ｂｒｅｘｉｔの脅威に取り組む必要に追い込まれた。キャメロンは、できるだけ早い時期にＥＵレファレンダムを行うこと、そしてそのためには直ちにＥＵとの再交渉に臨むことを宣言したからである。[27] 彼は実際に、二〇一六年の早い段階でのレファレンダムを企画した。それは、ＥＵとの再交渉の困難を最小限に食い止めると共に、二〇一七年のフランス大統領選を回避するためであった。

一方、欧州委員会委員長のユンケルも、これまでイギリスに対して「公正な協定」を探ってきた。それは、ＥＵの改革パッケージに合意するもので、二〇一六年早々に結ばれることが想定された。これにより、イギリスの早い時期のレファレンダムが可能になる。しかし、問題となるのはその内容である。ＥＵ側は、二〇一七年以前に大きな組織上の変革を行いたくない。他方でイギリスの保守党議員の多くは、ＥＵの大改革を望む。このように、両者の思惑の違いはかなり大きい。

こうした中で欧州は、イギリスに対して厳しい注文をつけた。かれらはキャメロンに対し、保守党内での過激な反ＥＵ派の動きを阻止することを求めた。また、ＥＵの改革を支持するのはあくまでもイギリスのためであって、保守党のリーダーの考えを優先するものではない。かれらはこのように主張しながら、キャメロンの根本的なＥＵ改革の要求を牽制したのである。

振り返って見ると、連立政権の五年間に、キャメロンと欧州パートナーとの関係はつねに不安な様相を示した。それはキャメロンが、EUに対して厳しいスタンスをとる圧力を保守党内のユーロ懐疑派から受けていたためである。この圧力は、彼がEUと再交渉する段階で当然に強まった。このことはまた、ほんのわずかな過半数から成る政権の弱さを物語るものでもあった。

ところが、今回の総選挙でキャメロンは予想外の勝利を収めたことにより、かつてよりもより大きな政治力を発揮できる。EU側はそれゆえ、ユーロ懐疑派がキャメロンを無視できないと判断した。[28] これはEUの望むところであった。それでなくてもEUは、すでにGrexitの脅威に晒されており、Brexitの危機に対応できるほどの余裕がなかったからである。

では、イギリスとEUは、キャメロンの要求をめぐってスムーズな交渉を展開できるかと言えば、それは明らかでない。実際に、彼がEUの条約を変更させる要求を行っても、欧州のリーダーはそれを拒否すると考えられる。しかし他方で、イギリスがEU内で強い経済力と防衛力を持つ以上、かれらもキャメロンの要求を無視する訳にはいかない。イギリスの離脱は、EUに対しても大きな打撃を与えるからである。このようにして見ると、キャメロンが総選挙に勝利したところで、彼のEUとの再交渉がどれほどイギリスに有利なものとなるかは全く不確かであると言わねばならない。

そもそもイギリスの欧州に関する議論は、歴史的に古くから行われてきた。それは大きく言えば二つに分かれる。一つは、イギリスは欧州で大きな役割を持つべきとするものであり、もう一つは逆に、イギリスは欧州にコミットするよりは世界を目指すべきとするものである。そこで保守党は伝統的に、後者の道を採ってきた。この点は戦後になっても変わっていない。例えばW・チャーチル（Churchill）首相は、フランスのC・ド・ゴール（De Gaulle）大統領に対し、イギリスはつねに欧州を超えた世界を見ると語った。[29] キャメロンは、この伝統的なイギリス保守党の姿勢の中でEUとの再交渉を進めなければならない。このことが容易でないことは明らかであろう。

現実に、EU離脱の運動として「グローバル・ブリテン」という組織がある。かれらは、イギリスの運命はイギリス人が欧州人であることを止めて世界に定住し始めたことにあると唱える。しかもこの考えは、たんなる後向きのノスタルジーとしてではなく、現代世界経済に対してグローバル・アプローチを採ることを意味する。それはまた、イギリスが世界のダイナミックな経済圏の中に入り込むことを求める。しかし、そうした方向が仮に経済の面で一理あることを認めたとしても、イギリスが政治の面まで含めてEUから完全に離れることはできないのではないか。この点を踏まえてキャメロンは、EUと再交渉に臨む必要がある。彼にとってのチャレンジはまさに、一方で自身の党をコントロールすることであり、他方でイギリスが欧州にいかに関与するかを決定することである。

(二) イギリスのEUとの再交渉問題

実際にイギリスのEUとの再交渉はいかに進められるか。ここでまず、両者の橋渡し役を務める欧州委員会の副委員長であるF・ティンメルマンス（Timmermans）の考えを見ることにしたい。彼はFT紙とのインタヴィウで次のように答える。[30] 最初に留意すべき点は、ティンメルマンスが、欧州プロジェクトを支える前提のいくつかを変えねばならないと認識している点であろう。彼はユンケル委員長より、EUの「必要以上に複雑な公式のルール（red tape）」を消滅させるキャンペーンをリードするように求められる。それは、EUを欧州のビジネスや市民を助ける源として位置付けるためであった。その背後には「絶えず一層緊密になる同盟（ever-closer union）」の達成という思いがある。

ティンメルマンスはそこで、そうした同盟が国民的レヴェルの事柄を犠牲にするのであれば、それは消え去ってしまうとみなす。一方、その同盟が欧州の市民にとって意味があれば、それは依然として存立する。それゆえ彼は、イギリスの人々がＥＵをイギリスのための単一市場をつくり出す動力と考えていることを認めるのである。

このようにして見ると、キャメロンとティンメルマンスの間には、交渉を進める上で大きな障害はないように思える。しかし現実には、それは抽象レヴェルのきれい事で済むものではなかった。そこには、厄介な問題が様々に潜んでいた。まず、移民のコントロールの問題がある。二〇一三〜二〇一四年にイギリスの純対内移民は五三％増大し三一万八千人に達した。この公式統計の発表は保守党に大きな打撃を与えた。かれらは、二〇一五年までに移民を年数万人の規模にまで減少させることを誓約したからである。[31] 移民の急増により、イギリスの人々の不安は確実に強まった。このことがＵＫＩＰの人気を高めたことは間違いない。かれらは当初より、イギリスをＥＵから離脱させることで国境をコントロールすることを謳っていたからである。

キャメロンはこうした状況の下で、保守党の移民削減策が思うようにいかず、人々を失望させたことを認めない訳にいかなかった。そこで彼の仕事は、イギリスの移民を減らすことを第一のねらいとする。その戦略の一つは、イギリス人の労働者を一層訓練することに置かれた。それは、熟練の仕事を満たすためであった。また、不法移民に住居を提供する家主や不法労働者を使用する雇用主を罰することを決める。さらに、ＥＵ外からの熟練労働者の流入に上限を設けた。そして、専門職（エンジニア、看護、教育など）の資格を持った海外の人々がイギリスに居住できる期間を制限したのである。

ところが、このキャメロンの移民抑制策に対し、まずイギリスのビジネス・サイドから強い反発が起こった。イギリス産業連盟の副総裁であるK・ホール（Hall）は、熟練移民労働者はイギリス経済にポジティヴ・インパクトを与えると主張した。彼は、イギリスのスキル不足はビジネスに対する第一の脅威であり、それを補うのが移民労働者であると唱える。こうして、才能を持った欧州外からの労働者を減少させる試みは、イギリス経済に深刻なダメージを与えるとみなされたのである。

果してキャメロンは、移民のコントロールの権利をEUとの交渉で勝ちとれるであろうか。そこには、EU条約の変更という最も難しい問題が横たわっている。EUの基本ルールとして、人々の自由移動が認められている以上、それを抑制するにはルールを変える以外にない。ところがEUは、そもそも基本的条約を変更することに熱意を持っていない。否、それどころか中軸国のドイツは重大な改革に真っ向から反対する。[32] こうした中で、キャメロンの交渉余地はどれほどあるか。それは、あってもほんのわずかではないか。

キャメロン自身も、実はその点を承知していた。そこで彼は、まずドイツを説得することを試みる。ドイツの意向が欧州議会と欧州理事会に大きな影響を及ぼすことは間違いないからである。しかしドイツは、イギリスとの再交渉に前向きではなかった。事実、かれらはイギリスの要求の多くを満たすことは不可能であるとみなした。[33]

キャメロンの第一の要求は言うまでもなく、EU移民の域内労働の利益に対する権利の制限である。しかしEUの条約は、域内労働の利益も含めて労働条件の差別を禁じている。ドイツは、それをEUの基本原則と捉える。またイギリスは、単一市場の保護措置である金融規制の見直しに注目する。それは、ロンドン・シティにとって大きなインパクトを持つからである。ところがドイツは、ここでもイギリスに同意しない。シティが同一の金融ルールを拒絶することは、かれらに不公正な特権を与える。ドイツはこう考える。さらに、イギリスの国民的議会に対してより大きな役割を持たせる要求がある。そこでは、第三者の議会が「イエロー・カード」を欧州委員会に提出することで、委員会の草案を廃棄することが必要とされる。これによりEU法は当然に抑制される。この要求に対し、ドイツはやはり異なる見解を示す。かれらは、より多くのイエロー・カードが使われることにより、EUの基本法の遂行が遅れることを懸念する。

このように、キャメロンの思惑とは異なってドイツはイギリスの主たる要求に悉《ことごと》く反対する。両者が唯一合意するのは、EUが競争的になることだけである。ただし、ドイツの首相A・メルケル(Merkel)自身は、将来のある時点で条約の変更がありえることを否定しない。しかしイギリスの改革要求に対しては、すべてのEU加盟国の承認が必要とされる。とくに東欧諸国を中心に他国が敏感になる問題、すなわち人々の自由移動のような問題に触れることは到底できない。

もちろんドイツは、イギリスをEUに留めさせたい。イギリスがEUに留まることは、域内の力のバランスを維持する上でも重要なことだからである。したがって、キャメロンを助けたい気持は十分にある。しかし、それはEUの基本原則までも犠牲にするものではない。これがドイツの意向である。そうだとすれば、キャメロンがいくらドイツを説得しようとしても、それは実際には不可能なことがわかる。そこにはやはり、ギリシャに対して金融支援を行うときに示されたドイツの姿勢、すなわち「受け入れるか拒絶するか(take it or leave it)」という脅迫が感じられる。

他方でイギリスはEUと再交渉する上で根本的に不安感を抱いている。それは、イギリスが非ユーロ圏に属することから引き起こされる。一九のユーロ圏諸国が一つの「利害一致集団(cancas)」をつくり、そこでの願望がつねに単一市場で実行される。イギリスはここに不安を覚える。つまり、ユーロ圏がＥＵの最重要な構成要素であり、事実上過半数の資格をえる。それゆえ、ユーロ圏の統合が深まるにつれてイギリスが直面するリスクは一層大きくなる。

このようなことはとくに、ＥＵの金融システムにはっきりと現れる。[34] 例えば、銀行監視のルールを設ける場合でも、イギリスはユーロ圏と非ユーロ圏の双方で過半数が求められねばならないと訴えた。要するに、かれらはユーロ圏の決定が自由のメカニズムから成るＥＵ単一市場にダメージを与えてはならないと唱える。それゆえかれらは、何らかの「信用のおけるセーフガード」をＥＵとの交渉で勝ちとる必要がある。もしそうでなければ、イギリスの有権者は、ＥＵはユーロ圏のメンバーの利害で推進されると思うに違いない。

そこで問われるのは、イギリスはこのままユーロをオプト・アウト（他と異なる選択を行う）したままでいるのか、あるいはユーロに対してオールタナティヴを想定するのかという点であろう。この点についてオズボーン財務相は、一つのアイデアを提示した。それは、ＥＵを「複数通貨同盟（multicurrency union）」にするというものである。[35] 現行のＥＵ条約の下で、ＥＵのオフィシャル・カレンシーは当然にユーロで規定される。また、イギリスとデンマークを除いて、すべてのＥＵ加盟国は、ユーロに加わることが義務づけられている。そうした中でキャメロンは、ＥＵ条約の再考を要求する。ある国は決して単一通貨に加わりたくない。そこで、そのような国がユーロ圏で差別を受けないためには、ＥＵがユーロ以外の通貨を含めることを認める必要がある。キャメロンとオズボーンはこう訴えた。

しかし、この複数通貨同盟案に対し、欧州中央銀行（ＥＣＢ）のＭ・ドラギ（Draghi）総裁は反対の意向を示した。それはまたＥＣＢの基本的姿勢でもある。ユーロが導入されて以来、ＥＣＢはつねに、単一通貨と単一市場は共通のガヴァナンスと機構を持たねばならないと主張してきた。このことは、非ユーロ圏に対して競争上の優位性を与えたくないとするユーロ圏の思いも反映している。ＥＵの金融規制に関するルールもこうした発想から生まれるのである。

これに対してイギリスは、自身の金融グループがそのようなルールでダメージを受けないための法的な保護を求める。このことは可能であろうか。少なくともＥＣＢに限って言えば、それに加わっていないイギリスが、かれらのつくるルールに対して抵抗できないことは明らかである。そこで最も問題となるのは、イギリスがなぜユーロに加わらないのかという点であろう。ユーロをオプト・アウトしたままでＥＵに留まることがどこまで可能なのか。この点が問われるのは疑いない。同時に、そうしたオプト・アウトを認めてまでしてイギリスをＥＵに留めさせるＥＵの意向は何を意味するのか。このことも合わせて問題にされねばならない。これらの問題は、次に詳しく見るイギリスのＥＵレファレンダムとその結果を考える上で極めて重要な論点になるに違いない。

以上我々は、イギリスの保守党が財政緊縮政策の戦略的転換によって総選挙で勝利したこと、きちんとしたファンディングに基づく社会政策の欠如が労働党を敗北させたこと、並びにＥＵレファレンダムが決定されたものの、そこには数多くの不確定要素が存在することを明らかにした。一方、ＥＵ側が今回の保守党の勝利とレファレンダムの決定についてどのように対応するかについても検討された。これによりかれらが、レファレンダムを不安視すると共に、キャメロンのＥＵ改革案とりわけ移民のコントロール方針をめぐって、その実現可能性を問題視することが確認された。

注

1 Parker, G., & Warrell, H., "Miliband targets home buyers while Tories fret over Cameron", *FT*, 27, April, 2015.
2 Wolf, M., "Why neither main parties is competent", *FT*, 6, May, 2015.
3 Stephens, P., "Broken parties that may break Brirtain", *FT*, 8, May, 2015.
4 Parker, G., & Stacy, K., "UK set for fraught period of past-vote haggling", *FT*, 6, May, 2015.
5 Jackson, G., & Aglionby, J., "Pollsters face inquiry after 'terrible' performance", *FT*, 9 May/10 May, 2015.
6 Parker, G., "Cameron saw period of water-thin majority during the Major years", *FT*, 9 May/10 May, 2015.
7 Stacy, K., "How Cameron killed his coalition", *FT*, 9 May/10 May, 2015.
8 Furguson, N., "Labour should blame Keynes for their election defeat", *FT*, 11, May, 2015.
9 Pickard, J., "Miliband resigns amid shell-shock at party's losses", *FT*, 9, May, 2015.
10 Ganesh, J., "Labour has nothing left to say on tax", *FT*, 2, June, 2015.
11 Parker, G., "Power of outsider harnessed to tap in to populist model", *FT*, 14, September, 2015.
12 Guthrie, J., "Corks pop in the City of London as threat if populist policies evaporates", *FT*, 10, May, 2015.
13 Cadman, E., "Osborne sees good news in deflation's return to UK after 55 years", *FT*, 20, May, 2015.
14 Mcdermott, J., "Unionism fades like Scotch mist in the morning", *FT*, 9, May, 2015.
15 Stacey, K., "Premier faces big task to defuse nationalism", *FT*, 9, May, 2015.
16 Stacey, K., "Ukip's anti-immigration message picks up votes but not enough to save Farage from defeat", *FT*, 9, May, 2015.
17 Parker, G., Pickard, J., "Cameron backs down on threat to eurosceptics", *FT*, 9, June, 2015.
18 Ganesh, J., "An early referendum will hasten Cameron's demise", *FT*, 28, July, 2015.
19 Foy, H., & Barker, A., "Tight race sparks fears in Europe of weakend Britain", *FT*, 21, April, 2015.
20 Parker, G., & Barker, A., "The British question", *FT*, 21, May, 2015.

21 Münchau, W., "All the British parties are Eurosceptic now", *FT*, 4, May, 2015.
22 Münchau, W., "What Cameron's win means for Europe", *FT*, 11, May, 2015.
23 Rachman, G., "Cameron's 'Little England' is a myth", *FT*, 12, May, 2015.
24 *ibid*.
25 Stephens, P., "Britain would not survive a vote for Brexit", *FT*, 26, June, 2015.
26 Balls, E., "The risk of fumbling the Europe pall", *FT*, 22, July, 2015.
27 Barker, A., Wagstyl, S., & Polit, J., "EU leaders press prime minister for clarity over the 'British question' ", *FT*, 10, May, 2015.
28 FT., Editorial, "Cameron's opportunity on Britain and Europe", *FT*, 12, May, 2015.
29 Rachman, G., "Cameron, the union and the hand of history", *FT*, 26, May, 2015.
30 Barker, A., & Spiegel, P., "Standing between Brussels and 'Brexit' ", *FT*, 20, May, 2015.
31 Warrell, H., "UK to reduce flow of skilled workers from outside EU" , *FT*, 22, May, 2015.
32 Münchau, W., "Why Britain has no chance of European treaty chance", *FT*, 1, June, 2015.
33 Grant, C., "Germany is ready to give Britain leeway: within reason", *FT*, 11, June, 2015.
34 Grant, C., "To prevent Brexit,Cameron must stand up to the eurozone", *FT*, 31, July, 2015.
35 Parker, G., & Barker, A., "ECB alarmed at UK push to rebrand union", *FT*, 5 December/6 December, 2015.

第Ⅱ部

イギリスのEUレファレンダム（国民投票）

第三章　ＥＵレファレンダムのキャンペーン

キャメロン首相は総選挙での大勝利を受け、公約どおりにイギリスがＥＵに残留するかどうかに関するレファレンダム（国民投票）を二〇一六年六月に実施することを決定した。ただし、それはイギリスがＥＵとの間で改革のための協定を結ぶことを条件とした。この協定はまた、ＥＵ側のレファレンダムに対する対応の仕方を表すものであった。それは、イギリスとＥＵの将来にとって何を意味したか。この点がまず問われるであろう。一方、イギリスではレファレンダムに向けて、残留派と離脱派が半年近くに渡ってキャンペーンを行い、有権者に各々の主張点を訴えた。そこで次に問題となるのは、両派の論点の意味するところである。以下で、それらの問題について検討することにしたい。

一・イギリスとEUの新協定をめぐる諸問題

(一) キャメロン首相のEU改革の要求

キャメロンは、二〇一三年にイギリスのEU残留の可否を問うレファレンダムを実施することと同時に、EUに対して改革を要求することを宣言した。[1] 彼がそうした宣言を行ったのは、イギリスの有権者に対して公約を果す一方で、彼自身の党である保守党内でのユーロ懐疑主義の高まりを押え、党をEUに関して統一させるためである。事実、欧州問題は何十年もの間、保守党にとって頭を痛める課題であった。彼は、レファレンダムの実施を覚悟したとき、この点を改めて思い起こしたのである。

他方で、キャメロンがEU改革を促した背景には、EUとイギリスの双方が以下のような歴史的決定を行ったことによるイギリスのダメージを和らげるねらいもあった。[2] 第一に、EUが東方拡大によってメンバーを大きく増やしたため、イギリスの投票権の力が相対的に弱まった。同時に、EUとりわけポーランドを中心とする東欧諸国から大量(一〇〇万人以上)の移民労働者がイギリスに流入して居住権を確保した。この点が、後に詳しく見るように、レファレンダム・キャンペーンの大きな争点となる。そして第二に、ユーロ圏諸国(一九ヵ国)が強力なブロックを形成したことにより、イギリスの利権が侵食された。実際に、ユーロをオプト・アウトしたイギリスは、とくに金融規制をめぐるアジェンダ(協議案)に関してユーロ圏と激しく衝突した。ユーロ圏がEUの過半数を占める以上、欧州の金融センターであるロンドン・シティの不安は消え去ることがなかった。

このような状況の下で、キャメロンは、イギリスを「改革されたEU」の中に位置付けようとした。[3] その後に彼が強調したことは、イギリスはあくまでEUに残留するという点であった。FT紙の有名な論説委員であるM・ウルフ（Wolf）は、こうしたイギリスの姿勢を次のように皮肉っぽく語る。「我々はEU内に留まりたいが、しかしEUの外にも出たい。だからどうかEUを我々の好きなようにして欲しい。[4]」実際にイギリスの多くの人々も、EU改革が行われればEUに留まる意思を表していたのである。[5]

　果して、キャメロンのEU改革交渉はスムーズに運ばれたであろうか。そこには、いくつもの難問が控えていた。[6]確かに、キャメロンは保守党内や、さらにはイギリス全土に広がるEU離脱論を、一つのブラック・メール（脅迫）としてEUに突きつけることができた。それは、EUに対して改革に賛同させる圧力となった。実際にEUは、移民問題よりもBrexit問題についてより多く議論したと言われる。

　しかし、事はそれほど簡単ではなかった。と言うのもEUにしてみれば、イギリスはそもそも特別な利益をえてきたとみなされたからである。[7]そうした利益は、ユーロやシェンゲン圏*さらには司法協力からのオプト・アウトで代表される。要するに、イギリスはすでにEUの主要活動から外れており、EUはそれに対して譲歩してきたのである。そうだとすれば、今になってEUは一層イギリスに譲るべきなのか。この点が問われたのは言うまでもなかった。

　他方で、キャメロン自身の誤りも認めねばならない。それは、二〇〇五年の保守党の党首キャンペーンで彼が、保守党を欧州議会の中道右派グループから外すことを誓約した点にある。[8]これによりキャメロンは、欧州における中道右派のリーダーとの結びつきを当然断たれた。このことは、改革交渉を進める上で決定的なマイナス要因となった。

　このように、イギリスとEUの改革をめぐる交渉は難航した。しかし、改革に基づく両者の新協定締結のデッド・ラインは迫っていた。イギリス側は、それを二〇一六年二月一八日のEUサミットにセットした。そこからキャメロンは、イギリスのEU残留キャンペーンを直ちに始める必要があった。イギリス政府は、夏に生じる欧州の難民危機を恐れたため、EUの主張する九月のレファレンダム案を拒絶したのである。[9]そこでもキャメロンは、協定が成立しない場合にレファレンダムを二〇一七年まで延ばすことをEUに伝えることで、かれらに圧力を加えた。

そうした中で、欧州大統領のD・トゥスク（Tusk）は、キャメロンに九ページにわたる改革草案を送る。[10]イギリスは、この草案を受けて、ついに二〇一六年二月二日にEUと妥協した。トゥスクの草案は、以下の四つの領域をカヴァーしたものであった。第一に、経済ガヴァナンスについて。草案は、ユーロ圏のルールはイギリスのような非ユーロ圏を苦しめることがないことをはっきりと謳う。ただし、それは非ユーロ圏に拒否権を持たせるまでには至っていない。第二に、国家主権について。草案は「より緊密な統合」という考えが、必ずしもすべての国を共通の方向に向かわせるものではないことを記す。イギリスはこれによって、一層の政治統合にコミットしないことを保証される。第三に、競争力について。草案は、域内市場の強化を前提として規制負担の削減を示す。そして第四に、EU市民の利益と自由移動について。この問題はイギリスとEUの間で最も一致しないものである。草案は一応、イギリスの主張する新移民に対する四年間の社会的利益の供与禁止を認めたものの、その制度の存続については合意を表していない。

ところで、この新EU移民労働者に対する社会的利益の四年間の制限という合意は、まさしく東欧諸国への直接的なアタックを意味した。[11]しかも、それらの国の政府は、キャメロンとトゥスクの間の

＊ シェンゲン圏は一九八五年六月の協定で、人々の自由移動と国境のコントロールの廃止を認めた諸国全体を表す。

合意について十分に知らされていなかった。それゆえキャメロンが、とりわけイギリスへの移民が多いポーランドを訪問したことは意味のあることであった。イギリス政府は、東欧諸国が、そのような移民の利益の抑制を受け入れることを望んだのである。彼は、この草案がイギリスのＥＵ残留を求める根拠になると理解し、その下でＥＵ改革案を設定した。これによって、彼のレファレンダムに至る日程が定まる。その後約四ヵ月に渡るレファレンダムのキャンペーンはスタートを切った。

（二）イギリスとＥＵの新協定の成立

では、トゥスクの改革草案の下で、新協定がスムーズに成立したかと言えばそうではなかった。先に示したように、そもそも四〇年もの間、イギリスの例外主義を容認してきたＥＵのパートナーは、いかなる再編もさらなる譲歩にすぎないとみなす。そして、仮に譲歩したとしても、イギリス問題を解決する保証はないと考えられた。

他方でＥＵ側にして見ても、そのような一般論を唱え続けられるほど自らの状況は安泰ではなかった。ギリシャに代表される国家債務危機や難民危機などの様々な形の危機が押し寄せる中で、ＥＵは分裂して崩壊するかもしれない事態に追い詰められていたのである。そこで、その上イギリスのＥＵ離脱が起こればどうなるか。もはや、欧州プロジェクトさえ消え去ることになるのではないか。イギリスが経済的、政治的、軍事的、並びに民主的な大きな力を持っている以上、やはりイギリス抜きに欧州プロジェクトの進展は考えられない。ここに、ＥＵはキャメロンを救う根拠を見出したのである。[12]

しかしそうとは言え、ＥＵ本部にとってイギリスのユニークなポジションはつねに悩ましいものであった。それゆえ、かれらを注意深く見守る必要があると考えられたのは当然であった。今まで、イギリスとEUの関係は、いわゆる「二軒建て（semi-detached）の家」として表された。[13]そうした家はイギリス独特のもので、隣人同志は互いに「我関せず焉」という関係を示す。それはまた、保守党右派の主張する「連合的メンバーシップ」論を代弁するものでもあった。

このイギリスの特別なポジションに反発するEUパートナーは少なくない。例えば、フィンランドの元首相A・ストゥブ（Stubb）は、イギリスはEU加盟以来、つねにためらう花嫁にすぎず、今こそ自らの特別なステータスを認識する必要があると唱える。また、EUがギリシャに対して示したと同じように、協定の内容について「受け入れるか、拒絶するか」という脅威を与えるべきとする強硬派も現れた。[14]そうした中で、フランスとドイツを中心に、イギリスのEU離脱を不安視しながら、EUのパートナーはキャメロンに寛大な姿勢を表したのである。

一方、イギリスの保守党のユーロ懐疑派（EU離脱派）は、キャメロンが交渉で勝ちとった協定でEU改革が行われることを全く信じていなかった。[15]かれらは、そうした協定は既存の条約を変更するものでは決してないとみなす。それゆえ、キャメロンの下院での声明は、逆にユーロ懐疑派の怒りを買ってしまった。保守党の前防衛相でEU離脱の主導者であるL・フォックス（Fox）は、すべての領域でイギリス政府の要求は制約されていることを唱え、キャメロンの交渉を厳しく批判したのである。

このように、イギリスとEUの新協定をめぐり様々な異論が飛び交う中で、キャメロン自身は、草案の発表後にマラソン外交を努めて協定の締結に奔走した。その結果、二〇一六年二月一九日に、イギリスはEUとの間で新たな協定を結ぶ。それは、キャメロンの要求した四つのポイント、すなわち、非ユーロ圏加盟国のポジション、競争力、国家主権、並びに移民労働者の特別な利益と自由移動に関

表3－1　EUのイギリスに提示された改革案

改革項目	改革案
非ユーロ圏加盟国のポジション	・ユーロ圏と非ユーロ圏の経済アクター間の差別を禁止。 ・非ユーロ圏加盟国に銀行同盟のオプションを開く。
競争力	・行政的負担を軽減。 ・不必要な法制を廃止。 ・米国、日本、南米、並びに太平洋に向けた貿易政策を企図。
国家主権	・一層緊密になる同盟はEU拡大の法的根拠にならない。 ・すべての加盟国は必ずしも共通の目的に向かう必要はない。 ・イギリスが一層の政治統合を望まないことを容認。 ・国民的議会の役割は新たなルールをもって高められる。
移民労働者の特別な利益と自由移動	・セーフガード・メカニズムを設定。年金用資金拠出をせずにイギリスで働く労働者の恩恵を4年間抑制。 ・加盟国はEU移民の非就業者に対し、その利益を制限。 ・海外に定住する子供の受ける利益のスライド化。 ・悪用に対抗する手段を設定。

出所：Emerson, M., *Britain's future in Europe: The known plan A to remain or unknown plan B to leave*, Centre for European Policy Studies (CEPS), 2016, p.18 より作成。

して決定した対策を示したものである。表3－1は、その主要点を表している。

同表に見られるように、キャメロンの四つの要求は大いに保証されたように思われる。それらの要求に対するEUの回答の要点を整理すれば次のようになるであろう。[16]第一に、イギリスが非ユーロ圏のポジションに関して不安を抱いていたことは、とくにシティの権益であった。と言うのも、金融市場の法制がユーロ圏の過半数で決定されるからである。今回の協定でイギリスはシティを防衛できる。第二に、競争力に関する問題は、イギリスにとって根本的に重要なものである。この協定で、イギリスはEU機関と共同で必要以上に複雑なルールを削減できる。実際に長い間、欧州はイギリスに対して規制の負担を課してきた。[17]第三に、「絶えず一層緊密になる同盟」というE

Uの基本原則に関し、今回の協定は、ＥＵが連邦的方向に向かうことを恐れるイギリスに対して保証を与えた。そして第四に、最終的に最も困難な問題となるＥＵ内移民の社会的利益に関し、この協定は一連のセーフガード対策の下に達成された。それらの対策は、いわゆる「利益をえるための旅行（benefit tourism）」に対抗する保証を与えた。それは「警告とセーフガードのメカニズム」と呼ばれる。

この最後の点は重要なのでもう少し詳しく見ておきたい。まず、加盟諸国にとって、このメカニズムは例外的規模の労働者が流入したときに機能し始める。そうした問題に直面した加盟諸国は、ＥＵ機関に告知し、欧州理事会が、新たに到着するＥＵ労働者への社会的利益の供与を抑制する権限を当該国に与える。この抑制は、個人に関して四年間続けられる。また、移民労働者の本国に居住する子供に対して与えられる社会的利益は、当該本国の生活水準の条件にインデックス（連動）される。さらに、都合のよい結婚や悪用による社会的利益の享受も法的に規制される。そして最終的に、労働を求めないＥＵ移民に関して、加盟国はかれらの居住権をコントロールできる。それゆえ、かれらの受ける社会的利益も統御される。

以上のようなイギリスとＥＵの間で交わされた新協定は、双方にとって満足のいくウィン・ウィン・ゲームのようなものであろうか。実は、この協定は、世界でそれほど気づかれない中で結ばれた。しかしそれは、イギリスのレファレンダムの結果を左右する上でも、またイギリスに特別なステータスを与えたＥＵの将来を規定する上でも、極めて重要なものであった。

まず、イギリス側の反応を見てみよう。キャメロンとそのサポーターは、この協定でイギリスのＥＵ残留キャンペーンをスタートできると確信した。ここで銘記すべき点は、キャメロンがここまで努力してイギリスのＥＵ残留を訴える背景である。そこには、銀行や大企業を中心とするビッグ・ビジネスのＥＵ残留の願いに対する同感があったと言わねばならない。この点は、かれらの残留キャンペーンに対する資金提供にはっきりと現れていた。例えば、ゴールドマン・サックス（Goldman Sachs）は、その運動に五〇万ポンドを払い込んでいたし、Ｊ・Ｐ・モルガン・スタンレー（Morgan Stanley）やバンク・オヴ・アメリカ（Bank of America）も六ケタに上る資金贈与を計画したのである。[18]事実、キャメロン自身も、シェル（Shell）やヴォーダフォン（Vorderphone）のような巨大多国籍企業を含めたイギリスのＦＴＳＥ１００の企業のうち半分が、ＥＵ残留をサポートすることを期待したことがわかる。

しかし他方で、保守党内のユーロ懐疑派は、この協定に強い不満の気持を表した。[19]それは、とくに三万人以上ともいわれるイギリス内移民労働者の本国に住む子供達に対する手当の問題に注がれた。そのためのイギリス財務省の支出は最大で二五〇〇万ポンドに上るとされる。今回の協定は、この子供手当を全面的に抑制することを示すものではない。それは、依然として未解決なままである。また、ユーロ懐疑派にしてみれば、移民労働者の社会的利益の抑制が期限付であることも大きな不満の種であった。

一方、ＥＵ側においても一つの問題点が浮彫りにされた。それはとくにＥＵの金融規制者の権限に関して、フランスとイギリスの間で現れた。要するにＥＵの規制を免れたシティは、一体誰によって管理されるのかが問題となった。[20]キャメロンのＥＵ改革の一つのねらいは、イングランド銀行、ユーロ圏、並びにＥＵの規制当局の間の責任領域を塗り変えることであった。このねらいは、シティにおける銀行、保険、並びに決済機関に対するＥＵの監視をストップさせることにある。これに対してフランスは、ドイツとＥＣＢの支持をえながら、シティに対する影響力を望む。そこでは、欧州が同一の公平な立場にある点が主張される。フランスのオランド大統領は、欧州は同一の規制機関の下に、どこでも投機や金融危機に対決したい。シティもそれから逃れることができない。ところが今回の協定で、そうしたEUの監視の全般的権限が損なわれてしまう。フランスが懸念したのはこの点であった。

以上、我々は今回の新協定に関して、イギリスとEUの双方の側から検討した。そこで最後に、この協定が欧州統合、あるいは欧州プロジェクトの将来にとっていかなる意味を持つかを考えてみたい。

第一に言えることは、EUの根本的改革という観点から見たとき、この協定は何も示していないという点である。それはとくに、改革の最大の争点となった移民について現れている。確かに、協定はEUの移民労働者に対してセーフガードのメカニズムを謳っている。しかし、それでもって今日の大量移民流入問題を抜本的に解決できる訳では決してない。それは、実に付焼刃にすぎない。そうだとすれば、キャメロンが、この協定を大上段にしてEU残留キャンペーンを展開しても、イギリス市民にどれほどアピールできるか甚だ疑わしい。

さらに、一層考えねばならない深刻な問題点が、この協定に潜んでいる。それは、本協定によってEUの将来像が極めて不明確になるという点である。この点は、表3-1で示された、非ユーロ圏加盟国のポジション、競争力、並びに国家主権のいずれの項目にもあてはまる。まず、非ユーロ圏加盟国のポジションについて見れば、銀行同盟へのオプト・アウトが認められたことは最大の問題点になる。銀行同盟は、欧州にとって将来の財政同盟と政治同盟に連鎖する最重要なプロジェクトである。*それが、ユーロと同じくオプト・アウトを認めるのであれば、欧州はもはや財政同盟を放念したと思

* 銀行同盟について詳しくは、拙著『欧州財政統合論』ミネルヴァ書房、二〇一四年、第四章を参照されたい。

わざるをえない。

また競争力については、ＥＵがここで域外に対する自由貿易を認めたことも大きな問題であろう。この点は、かねてからイギリスが重視してきたＥＵ域内外での自由貿易の推進という姿勢にＥＵが譲歩したことを示す。この点も、欧州の基本的な貿易政策の原則を損なう。

さらに、より大きくて深い問題がある。それは、ＥＵがこの協定で、「絶えず一層緊密になる同盟」という欧州プロジェクトの根本原則を自ら蔑《ないがし》ろにしたという点である。そこでは、イギリスが欧州の政治統合から排除されると共に、かれらの国家主権が大幅に尊重される。これは、イギリスに対する最大の譲歩であると言わねばならない。同時にそれは、ＥＵが将来、一層緊密な同盟になることを放棄したことを明確に示す。果して、こうしたＥＵの姿勢でもって、欧州統合は深化すると言えるであろうか。また、単一市場と労働者の自由移動だけに頼るようなＥＵが、真に欧州市民を引き付けることができるであろうか。この協定を見る限り、ＥＵの分断と欧州市民の反ＥＵ感情の高まりは避けられないのではないか。

それでは、この新協定を経て、いよいよ本格的にスタートしたイギリスのレファレンダムは、残留派と離脱派の間でいかに展開されたであろうか。

二．ＥＵ残留派キャンペーンの論点

（一）残留派のサポート

イギリスのＥＵ残留を強調する論者は、そもそも残留の可否を問うようなレファレンダムを行うことさえありえないことを以前より唱えていた。それを代表する一人の論者は、FT紙の論説委員ウルフである。[21] 彼に言わせれば、キャメロンは、イギリスの最良の将来はEUの改革の中にあると考えている。では、キャメロンは、再交渉によってEUを根本的に変えられるかと言えば、それはできない。そうだとすれば、ユーロ懐疑派は、首相の前提そのものを否定するに違いない。そうした中でレファレンダムを行えばどうなるか。有権者は、再交渉や新協定の中味が十分に知らされないままに、最終的には恐れや望みの下に投票する。そこで、イギリス市民のEUに対する心情が問われる。この点についてウルフは、人々がEU残留を選択することをかなり楽観的に論じる。確かにイギリスの人々はEUを嫌っているものの、しかしかれらは、EUの外に出ることを望んでいない。彼はこのように捉える。

ほんとうにそうであろうか。後に示すように、キャンペーンが進む中で、実は残留派がつねにはっきりと優位に立つことはなかったのである。否、むしろ逆に、離脱派が次第に勢いを増してきたことさえ知ることができる。そうだとすれば、ウルフの見解はやはり、一部のエリートから見たイギリス人の心情論ではないか。

そうした中で、残留派を主導するエスタブリッシュメント（強い影響力を持つ職業に携わる人々）としてのエリート達も、再びイギリス人の心情に訴える必要が生じた。このことは、保守党ばかりか野党の労働党中道左派でも意識された。労働党の元党首で首相のブラウンは、改革された欧州がイギリスにとってうまく機能することを唱えたのである。[22] 彼は、欧州単一市場がイギリスにとって明らかに利益になること、またイギリス人の仕事も欧州のインフラ・プログラムの加速によって生まれること、そして、そのためにはイギリスの人々がクロス・ボーダーの協力を拡大する必要があることを主張する。要するに、そうすることによって、イギリスはポスト帝国の役割を見出すと同時に、欧州の次の発展段階のリーダーになりえる。ブラウンはこうして、イギリス人のナショナリスト的心情を踏まえながらEU残留への支持を強く求めた。

このように、保守党と労働党の残留派がいっしょになってイギリス国民に訴えたことは、どのていど功を奏するであろうか。ブラウンは確かに、左派の観点から欧州の社会運動におけるイギリスの位置付けを強調する。しかし他方で彼は、単一市場からの利益という点で、製造業ではなくディジタル部門やサーヴィス部門を重視する。これでもって従来からの労働党支持者である工場労働者を中心とした底辺の国民に、残留を正当化する声はきちんと届くであろうか。甚だ疑わしいと言わざるをえない。

一方、新協定成立後のキャメロンとEUのリーダーとの関係は微妙であり、必ずしも一様ではない[23]。キャメロンは当初、トゥスクの欧州大統領任命に反対すると共に、ポーランドからの労働者流入の減少を唱えたこともあり、両者の関係は危ぶまれた。しかし、トゥスクにして見れば、Brexitが起これればその責任が問われることから、彼はキャメロンに同情した。また、キャメロンは欧州委員会委員長のユンケルに対しても、欧州プロジェクトが悪いことの源は彼の方針にあるとして批判したことがある。それにも拘らず、ユンケルもやはりトゥスクと同じ立場にあることから、イギリスと妥協する姿勢を示した。さらに一層デリケートな面を表したのがフランスとの関係である。フランスのオランド大統領は、先に示したように新協定の成立過程で懸念を表したものの、最終的には、イギリスのようなユーロ圏外の国の抱える不安に応えられる欧州統合を望んだ。

これらの微妙な関係と対照的に、キャメロンと極めて友好な関係を表したのが、実はドイツのメルケル首相であった。キャメロンは、つねにメルケルのイギリスのＥＵ残留に関する手腕を信頼すると共に、彼女のアドヴァイスに耳を傾けた。メルケルも、彼の反ＥＵ的発言に耐えながら、キャメロンを若い仲間として「いたずらっぽい甥」と評したのである。

ところでＥＵのリーダーは、レファレンダムの直前まで、それに関与する公式の発言を控えてきた。それは、外国のイギリスに対する干渉と思われる恐れがあったからである。この点は、ギリシャでのレファレンダムの際に、かれらが示した姿勢と決定的に異なると言わねばならない*。大国に対しては干渉を避ける一方、小国に対しては大胆に提言するというＥＵのダブル・スタンダードがここでもはっきりと見ることができる。

ところが、離脱の動きがイギリスで強まるにつれ、欧州のリーダーは、ついに公にイギリス国民に対してＥＵ残留を強く訴えた[24]。トゥスク大統領は、「我々といっしょに留まって欲しい。我々は貴方達を必要としている。貴方達なしでは、欧州だけでなく西側のコミュニティも弱くなる」という異例とも思えるような声明を発表する。また、メルケル首相やアイルランドのＥ・ケニー（Kenny）首相も、プロ残留派グループといっしょにキャンペーンを行った。さらに、レファレンダムの直後に総選挙を控えるスペインでは、人気の高い支配的政党から極左派のポデモスに至るまで、こぞってイギリスのＥＵ残留をサポートしたのである。ただ、そうした中で矛盾した発言を行ったリーダーもいる。それは、ハンガリーのＶ・オルバン（Orban）首相であった。彼は、国内ではユーロ懐疑派でＥＵの移民政策を強く批判しているにも拘らず、イギリスのＥＵ残留をプロ欧州的心情で唱えた。

＊　この点については前掲拙著『ギリシャ危機と揺らぐ欧州民主主義』明石書店、二〇一七年、三〇七～三一〇ページを参照されたい。

このようにして見ると、欧州リーダーによるイギリスのEU残留サポートも、かなりご都合主義であることがわかる。その最たるものはトゥスク発言であろう。彼は、ギリシャのレファレンダムのときには、ギリシャ人はユーロ圏に留まりたければ緊縮政策を受け入れるべきとし、かれらに残留をとくに懇願したことはなかった。ところが今回、トゥスクはイギリス抜きではEUは弱まるとさえ述べて、イギリス人に残留を求める熱いラヴ・コールを送った。ここで、同じ欧州人であるはずのイギリス人とギリシャ人に対し、明らかに異なる対応が示された。この点は、銘記しておくべき重要な点であろう。

他方でキャメロンは、Brexitが起これればイギリスは数年にわたって仕事や投資、さらには金融サーヴィスを損なうことになると唱え、有権者に対してプラグマティックな観点から残留を訴えた。そこで彼の残留派ティームは、イギリスの最も影響力のある経営者、具体的にはFTSE100のトップに対し、EU残留の場合には支援することを約束した。[25] キャメロンは、ビジネス界がレファレンダム・キャンペーンで最強のサポーターになると考えたのである。彼はTVで、イギリスがEUを離脱すれば、ビジネスは十分に単一市場にアクセスできるかが確かでなくなることから先細ると共に、海外のビジネスもイギリスに投資しなくなると語る。この点はとくに、金融サーヴィスを念頭に置いて主張された。

一方、イギリスのビジネスのエスタブリッシュメントはキャメロンを決定的に支えた。イギリスの製造業連合のメンバーや雇用者グループのうち、六〇%以上のメンバーがEU残留を支持したのである。実践的な面で、かれらの大多数はプロEUであった。しかし、ここで注意すべき点は、イギリスのビジネス・コミュニティが決して一様ではないという点である。それは、大規模なものと小規模なものに非常にはっきりと分断されている。そこで、小規模のビジネスは、それほど輸出を行っていないことから、むしろＥＵに対して強い関心を持っていなかった。

そうだとすれば、キャメロンの残留派エリート・ティームは、どちらかと言えばビッグ・ビジネスに残留を呼びかけたことになる。実際にキャメロンは、イギリスで経営する大きな多国籍企業のトップを説得した[26]。それらの企業には、ロイズ銀行やシェル、ユニリーバなどの巨大企業が含まれていた。そもそも、大企業で多国籍企業となっている企業はＥＵを好んだ。なぜなら、かれらは自分達が有利になるようなルールをつくるためのロビー活動を行っているからである。この点は、とくに外国の多国籍企業についてあてはまる。そのことは他方で、より小さな企業をビジネスから強制的に締め出すことになる。

このような背景の下に、欧州のビジネス・エリートは、レファレンダムが近づくにつれてＢｒｅｘｉｔが起こることを恐れた[27]。国際商業会議所の調査によれば、主たる欧州諸国の八割弱の会社は、Ｂｒｅｘｉｔがかれらのビジネスに対してネガティヴに働くと答えている。ＥＵの会社は、とくにイギリスで活発に投資を行っている。その累積額は二〇一四年に七四一〇億ポンドに上る。それは、イギリスへの外国直接投資全体の六〇％をも占める。例えば、ドイツの巨大製造業企業であるジーメンス（Siemens）は、イギリスで一万四千人を雇用し、一三の製造工場を持つ。そこでＢｒｅｘｉｔによりイギリスが単一市場を撤退すれば、サプライ・チェーンは断たれ、ＥＵとイギリスの会社はいずれも大きな負担を被る。Ｂｒｅｘｉｔはパンドラの箱を開ける。かれらはこうみなしたのである。

ところで、欧州のビジネス・エリートの中で、とりわけＢｒｅｘｉｔを不安視したのは、言うまでもなくロンドンの金融エリートであった[28]。Ｂｒｅｘｉｔは、シティのスタッフをフランクフルトやパりに再配置するように促すと同時に、イギリスの銀行や保険会社からＥＵのパスポート権を奪ってしまう。こうして金融機関のショックは即座に起こる。

このように、イギリスのＥＵ残留は、確かに内外のビジネス界で支持された。ただし、そこでのビジネスは、あくまでもエリートとしてのエスタブリッシュメントを成すビッグ・ビジネスであった。この点を忘れてはならない。

（二）残留派の離脱論批判

では、残留派がイギリスのＥＵ残留を説く際の積極的な理由は何であろうか。実は、この点は必ずしも明確ではない。かれらはむしろ、Ｂｒｅｘｉｔが起これば、それはイギリス内外の経済、政治、並びに社会に大きな負のインパクトを与えると唱えることで、残留の正当性を訴えた。言ってみれば残留論は、主に反離脱論を通して語られたのである。

まず、キャメロンの残留派ティームは財務省に働きかけ、Ｂｒｅｘｉｔが及ぼすイギリス経済へのネガティヴ効果に関する報告書を公表した。イギリスの有権者がレファレンダムで最も気にかける点は、Ｂｒｅｘｉｔがイギリス経済にとって何を意味するかという点にあると考えられたからである。実際にイギリスの人々に対して、ＥＵメンバーシップのコストとベネフィットに関する情報を可能な限り提供する必要があった。

イギリス財務省は、ＥＵ離脱の長期的インプリケーションに関するレポートを二〇一六年四月半ばに発表した[29]。その分析は、イギリスはＥＵを離脱することで圧倒的な経済的不利益を被るとし、それはほとんど疑いないとするものであった。それによれば、イギリスはＥＵ離脱により二〇三〇年までに生産を約六％低下させ、それは家計に対して年四三〇〇ポンドのコストをもたらす。これに基づいてオズボーン財務相は、Ｂｒｅｘｉｔはイギリスを永遠により貧しくすると主張した。もちろん、これは政府の意向を反映したものにすぎない。問題とされるべきは、そうした分析の正当性であろう。この点については、後に詳しく論じることにしたい。

さらに財務省のレポートは、イギリスの対外経済的側面に及ぼすＢｒｅｘｉｔのネガティヴ効果をも示す。そこでは、Ｂｒｅｘｉｔによるイギリスのオールタナティヴな通商関係として三つのケース、すなわち第一に欧州経済圏（European Economic Area：EEA）のメンバー、第二に二国間協定、そして第三にＷＴＯのメンバーが想定され、いずれのケースも二〇三〇年までにＧＤＰを低下させると予測された[30]。ＥＵ残留を当初から主張するＦＴ紙の記者ウルフは、この分析の正しさを唱える。要するにイギリス経済は、Ｂｒｅｘｉｔにより貿易と外国直接投資に対してより開放的ではなくなり、それは生産にダメージを与える。彼はこうみなす。その際に、離脱派の反対意見が取り上げられる。それは、ＥＵがすでにイギリスにとって、市場としてはそれほど重要ではなくなっているという点である。しかしウルフは、現実のイギリスのＥＵに対する輸出は絶対的に増大しており、それは他のいかなる市場に対するものよりも大きいことを示してＢｒｅｘｉｔ派を批判した。

さらにウルフは、レファレンダムが近づくにつれて離脱論を一層厳しく批判し、絶対に残留すべきことを訴えた。そこで彼は、イギリス経済にとって離脱を有利とする一般的議論を調べる中で残留の理由を考える。その主要点を挙げれば次のとおりである[31]。第一に、ＥＵメンバーシップはわずかしか利益にならないとする議論。しかし、欧州は強い競争力の政策と国家支援をもたらすことから大きな利益となる。第二に、ＥＵメンバーシップは巨大なコストを課すとする議論。しかし実際には、イギリスの被る財政コストはＧＤＰのたった〇・五％にすぎず、そのコストは極めて小さい。第三に、ユーロ圏はますます統合してイギリスに指令するという議論。しかし、ユーロ圏の完全な政治同盟は全くありそうにない。第四に、ＥＵメンバーシップはイギリスを世界市場に開放するのを妨げるとする議論。しかし、ＥＵは市場開放に対して大きな影響を及ぼすことができる。第五に、ＥＵメンバーシップに対するオールタナティヴをえるのは簡単であるとする議論。しかし、そうしたオールタナティヴの性格は決して同一ではない。そして第六に、移民のコントロールの協定は容易に結べるとする議論。しかし、イギリスがＥＵ単一市場に対して特権的アクセスを保ちたいならば、労働の自由移動が要求される。こうしてウルフは、離脱を有利とするアイデアは結局ファンタジーにすぎないこと、それゆえそれらはいずれも大したメリットを持たないことを強調する。

　ところでＦＴ紙も、イギリスのＥＵ残留を当初より強く支持する代表的メディアの一つである。この点は、レファレンダムが近づく中で一層鮮明に現れた。それは、同紙の社説によく示されている[32]。ＥＵは、経済統合を平和と繁栄の確保のために遂行してきた。イギリスが加入してから四〇年間に、ＥＵはより緊密に相互に絡み合い、その結果、イギリス経済はより豊かに、よりオープンに、そしてよりダイナミックになった。またＥＵは、欧州や他の世界との貿易をも発展させ、ＥＵ市場を求める外国投資を引き付けた。イギリスのＥＵ離脱は、これらの点をすべて問題にしてしまう。実際にＢｒｅｘｉｔは、ほとんどすべてのイギリス経済の分野で極度の不確実性を導く。イギリス経済は、それにより混乱の時期に突入する。Ｂｒｅｘｉｔがイギリス経済に与えるコストは巨大なものと化す。これはもはや疑いない。もしも離脱派が、ポストＢｒｅｘｉｔのイギリス経済のあり方を明らかにし、また財務省が報告したＢｒｅｘｉｔのネガティヴ効果に応じることができないならば、かれらは選ばれるに値しない。FT紙はこのように論じて、EU残留をメディアとしてイギリスの国民にアピールしたのである。

一方、イングランド銀行も、Brexitが及ぼす経済面でのネガティヴ効果を唱えてEU残留論を展開した。M・カーニー（Carney）総裁は、Brexitがイギリス国内の金融安定に対する最大のリスクになることを指摘する。[33] 事実、Brexitの恐れのため、二〇一五年の秋から二〇一六年の春にかけて、スターリングは約一〇％下落した。このことは、スターリングの価値上昇を前提とする残留派の主張と食い違う。そこで問われるのは、イングランド銀行の金融政策である。カーニーが金融の安定を第一に強調するのであれば、限定的でも利子率は引き上げられねばならない。しかし実際には、金融市場は利子率の上昇を期待しなかった。イングランド銀行は、利子率以外の新たな刺激策を想定していたからである。こうして見ると、レファレンダムが近づく中で、Brexitのイギリス経済に及ぼす脅威に対し、イングランド銀行の金融政策は明確な指針を欠いていたことがわかる。

こうした中でイギリスの財務省は、二〇一六年の五月に入ると再び、Brexitの及ぼすイギリス経済への負の効果に関する報告書を発表する。それはまた、キャメロンの残留派ティームが、Brexitの最悪のシナリオを描く意向を強く映し出していた。そこでは、いくつかのシナリオが想定された。[34] Brexitの二年後にGDPは三％以上、最悪の場合は六％低下する。失業者は五二万人から最悪で八二万人増大する。スターリングの価値は一二％から最悪一五％下落する。賃金は二・八％から最悪四％減少する。住宅価格は一〇％下落する。そして公的債務は二四〇億ポンドから最悪三九〇億ポンド増大する。オズボーン財務相はこの報告書に基づきながら、イギリスはEUを離脱すればリセッションで苦しむことになると主張した。

このように、財務省の報告とオズボーンの発言はまさに、イギリス国民、とりわけ離脱を考えている人々に対する明白なブラックメールと化した。さらに、ここで銘記すべき重要な点がある。それは、オズボーンの警告である。彼は、Ｂｒｅｘｉｔ後に財政のブラックホールが三〇〇億ポンドにも上ることを指摘する。[35] そして、それを埋めるためには、税金を引き上げるか政府支出、とりわけ医療支出を削減せざるをえない。要するに、キャメロン政権が当初より遂行してきた緊縮政策を、ここにきて一段と強めることが発表されたのである。このオズボーンの発言はその後、極めて大きな、ある意味では致命的ともなる大問題を残留派キャンペーンに与えることになる。この点については後に再び論じることにしたい。

他方でＥＵ残留派の主張は、経済面のみならず政治面にもはっきりと表れた。離脱派は一貫して、イギリスは欧州の連邦主義の下で国民的議会の自由を奪われるとする点を強調した。これに対し、やはりウルフと並んで強く残留を唱えるＦＴ紙の記者スティーヴンスが反論した。[36]「国家主権のコントロールを取り戻そう（Take back control）」というスローガンは、先進諸国の扇動家の間でトレードマークとなっている。それゆえ、米国のＤ・トランプ（Trump）やフランスのＭ・ル・ペン（Le Pen）らは、イギリスの離脱キャンペーンを支持した。しかし、スティーヴンスに言わせれば、この四〇年間を振り返ると、イギリスは決してＥＵ本部に支配されてきたのではない。重要な決定は、すべてイギリス国内で行われてきた。イギリスの経済がサッチャーの下で自由市場経済に移行したのも、独自のものであってＥＵの力によるものでは全くない。イギリスはこれまで、民主主義的かつ自律的な政府によって政策を方向付けてきた。それは、イギリス議会により設定されてきたのである。彼はこう主張しながら、離脱派の説くＥＵ支配論を批判した。

一方、離脱派の強調する国家主権復活論はまた、移民の排斥という論点と結びつく。これらの二つの論点は、言わば表裏一体の関係にある。そこで問われるのは、移民排斥の人種差別性であろう。FT紙で欧州問題を論じているラックマンはレファレンダム直前に、離脱キャンペーンで見られた移民に関する修辞の一部が人種差別主義に至っていることを指摘する。[37] 彼によれば、離脱派の運動は、イギリスが国家主権の復活によって民主主義を取り戻すのを主眼とし、その一環として人々の自由移動を禁じるものである。しかし、EUは本来、民主主義の敵では全くない。イギリスでそれを疑う人の中に、ナショナリストや人種差別主義者が含まれる。彼はこのように唱えて離脱論を批判すると共に、残留をプラグマティックな観点から強く訴えた。

さらにもう一つの重要な論点がある。それは、BrexitがEUの分断のみならず、連合王国（ユニオン）としてのイギリスを分断させかねないという点である。[38] 保守党の一部が導く離脱のキャンペーンは、実はファラージの率いるナショナリスト政党のUKIPとメッセージを共有する。それは、反移民を軸とした「怒りのプロジェクト」を表す。ところが、ここで大きな問題となるのは、欧州との関係をめぐるイギリスの人々の姿勢が、国内の地域によって異なるという点である。ロンドン、スコットランド、並びに北アイルランドでは、プロ欧州派が過半数を占める。そこでBrexitにより、汎イギリス的にEUとの分断が行われればどうなるか。それは、イギリスを不安定にする以外の何ものでもない。後に詳しく論じるように、確かにBrexitが起これば、北アイルランドのアイルランドとの融合問題やスコットランドの独立問題が表面化することは間違いない。

以上、我々は、キャメロンが主導するイギリスのEU残留キャンペーンの主要論点を、サポート体制と反離脱論をつうじて検討した。そこで次に、これに対抗する離脱キャンペーンの中味を見ることにしよう。

三．EU離脱派キャンペーンの論点

(一) 離脱派のサポート

イギリスのEU離脱を主張する運動は第一に、これまでのイギリスの政治と経済を支配してきたエリートから成るエスタブリッシュメントを批判することで、市民目線からの改革運動を訴えた。実際に、今回のレファレンダム・キャンペーンで表に現れた闘いは、疲労したエスタブリッシュメントと、それに幻滅した市民の怒りとの間で繰り広げられたのである。

そうした闘いの中で、FT紙の記者スティーヴンスが指摘するように、離脱派は理性というよりはむしろ人々の感性の域に入り込み、かれらの間に鬱積した怒りの心情を巧みに引き出そうとした[39]。かれらの批判の矛先はそれゆえ、移民、汚職、並びに大企業によってオーヴァー・ランする国家のあり方に向けられた。それはまた、市場と移民の開放やグローバリゼーションに対する反抗の形となって現れた。この動きを代表するのが、ナショナリズムに基づくUKIPであった。かれらは、外国人嫌悪主義＝自国民第一主義あるいは人種差別主義という批判に晒されるリスクを犯してまでも、例えば、白人労働者階級に対して反移民を訴えたのである。

このような離脱派のキャンペーンは、残留派が言うように、単純なナショナリズム論やポピュリズム論で片付けられるものであろうか。我々はまず、ここでかれらの唱えることの負の側面を正視すると同時に、そうした運動を引き起こしてそれを高めた背景をしっかりと把握する必要がある。それは、エリートの不誠実さとそれに対する人々の怒りに尽きる。事実、イギリスのエリートはこれまで、「人々をだます秘密の合意（collusion）」をどれほど行ってきたか計り知れない。[40] 例えば、イングランド銀行の背後に、ゴールドマン・サックスに代表される米国の巨大投資銀行やビッグ・ビジネスが暗躍しているのではないか。人々はそう疑いをかけた。しかも、そうしたエスタブリッシュメントは、こぞって富裕者を有利とするように働いた。イギリスの一般市民はもはや、エリートの誰も信用できない。このような人々の心情が確実に表された。そうだとすれば、離脱派が有権者に対して反エリート主義をアピールしたことは正鵠をえていたと言ってよい。実際に、イギリス国民の怒りの声は、レファレンダムが近づいても消えることがなかった。否、むしろそれは高まったのである。

この傾向は、とくに失業などによる社会的排除をひどく被っている地域、典型的には工場労働者の多い中部イングランドではっきりと現れた。[41] そこでは、首相の言うこと、イングランド銀行総裁の言うこと、さらには米国大統領の言うことさえが完全に無視された。人々は、「我々は我々自身の人民になりたい」という思いを込めてEUから離脱する決意を表明したのである。かれらはまた、「政治家は自分自身に誠実ではなかったと共に、人民に対しても誠実ではなかった」として、政治家を糾弾した。

このようにして見ると、離脱派のキャンペーンは、人々がイギリスの政治家や政党、ビジネス、労働組合、シンク・タンク、並びに投資銀行を中心とする金融機関などに対して、いかに信頼を寄せていないかを如実に示していた。IMFやOECDのような国際機関が、前節で見たように、Brexitに対していくら警告を発しても、そうしたキャンペーンの高まりをもはや食い止めることはできなかった。離脱派のスポークスマンは、レファレンダムはイギリスの人々にとって、単純にエスタブリッシュメントに対する反対票であるとまで言い切る。それは、かれらの金銭のスキャンダルや移民削減などの約束の反故を見れば当然であった。人々は、かれらのこれ以上の嘘に耐えることはできなかったのである。

一九四〇年代以降の政治的エスタブリッシュメントに対するイギリス人の姿勢を研究しているサザンプトン（Southamptom）大学政治学教授のW・ジェニングス（Jennings）は、イギリス人が誰も政治家を信用していないことは新しい現象であることを指摘する。[42] 信頼は何十年間にわたって着実に損なわれてきた。しかし現在、その信頼度は恐るべきほどに低い。イギリス市民は今日、政治家に対して「著しい嫌悪感」を抱いている。彼はこう結論づける。実際にそうした嫌悪感は、政治家に対して使われる言葉で表される。それらは、横暴、不愉快、腐敗、不誠実、嘘つき、恥知らず、寄生虫、裏切り、汚いヤツなどである。ジェニングスは、いかなる方策を用いても政治的不信感は高まっており、それは一般的症候であると唱える。実は、保守党の離脱派議員もこの傾向に気づいていた。かれらは、有権者と政治家の間でと同時に、有権者とメディア、イングランド銀行、並びにシティ関係者との間でも、根本的な断絶があることを認める。一方、イギリスの地域間においても、そうした現象が確認できる。経済的繁栄を実現してEUメンバーシップを支える多文化のロンドンと、他のよりユーロ懐疑的な中部イングランドに代表される地域との間には、深い溝が生じているのである。欧州改革センター総裁のC・グラント（Grant）は、エスタブリッシュメントの多くは、ロンドン以外に居住する労働者階級の人々が何を考えているか全くわかっていないことを指摘する。グラント自身は、紛れもなく残留派である。その彼でさえもが、レファレンダム直前にこのように認識していたことは驚くべきことであろう。

したがって、そのような労働者階級を中心としたEU離脱の動きを表明する人々の眼には、先に見た財務省やIMFのレポートも真実のものとしては映らなかった。政治家がその通りに行うとは、到底信じられなかったからである。エスタブリッシュメントの言うことなどを聞く耳を、かれらはもはや持っていない。

このようにして見ると、Brexitのキャンペーンは、イギリスの人々が、政治的かつ経済的なエリートをますます嫌悪していることに対して警告を発するものであった。こう言ってよいのではないか。かれらはまさに、「エリート嫌い」と化したのである。しかも留意すべき点は、そうした心情の傾向が、決してイギリスのみに現れているのではないという点であろう。それは、フランスに代表される欧州大陸、さらには米国においてもはっきりと表された。

以上のようなイギリスの人々の心情が明らかにされる中で、もともと保守党内に根強く存在するユーロ懐疑派は、ますますその勢いを増した。このことを象徴するのが、ロンドン市長であるB・ジョンソン（Johnson）のEU離脱支持の表明であった[43]。それは、二〇一六年二月のかなり早い段階で、キャメロンの残留派慰留の懇願を絶ってなされたのである。このジョンソンによる、残留派から離脱派への突然の転向は、その後のレファレンダム・キャンペーンの展開に深いインパクトを与えた。と言うのも彼は、イギリスの国民からポジティヴな評価を受けている数少ない政治家の一人であったからである。事実、世論調査によれば、イギリス人の三人に一人は当時、ジョンソンによる離脱か残留かの決定が重要であると考えていた。そこで、もしジョンソンやその仲間の離脱派が保守党内で広がれば、キャメロンが党首として存続することは難しくなるに違いない。ジョンソンは、保守党のユーロ懐疑派を演じることで、キャメロンから党首の座を奪うチャンスを窺ったのである。

ところで、ジョンソンのＢｒｅｘｉｔ論は、実は彼がデイリー・テレグラフ（Daily Telegraph）紙のコラム担当者であった頃から知られていた。しかし、それが彼の真意かどうかは定かでなかった。なぜなら、彼はブリュッセルでジャーナリストを務めていたときに、イギリスがＥＵのメンバーシップになることの有利さを盛んに語っていたからである。その意味で、ジョンソンもユーロクラットの仲間であった。したがって、保守党のユーロ懐疑派も、彼が真の離脱派であるとは思っていない。しかし、彼の人気と政治キャリアの観点から、かれらはジョンソンを取り込んだのである。

こうした中で、キャメロンは下院の保守党メンバーから一層批判される羽目に陥る。かれらのうち一五〇人もが、レファレンダムについて彼に従うのを拒絶したのである。[44] それは、三三一人の保守党議員のうち約半分がＥＵ離脱の意思表明をしたことを意味する。その数は、以前にキャメロンが予想したものをはるかに上回った。かれらは、「ＥＵは〝失敗〟した組織であり、イギリスは〝自身の道を歩むべき〟」と唱える。保守党議員の多くは、この離脱キャンペーンの圧力に直面した。その中で強い考えを持っていなかった議員は、この高まる離脱の声と共に歩み始めた。そしてこの動きは、キャメロンがジョンソンと対立するにつれてより高まった。保守党内の風向きは、明らかに離脱の方向に傾きつつあった。

では、保守党の離脱派がキャンペーンで主として訴えたことは何であったか。第一に、国家主権の取戻しという呼びかけを挙げることができる。離脱派キャンペーンのリーダーであるＤ・カミングス（Cummings）は、「離脱に投票して国家主権のコントロールを取り戻そう」というキャッチフレーズをつくった。[45] この訴えは、レファレンダム直前まで変わることがなかった。離脱派キャンペーンの戦略は、一つの目的に沿って集中的に図られたのである。それは、極めて明快なアジェンダであった。

そして、かれらのキャンペーンのターゲットとなる聴衆が、労働者階級の労働党支持者であったことも銘記すべきであろう。労働者はまさしく、キャメロン政権に対して不信感を強く抱いていたのである。

一方、そのような「国家主権のコントロールを取り戻そう」というスローガンは、イギリスへのEU移民流入の規制という方針と結びつく。しかし、この移民問題に焦点を当てることには、先に論じた人種差別主義の批判を受ける危険がある。そこでジョンソンは、保守党の離脱派キャンペーンはUKIPと異なることを強調した。[46] 彼は、離脱派のキャンペーンがナショナリスト的なイギリスをアピールしているのではないと唱える。ジョンソンにとって、主たる関心はあくまでも国民主権の確立であり、流入移民の削減ではなかった。彼は、率直にBrexitに対する歪曲した心情を認める。欧州に対して愛情があってもEUに対してそれはない。彼はこのように訴えた。こうした点も、有権者がキャメロンよりもジョンソンに信頼を置く要因となった。それは、世論調査ではっきりと現れた。キャメロンが、ジョンソンは首相になりたいだけで極めて利己的な政治家であると攻撃したことは、大して効果がなかった。

他方で、保守党のユーロ懐疑派は、ポストBrexitの一定の青写真も用意した。ユーロ懐疑派のリーダーで、イギリスの法制的アジェンダに責任を持つ閣僚のC・グレイリング（Grayling）は、ポストBrexitのマニフェストを設定する。[47] 彼は、Brexitキャンペーンが採る次のステップのための民主的正当性をえるように努めた。それは、二〇一九年にEUから最終的に離脱するというタイム・テーブルを念頭に入れたものであった。そこには、EUルールの下で許されていない新たなVATや移民のコントロールが含まれる。グレイリングは、何らかの一方的行動を採る必要を説く。それは例えば、Ｂｒｅｘｉｔによって莫大な数の移民がイギリスに流入した場合などに適用される。同時に彼は、Ｂｒｅｘｉｔが完成されるまでは、イギリスがＥＵ予算に支払い続けることも約束する。彼は、このプロセスでＥＵ法を犯したくないと考える。

(二) 離脱派の残留論批判

ところで、離脱派の主張する論点は、先に示した残留派の場合と同じように、相対立する派の論点を批判することで明確にされた。それはまず、キャメロン・ティームの下で発表された財務省のＢｒｅｘｉｔに伴うイギリス経済へのネガティヴ・インパクトに対する反論となって現れた。実際にキャメロンとオズボーンは、その報告に沿って最悪のシナリオを描き、ＥＵ離脱はリセッションを導くとみなした。したがって、その結果はまさに自己破壊的オプションである。かれらはこう断じたのである。

これに対し、離脱派の主導者であるＩ・Ｄ・スミス（Smith）は、財務省の報告にはバイアスがかかっており、そこで用いられたモデルにおける不確実性の幅は大きいことを指摘する。[48] さらにスミスは、そのレポートが、すでに経済的に失敗しているＥＵに残留するリスクを何も評価していないと論じる。そこで彼は、むしろＥＵ残留の最悪のケースを考えることがプルーデントな姿勢であることを主張したのである。

このような離脱派による財務省報告に対する批判は、中立的に見ても正当なものであった。[49] 確かに、そこには予測の精度の問題がある。今日、数年先の経済予測すらできない状況の中で、一体二〇三〇年の予想にどれほどの意味があるか。この点がまず問われねばならない。そもそも、正確な予測などは不可能である。財務省が用いた複数のモデルによっても、えられる結果は合致しなかった。さらに財務省は、移民と規制は推計に影響を及ぼさないとする。しかし、それらがイギリスのＧＤＰに与える全般的影響を無視することはできない。

一方、離脱派は通商面でも残留派の主張する単一市場の優位性を批判する。この点について、保守党の離脱派議員であるＤ・ハンナン（Hannan）は次のように唱える。[50] 問題点は、ＥＵと他の世界との二国間協定が実行できるかどうかという点にある。例えば、インドの企業は、イギリスの会計システムを用い、共通の法の下にある。ところがイギリスは、まだインドと通商協定を結べていない。それは、欧州の繊維産業と農業の利害関係者からの反対のためである。確かに、ＥＵはイギリスにとって最大の輸出市場である。しかし、イギリスの輸出に占めるＥＵのシェアは今日下落しつつある。それは、ユーロ圏の成長の低下による。そうだとすれば、イギリスは、ＥＵ以外の地域との間で二国間協定を結ぶことにより貿易国家として繁栄できる。ここには、離脱派が当初より主張してきた、グローバル規模でのイギリスの自由貿易の推進という考えが色濃く表されている。

さらに、離脱派の残留派に対する攻撃は、やはり先に示したレファレンダム直前のオズボーン発言に対して向けられた。オズボーンが、ある意味で彼の政治生命を賭けるかのように、ＥＵ離脱によって税金を引き上げるか公共支出を削減することになると語ったことは、まさしく離脱派にとって格好の批判対象となったのである。

実際に保守党内でさえ、ユーロ懐疑派議員は一斉にオズボーンを糾弾した。その中の穏健派も、彼の緊急予算案を激しく非難した。かれらは、オズボーンの辞任を求めることを明らかにする。[51] そこでは、イギリスの人々はもはや、オズボーンの行ってきたことを信じることができないのではないかとみなされた。事実、イギリス市民が当時、そうした財務相発言に怒りの声を上げたのは間違いなかった。そしてもちろん、このオズボーン発言に対し、労働党党首のコービンも痛烈に批判した。彼は、政府の緊縮予算を支持しないことを表明した。このことが、残留派キャンペーンの足並みを乱したことは言うまでもない。

このようにして離脱派は、Ｂｒｅｘｉｔによるイギリス経済の悪化という残留派の主張に対抗した。かれらはそこで、論点を経済問題よりはむしろ国家主権と移民の問題に絞ってキャンペーンを展開したのである。

四．両派のキャンペーンをめぐる諸問題

では、残留派と離脱派のキャンペーンで唱えられた諸論点に関して、いかなる点が問題とされるべきか。次にこのことを検討することにしたい。ここで取り上げる問題は、欧州問題、経済問題、ビジネス問題、政治問題、並びに移民問題である。

（一）欧州問題

まず、両派が欧州の現状をどのように捉えてキャンペーンを展開したか、また、そうしたキャンペーンに欧州自体はどのように反応したかを見ることにしたい。

今日、はっきり言って欧州は、経済的にも社会的にも、そして政治的にも危機的状況にある。ユーロ危機も当然に過ぎ去っていない。我々が留意すべきことは、イギリスのＥＵレファレンダムに関す

る議論が、そうした事情の下で行われたことである。それにも拘らず、FT紙の記者ラックマンが指摘するように、イギリスにおけるプロEU派と反EU派の議論は、実は一九九〇年代以来ほとんど変わっていない。[52]すなわち、プロEU派は、欧州単一市場のメリットを強調する一方、反EU派は、欧州が連邦国家に向かっていることを唱え、それに対する警戒感を表す。そこでは、様々な混乱から生じる欧州の崩壊危機という事態に目が向けられていない。現実に欧州が崩壊すれば、連邦国家はありえないし単一市場も消えてしまう。この点を正視すれば、両派のキャンペーンは違った方向に展開されたはずである。

一方、欧州の側では、現在の困難な状況に、さらにBrexitの要素が加われば一層深刻な事態に陥ることは目に見えていた。この点は、欧州の外交と安全保障の面に端的に現れた。[53]イギリスは、そのような国際関係問題を避けて通ることができない。離脱派は、イギリスは一人でもやっていけるという自信をのぞかせ、EUよりも「五つの眼」、すなわちイギリス、米国、カナダ、オーストラリア、並びにニュージーランドとの関係を重視する。これに対して残留派は、欧州におけるイギリスのステータスだけを問題にし、その向上を訴える。いずれの場合も、欧州のグローバル規模での国際秩序の安定に果す役割が十分に認識されていない。そもそも、EUの東方拡大にイギリスが強く貢献したことを踏まえると、両派の主張点には大きな問題があると言わねばならない。

こうした中で、危機感を覚える欧州は、Brexitが与えるドミノ効果を不安視した。と言うのも、反EUの動きはフランスでとくに高まっていたからである。[54]実際にフランスの極右派である国民戦線（FN）は、イギリスのEUレファレンダムをめぐるドラマを注意深く見守っていた。党首のル・ペンは、二〇一七年のフランス大統領選で勝利すれば、イギリスと同じくEUレファレンダムを行うと宣言した。FNは、Ｂｒｅｘｉｔの議論はフランスのユーロ懐疑派の動きに火を付けると判断したのである。FNの副総裁であるF・フィリポ（Philippot）はFT紙に、より一層の欧州統合というアイデアは欧州でタブーになったとさえ語る。つまり、「我々がそれについて語れば語るほど、人々はそれに反対の投票を行う。なぜなら人々は、欧州統合がいかに非民主的で安全保障の弱さの源であるかを学んだからである。」彼はこのように唱える。こうしてFNは、それこそＢｒｅｘｉｔにならってＦｒｅｘｉｔ（フランスのEU離脱）のキャンペーンを展開した。もしル・ペンが勝利し、Ｆｒｅｘｉｔが成立すればどうなるか。EU創立の主導国であるフランスの離脱が即EU崩壊につながることは言を俟たない。

ところで、ユーロ懐疑派による動きの高まりは、フランスに限られていたのではない。それは欧州全体に拡大していた。そこで、例えばイタリーの政府は、この動きに敏感に反応した。財務相のP・C・パドアン（Padoan）は、Ｂｒｅｘｉｔは欧州に対する大きな脅威になると認識する。[55]彼は、その決定が欧州統合を嫌う人々に対する強力なメッセージになることを訴え、欧州に警告を発したのである。

他方でEU本部は、Ｂｒｅｘｉｔの動きを抑える意味で、その実行の困難さを法的側面から示す。欧州理事会における法部門の総裁であるJ－C・ピリス（Piris）は、レファレンダム宣言の直後に、イギリスがEUを離脱するには四つの重要な法的問題に直面することをFT紙上で指摘した。[56]第一に、イギリスはEU法から解放されることで法制を変更せざるをえない。第二に、イギリスはEU諸国に居住する二百万人のイギリス人について何をするかを決定しなければならない。第三に、イギリスは新たな関税法を制定すると共に、国境のコントロールを行わなければならない。そして第四に、イギリスはEU以外の他の世界との貿易をルールに基づいて発展させなければならない。

このピリスの見解が、イギリスに対して一種のブラックメールと化したことは言うまでもない。そうした欧州側の姿勢は、レファレンダムが近づくにつれてエスカレートした。事実、ＥＵの法律家はＢｒｅｘｉｔの場合に、イギリスの単一市場内での権利を差し止める方法を探っていた。[57]言ってみれば、権利停止の手続きがＥＵの最後の拠り所であった。これに対し、Ｂｒｅｘｉｔ派も、それに対処する姿勢を表した。主たる運動家のグレイリングは、イギリスはＥＵによる判決の効果を直ちに抑えるために法制化すると宣言したのである。ただ現実問題として、Ｂｒｅｘｉｔの場合にイギリスがＥＵ法を再検討し、それに取って代わるものを用意することはそれほど簡単ではない。その場合に、イギリスが第二次大戦後最大の行政的課題を抱えることは避けられない。[58]

一方、ほんとうにＢｒｅｘｉｔが起こった場合、ＥＵはどのような対応を考えていたか。果して、それは一枚岩のものであったか。実は、もしＢｒｅｘｉｔが起こったとして、それをどう解釈するかの意見はＥＵ内で異なっていた。[59]ユンケル委員長やドラギＥＣＢ総裁は、Ｂｒｅｘｉｔをユーロ圏が一層緊密になる刺激と捉える。これに対して、ユーログループ総裁のＪ・ディーセルブルーム（Djeselbloem）はＦＴ紙に、Ｂｒｅｘｉｔ後に直ちにより一層の欧州統合を求めることは意味がないと語る。そしてユーログループで最も発言力のあるドイツのＷ・ショイブレ（Schäuble）財務相も、この考えに同意する。このように、ポストＢｒｅｘｉｔの欧州統合のあり方について、執行部の間で足並が乱れている。このことはまた、ＥＵがここにきて、その大原則である「絶えず一層緊密になる同盟」に向けた推進力を失っていることをはっきりと示す。

（二）経済問題

ここで問題とすべき論点は、残留と離脱のケースがイギリス経済に及ぼす効果は何かという点である。先に示したように、残留派はＥＵ加入の経済メリットを認識した上で、離脱のマイナス効果を強調した。かれらのキャンペーンで訴えた最大の論点はこの点に尽きる。これに対して離脱派は、離脱の経済メリットをそれほど明確に唱えていない。むしろかれらは、離脱後もイギリス経済は変わらないとする、どちらかと言えば消極的な立場を表した。そこで問われるのは、残留派が説くように、イギリス経済がＢｒｅｘｉｔによって負のインパクトを受けるという論点の正当性であろう。

ＦＴ紙は、残留を強く支持する姿勢に立ちながら、離脱がイギリス経済に及ぼす影響について早い段階から検討している[60]。かれらはまず、一〇〇人のエコノミストを対象に調査し、多くのエコノミストが残留を選好することを確かめる。その上でＦＴ紙は、Ｂｒｅｘｉｔによるイギリス経済への影響について考えられる三つのケースを想定する。それらは第一に、ＥＵ本部の必要以上に複雑なルールに縛られないケース、第二に、イギリス自身の道を探るまで経済・金融の混乱が生じるケース、そして第三に、イギリス経済が長期的ダメージを受けるケースである。表３－２は、各々の内容を示している。

見られるように、レファレンダム・キャンペーンが始まってまもなくの段階で、Ｂｒｅｘｉｔがもたらすイギリス経済の未来図は極めて不透明である。そもそも経済予測は、前提の設け方で大きく変わってしまう。しかもそこには根拠も求められる。そうした中で先に示したように、キャメロン・ティームの主導する残留派は財務省の協力をえながら、離脱によるイギリス経済へのマイナス効果を市民に訴えた。これに対して離脱派が反論したことも我々はすでに見た。

表3－2　Brexit とイギリス経済の将来

	第1のケース（ブーム到来）	第2のケース（困難な移行）	第3のケース（長期的なダメージ）
前提	・EU の規制の修正。 ・独自の移民政策。 ・EU への財政資金移転分の貯蓄。 ・EU 以外の諸国との貿易協定。	・EU 離脱は不確実性をもたらす。 ・外国投資の低迷とスターリングの下落をもたらす。	・EU とのより緩かな貿易関係の維持。 ・人々の自由移動は制限。 ・単一市場へのアクセスは維持。 ・他国と貿易協定を締結。
賛同意見	・EU の過度の権限からの解放。 ・長期的に大きな成長。 ・自由貿易の利益を享受。 ・WTO ルールの貿易から受ける利益。	・EU の規制の多くを受け入れる。 ・長期的に経済は変化しない。 ・突然の資金流出による経済リスク。 ・スターリングと資産価値の激しい下落。	・離脱コストは誇張されすぎる。 ・金融セクターは成功し続ける。 ・第三国との貿易協定は簡単に結べる。 ・国家主権が取り戻せる。
反対意見	・ほとんどのエコノミストは前提を疑う。 ・単一市場への残留と EU の規制排除は両立しない。 ・EU 以外の国からの貿易利益に疑問。	・外国直接投資の下落とより低い成長の継続。 ・不確実性の存続。	・EU と有利な貿易関係を保てない。 ・自由貿易協定と単一市場は同一でない。 ・EU 移民の突然の減少は負の効果。 ・財政赤字が膨らみ、課税が増大し公共支出が減少。

出所：Giles, C., "Three futures for a Britain outside the EU", *FT*, 23, February, 2016 より作成。

それらについてくり返し述べるつもりはないが、ただ一つだけ、どうしても確認しておかねばならない点がある。それは、オズボーン財務相がレファレンダム直前に、言わば最後の手段として、Ｂｒｅｘｉｔによる緊急財政政策の必要性を宣言したことである。この発言は、保守党と労働党の双方から厳しく批判されたこともすでに見た。それに加えて、ここでぜひ銘記しておくべきことがある。前章で論じたように、オズボーンはキャメロンと共に、二〇一五年の総選挙キャンペーンで当時のイギリス経済の好調が、かれらの課した緊縮政策のおかげであることを力説した。ところが今度は手のひらを返すように、緊縮政策がマイナス要因として語られる。この明らかに矛盾した発言に、イギリスの人々が気づかないはずはない。オズボーンは一体、一般の市民がかつての発言を忘れている、あるいは二つの発言の違いを理解できない、とでも思っていたのであろうか。そうだとすれば、彼の発言はそれこそエリートの傲慢さを示す以外の何ものでもない。そうした発言が選挙直前であったことは、残留派にとって大きな痛手になったに違いない。

さらに、もう一つ留意すべき点がある。それは、両派の主張点が対立した主なテーマはやはり、ＥＵの単一市場であったという点である。[61] オズボーン財務相は、五億人の消費者から成る自由関税地域から離れることは、イギリスの人々の仕事や収入などに対して大きな被害を及ぼすと警告した。また、ビジネス・サイドの残留派も、イギリス・テレコム・グループの総裁が語ったように、単一市場のメンバーシップはイギリス経済の発展を保証する上で決定的であると訴えた。他方で、法相で主たる離脱派のゴーヴは、イギリスの単一市場に対するアクセスの仕方で異を唱えた。彼は、フル・アクセスではなく、単一市場の外にありながらそれにアクセスできることを主張したのである。

ところで、残留派が市民に強く訴えたことは、Ｂｒｅｘｉｔになればイギリス経済は深いリセッションに陥るという点であった。それだからかれらは、Ｂｒｅｘｉｔを「恐怖のプロジェクト」と称した。この主張は正当なものであろうか。また、仮にＢｒｅｘｉｔが生じたとして、そのショックを和らげる自動調整メカニズムは働かないのか。これらの点が問われねばならない。

リセッションの予想についてはすでに論じたように予測自体が不確かであると共に、そこでのＧＤＰ下落の予想値は明らかに、経済学者の中立的立場による推定値を過大に表現したものであった。[62]

一方、自動調整メカニズムについてはどうか。第一に金融政策に関して、イングランド銀行総裁カーニーは、Ｂｒｅｘｉｔ後の金利政策について何の考えも持たないことを明らかにした。これまでイングランド銀行は、金利を大きく引き下げると同時に量的緩和を開始したにも拘らず、それらはイギリス経済の復興に大した効果をもたらさなかったからである。しかし、Ｂｒｅｘｉｔが生じてスターリング相場が下落すれば、間違いなく輸入インフレを起こして人々の家計を圧迫する。ではどうすればよいか。そこではやはり、自動安定装置としての財政政策しか考えられない。それは、公共支出を引き上げることで達成される。つまり、先のオズボーン発言とは全く逆のことが行われなければならない。ただし、イギリス政府の財政赤字の大きさを前提とすれば、そうした財政政策はあくまで短期的なものとして策定される必要がある。

このようにして見ると、Ｂｒｅｘｉｔはプロ EU 派の強調する「恐怖のプロジェクト」にはならないかもしれない。レファレンダム直前において離脱派が勢いを増したのも、イギリスの人々が離脱の恐怖をそれほど感じていないことの現れではないか。そう解釈することもできる。要するに、残留派の「恐怖」を訴えるキャンペーンはそれほど功を奏さなかったのである。ＦＴ紙の記者ミュンショーは、Ｂｒｅｘｉｔに対する負の経済的諸結果は確かに生じるものの、しかし、それは残留派が思うほどドラマティックではないことを指摘する。[63] 例えば、スターリング相場の下落もイギリスの経常収支赤字を減少させる契機にもなる。

そこでむしろ考えねばならないのは、Ｂｒｅｘｉｔが及ぼすグローバル経済へのネガティヴ効果とそれを阻止するための対策ではないか。実際に、レファレンダムが近づき、Ｂｒｅｘｉｔが現実味を帯びてきたことにつれて、安全な市場に向けたキャピタル・フライト（資本逃避）が生じた。[64] それにより、最も安全と思われる国家の政府債買いに火が付き、それらの利回りは大きく下落した。こうした中でイングランド銀行は、追加的な流動性供給を開始する。それは、イギリスの銀行のファンドの枯渇を防ぐためであった。また、イングランド銀行は、他の中央銀行と通貨の交換協定を設け、外国通貨に対するアクセスを確保した。

しかし、イングランド銀行の対策が、Ｂｒｅｘｉｔの ＥＵ全体に与える負のインパクトまで阻止できるかと言えば、それは確かでない。Ｂｒｅｘｉｔがイギリス以外の多くの国に脅威を与えることは疑いない。イギリスと密接な通商関係にあるアイルランドや、イギリスに大きな投資を行っているオランダのような国々は、大きなリスクに晒される。ＯＥＣＤは、ＢｒｅｘｉｔによるＥＵ全体の損失は二〇二〇年にＧＤＰの一％に上ると予想する。もちろん、それは予測の範囲でしかない。ただ、ここで一つだけはっきりと言えることは、各国の中央銀行あるいはＥＣＢの金融政策のみで、ＥＵ経済の縮小をもはやカヴァーできないという点であろう。そこではやはり、イギリスのみならず、ＥＵ全体による積極的な財政政策が導入されねばならない。

（三）ビジネス問題

他方で、企業レヴェルではどのような問題が生じるか。

欧州は、統合により全体として産業競争力を高めることを宣言した。そこで、まず考えねばならない点は、イギリスの企業が果して、EUへの参加によってかれらの競争力を高められたかどうかという点であろう。かれらが、イギリスのEU加盟以来、欧州大陸から一層の競争圧力を受けてきたことは疑いない。イギリス企業はこれまで、そうした競争に打ち勝つために闘ってきた。ところが、そのような競争の激化が、かれらに功を奏したとは必ずしも言えないのである[65]。

一方で、単一市場に基づいた貿易の自由化がイギリス企業の競争力改善に大きく貢献したとする論者がいる。それは、イギリス企業のマネジメントと労使関係を良いものとした。同時に、貿易の開放とハイテクを中心とした高生産性部門への特化との結びつきが、そのことを促した。かれらはこのようにみなす。

しかし、それはあくまで一面的な見方でしかない。実際には、そうした競争に耐性を持った部分とそうでない部分がある。とくに競争に弱い部分は製造業で現れた。例えば部品メーカーは、価格を上げられないために毎年コストの削減を強いられ、あるものは競争に敗退した。イギリスの弱い企業は、競争市場から排除されたのである。この点は、弱小企業だけでなく、実はブリティッシュ・レイランド（British Layland）やＩＣＩのような巨大企業においてさえあてはまった。これでもって、イギリスの企業が全体としてＥＵ加盟により利益を受けてきたと言えるであろうか。

さらに、ここで一層大きな問題がある。それは、イギリスの産業で最大の強みを持つと言われる金融セクターで生じた。ロンドン・シティで、Ｂｒｅｘｉｔをめぐる議論が展開されたのである[36]。金融サーヴィス・セクターは、イギリスのＧＤＰのかなりの割合を占める。それは、全体として非常に重要な産業部門である。そこでBrexitが起これば、それはシティのみならず、EUの金融セクター全体を弱めることになりかねない。ロンドンに類似した所はどこにも存在しないからである。もしも在ロンドンの銀行や他の金融機関が、そのサーヴィスを欧州大陸に移せばどうなるか。それは、シンガポール、香港、並びに東京のようなライヴァルを強めるに違いない。このように唱える金融専門家は少なくなかった。

事実、ロンドンに拠点を持つ米国の一大投資銀行であるJ・P・モルガン（Morgan）は、Brexitが起こればイギリスをベースとする銀行はもはやEUでサーヴィスを提供できないとみなし、ロンドンでの経営規模を縮小せざるをえないと語る。しかし、このような話は、実は以前からすでにあった。それは、イギリスがユーロに加わらないためにシティは死滅するというものであった。そこで問われるのは、そうした金融機関の警告が根拠を持つかという点であろう。さらに、そのような見解がシティで統一されている訳では決してないという点も問題となる。実際にシティは分極化している。そこでは、金融機関がEUのメンバーシップに対して正反対の姿勢を表す。すなわち、より小さな金融グループはEU離脱を望む一方、より大きな国際的金融機関は圧倒的にEU残留を選好する。それゆえ、EU残留を希望する大金融機関は、バンク・オヴ・アメリカやメリル・リンチに代表されるように、Brexitが起こればロンドンでの取引をイギリスから離すと警告したのである。

シティは確かに、ある面でEU単一市場へのアクセスのゆえにその強みを発揮してきた。それは、とくに外国為替取引の場面に現れた。事実、シティはユーロ取引の最大のセンターと化した。そこで、グローバル規模に活動する米国の投資銀行は、ロンドンでの金融取引を拡大したのである。現実に、シティは一層国際化した。その取引の焦点は、イギリスから欧州やそれを越えた所にシフトした。今

表3－3　Brexitとシティの金融ビジネス

	Forex取引	投資銀行	保険	資産管理
ロンドンのメリット	・単一通貨ユーロで外国為替取引が加速。 ・ユーロ・ダラー取引の大半を占める。 ・外国為替取引の信頼度が高い。	・世界最大の外国為替取引により繁栄。 ・ユーロにより欧州最大のビジネスが到来。EUパスポートの優位性を発揮。	・とくに海運で卓越。 ・17世紀から今日まで世界の保険を支配。 ・EUパスポートにより価格を低下。	・資産管理のクロス・ボーダー・サーヴィスが発展。 ・クロス・ボーダー投資ファンド(Ucits*)が劇的に増大。 ・Ucitsの法的オフィスの設立。
Brexitの影響	・離脱後も外国為替市場の世界的拠点に留まる。 ・ユーロ建て取引の将来は疑問。 ・ユーロ建て取引の決済の場が問題。	・EU離脱により深刻な影響。 ・シティで仕事と収益が集中することによるリスク。	・EUパスポートの喪失により、潜在的コストは増大。 ・他のグローバル保険センターにビジネスをシフト。	・EU離脱によるUcitsに対する脅威は死活問題。 ・クロス・ボーダー・ビジネスを他にシフト。

注：* 譲渡可能証券に対する集団的投資事業。
出所：Jenkins, P., & Agnew, H., "City of London torn over EU membership", *FT*, 24, February, 2016. より作成。

日、シティで働く人々（四万人近い）の一〇％強はＥＵ諸国からやって来る。また、米国の銀行は、大量のアセット（一〇兆ポンドほど）をロンドンに築く。それは、シティの欧州大陸に対する金融セクターとしての役割を重視しているからに他ならない。だからこそ大銀行は、とくにプロ残留派となる。ゴールドマン・サックスはその代表であろう。

このように、シティに拠点を持つ大金融機関は、これまでイギリスのＥＵ加盟と共に大きな利益を享受してきた。それだけに、Ｂｒｅｘｉｔがもたらす不安はことさら大きなものとしてかれらの眼に映ったに違いない。

表３－３は、そうした不安をＦｏｒｅｘ（外国為替関連）取引、投資銀行業、保険業、並びにアセット・マネジメント（資産管理）の四つのセクター別に表したものである。

他方で、もう一つ留意すべき点がある。それは、先に見た分極化の一つの極を成す、より小さな金融機関のシティ族についてである。かれらはより小さいが、しかし、声をより大にしてＥＵメンバーシップに反対する。ヘッジファンドの多くや金融ブローカーが、それを代表する。かれらはイギリス内にサーヴィスを提供する。そこで、Ｂｒｅｘｉｔはむしろ、かれらの経営をよりし易くするとみなされるのである。多くのヘッジファンドの規模は、投資銀行に比べて小さい。それゆえかれらが注視するのは、オールタナティヴ投資ファンド（ヘッジファンドの新しい呼称）に対するＥＵの新規制である。それは、かれらにとって高くつく。そこで、もしＢｒｅｘｉｔによってそうした規制を免れれば、ヘッジファンドにとってこれほど都合のいいことはない。

以上からわかるように、シティの権益をめぐる残留派と離脱派の意見の食い違いは、両派を支える金融機関の性質の相違をそのまま映し出している。そうだとすれば、残留か離脱かの選択を、メリットの観点から一様に論じることはできない。

こうした中で、残留キャンペーンを支持する巨大投資銀行とイングランド銀行総裁カーニーは、レファレンダムを一ヵ月先に控え、ＥＵ離脱の生み出す結果について警告した。かれらは、ＥＵ残留に対するシティの強力なサポートを疑わない[67]。投資銀行の幹部は、もしＢｒｅｘｉｔが起こればイギリスの金融センターは金融機関の大きな脱出に見舞われると訴える。

シティが、イギリス経済にとって極めて重要であることは言を俟たない。それは確かに、イギリスがグローバル・リーダーとして誇れる領域の一つである。実際にイギリスは、金融サーヴィスでかなりの国際収支上の黒字を示している。この点は、とくにEUに対してはっきりと表される。イギリスの金融セクターの約四分の一は、EU単一市場で取引しているのである。それゆえ、金融セクター関係者の大半がEU残留を支持するのもうなずける。

しかし他方で、シティがEUに対し、つねにアンビヴァレント（対立的）な関係にあることも間違いない。かれらは、EU単一市場に歓喜する一方で、EUの課す規制には悲鳴を挙げる。このようにして見れば、シティはEUに対しても、またイギリスの一般市民に対してもアンビヴァレントな関係にある。事実、ロンドン金融市場は、二〇〇八年の大危機以来、最もヴォラタイルな（浮き沈みの激しい）変動を経験した[68]。それゆえ、シティのバンカーはつねに、レギュレーター（規制者）とコンタクトをとり、場合により取引の抑制を強いられた。また、シティが金融危機の中心地であり、そこでの損失を結局納税者が負担したことを踏まえると、イギリスのシティに無関係な人々は、むしろシティの規模縮小を望むに違いない。

一方、欧州大陸側の金融センターは、Ｂｒｅｘｉｔの影響をどう見ていたか。パリはいち早く、Ｂｒｅｘｉｔが起きた場合にシティのバンカーを大いに歓迎する姿勢を打ち出した[69]。しかし、そうした姿勢はオランド大統領の声明と本来矛盾する。彼は、ロンドンのハイテクに基づく高度な金融技術をフランスの敵とみなしたからである。今や、その敵対心は完全に忘れ去られている。フランスの金融と政治のエリートは、ロンドンのバンカーをパリに引き付けるスローガン（「ようこそ欧州へ」）を掲げた。

パリ金融市場にとり、金融機関を引き付けるための争いは、シティとの永続的な争いを意味した。しかしそれは同時に、他のユーロ圏の金融市場、とりわけフランクフルトのそれとの争いをも表した。

言ってみれば、シティ、パリ、並びにフランクフルトの間で、ユーロ・トレーディングのハブになるための闘いが繰り広げられたのである。フランスの政府高官は、パリは他のライヴァル（ダブリン、アムステルダム、フランクフルト）よりも、金融市場としてよりよく位置付けられていることを強調する。そこでは、欧州の十大銀行のうち四つ（ＢＮＰパリバ(Paribas)、クレディ・アグリコール・グループ(Crédit Agricole Group)、ソシエテ・ジェネラル（Société Générale)、並びにグループＢＰＣＥＣ）が存在する。また、パリのオフィス使用料はロンドンのそれよりも安い。しかも、すでに八〇万人の金融ワーカーがおり、かれらの質も高い。しかし他方で、ロンドンのバンカーは、パリの欠陥も指摘する。それは、税金とくに雇用にかかわる税金が高いことである。

このパリの声明に合わせて、フランクフルトもＢｒｅｘｉｔ後のシティに代わる金融センターとして名乗りを挙げた。フランクフルトの一つの大きな誘引要因は、言うまでもなくＥＣＢの存在である。[70] ＥＣＢは、ユーロ圏最大の銀行監視機関であり、このことがフランクフルトのポジションをＥＵの金融ハブにさせる。かれらはこのように主張した。同時にフランクフルトは、欧州最強の経済国の中心に位置し、コストや税金の面でもパリに比べてより安い。

このように、Ｂｒｅｘｉｔの予想が強まるにつれて、シティの将来不安が一層高まった。このことが、シティ以外のパリやフランクフルトを中心とする金融センターの期待を大いに膨らませたのである。実際に、レファレンダム直前でユーロネクスト*のチーフはＦＴ紙に、Ｂｒｅｘｉｔはシティのユーロ取引に対する支配を終らせることになると警告した。[71]

ところで、Ｂｒｅｘｉｔによって生じるシティへの不安感は、市場そのものに対しても現れた。[72] 例えば通貨オプション市場において、企業を中心に、Ｂｒｅｘｉｔによるスターリングの下落を恐れてプット・オプション取引**（スターリングの先物売り権利の購入）が盛んに行われた。また、リスク回避の動きは資本市場でも現れた。ロンドンが、欧州資本市場における取引の四分の三を占めていたからである。そこで、大量のイギリスの債務証券を保有する欧州の銀行は、Ｂｒｅｘｉｔによる法令の変化から生まれるコスト高に備えた。このことは、証券売りに拍車をかけることになりかねない。それにより、金融の流れが大きく変わることは疑いない。

（四）政治問題

一方、イギリスの欧州統合に関する議論の中で、つねに非常に神経をとがらせてきたテーマは国家主権であった。ＥＵ離脱派の論拠も、イギリスはＥＵを離れてこそ初めて議会の権威を復興できる点に求められた[73]。それゆえ離脱派のキャンペーンは、「国家主権によるコントロールを取り戻そう」という言葉を第一のスローガンとして掲げる。このスローガンに対し、残留派も鋭く反応した。キャメロンはキャンペーンの中で、新たに国家主権の法制を設けることを約束したのである。こうした国家主権論は正当なものであろうか。

そもそもイギリスの議会は、ＥＵの中でも外でも、つねに国家主権を発揮してきたはずである。そ

* ユーロネクストは二〇〇九年九月にパリ、アムステルダム、並びにブリュッセルの三つの証券取引所が合併してできたもので、そこでは金融派生商品などのクロス・ボーダー取引が行われている。

** 通貨オプションは、通貨そのものをオプション取引の対象とするもので、外国為替を一定価格で購入する権利の取引であるコール・オプション取引と、外国為替を一定価格で売却する権利の取引であるプット・オプション取引から成る。

うした議会に対し、さらに国家主権を付与するとはどういうことを意味するか。それは、一種のトートロジー（同義反復）に陥ると言ってよい。EUは確かに、加盟国の国家主権の一定の減速を想定する。しかし、そのことは、一国の国家主権を完全に奪うものではない。他方で、EUにおける国際協定に達するには、各国はその国家主権の壁を打ち破る必要がある。これらの点を踏まえれば、国際協定が直ちにナショナリズムに火を付けるとは考えられない。

ところが、現実に保守党内の離脱派は、EUとの国民的な結びつきを断つことで、一層のブリティッシュ・ナショナリズムに回帰することを望む。実はこの願いは、FT紙の記者スティーヴンスが説くように、大英帝国が終焉したにも拘らず全く変わっていない[74]。キャメロンが、党内のユーロ懐疑派によるレファレンダムの要求に屈服したのもそのためであった。彼自身はむしろ投票を行うことで、EUメンバーシップをめぐる保守党の分断を防げると考えたのである。しかし、その想いは見事に覆された。離脱派のキャンペーンはますますアグレッシヴになり、ついには閣僚や側近もキャメロンを裏切ることになる。ジョンソンはそれを代表する人物であった。

イギリスのナショナリズムは、離脱派キャンペーンの中で、ポピュリストによるアピールという形をとりながら蘇る。それはまた、一般市民の怒りと結びついた。かれらの怒りは、政治やビジネスのエリート、生活水準の低下をもたらす緊縮政策、並びに移民労働者などに向けられた。もちろん、一般市民の感情は当然に尊重されねばならない。しかし、ここで留意すべき点は、離脱派をリードする保守党の政治家が、そのような人々の怒りを巧みに利用しながらキャンペーンを展開したことである。それは、「外国人嫌い」という忌まわしい感情に呼びかけながら反移民運動を展開した姿にはっきりと現れた。

では、キャメロンが想定するように、このEUレファレンダムは保守党の安定に真に寄与するであろうか。もし離脱派が勝利すれば、キャメロンは彼の意思に反して首相を辞任せざるをえない。また、仮に残留派が勝ったとしても、キャメロンはジョンソンとの間でリーダーシップの争いに直面するに違いない。総選挙での大勝から一年経って、保守党は党内争いに陥った。それほどに党内のユーロ懐疑派の攻撃は激しかった。かれらは、キャメロンの残留キャンペーンに怒ると同時に、彼の政治的成果や統率力も疑った[75]。保守党内での欧州統合をめぐる長い間の対立が、ここにきて一挙に噴出したのである。実際に多くの保守党員は、EUをイギリスの伝統と国家主権に対する脅威とみなしてきた。

一方、保守党内の強い離脱派の動きは、イギリスの他の政党間でも現れた。まず、ファラージの率いるUKIPが、保守党の離脱キャンペーンとメッセージを共有したことは言うまでもない。事実、UKIPは反移民、反エスタブリッシュメント、反インテリ、並びに反公正という「怒りのプロジェクト」を掲げたのである[76]。他方で労働党左派も、やはり離脱のキャンペーンを展開した。かれらは、市場に対する不信感とそれがもたらす社会的困難の認識に基づきながら離脱を訴えた[77]。実際に、何百万人にも上るユーロ懐疑的な労働党の支持者は一つのティームをつくった。こうしてイギリスでは、レファレンダム・キャンペーンが政治的には大きく二つに分れて展開される。それは、「保守党と労働党（中道左派）の残留派」と「保守党（ユーロ懐疑派）、労働党（左派）、並びにUKIPの離脱派」との対立という構図を描いたのである。

ところで、そのような残留派と離脱派の分裂は、連合王国としてのイギリスの域内でも鋭く生じた[78]。離脱派のキャンペーンとは裏腹に、ロンドン、北アイルランド、並びにスコットランドの三つの地域では、プロ欧州派が有権者の過半を占める。そこでもしＢｒｅｘｉｔが起これば、それはスコットランドにおいて独立の気運を再び高めることになる。もともとスコットランドでは、ユーロ懐疑派が根を持たない。それは、スコットランドとイングランドのナショナリストの連合のためである。そこでは、ＵＫＩＰの前進がはっきりと阻まれている。イングランドのＥＵからの離脱は、スコットランドのイングランドからの離脱を呼び起こす。Ｂｒｅｘｉｔは、イギリス連合王国（ＵＫ）の政治的分断をもたらす可能性を秘めているのである。

他方でＢｒｅｘｉｔは、北アイルランドとアイルランドとの間で、人々と貿易に対してクロス・ボーダーのチェックを復活させる恐れがある。北アイルランドは非ＥＵメンバーであるのに対し、アイルランドはＥＵメンバーとなるからである。さらに、テクニカルな側面だけでなく、Ｂｒｅｘｉｔがイギリスとアイルランドとの関係に及ぼすネガティヴ効果を強調する論者もいる。[79] 例えば残留を訴える二人の元首相、すなわち保守党のメイジャーと労働党のブレアは、イギリスのＥＵ離脱がアイルランドと北アイルランド、並びにアイルランドとイギリスとの間の歴史的、政治的、商業的、並びに文化的な密接な結びつきを根本的に変えてしまうと警告する。かれらがいずれも一九九〇年代に北アイルランドとの協定に深く関与したことを考えれば、そうした発言は理解できる。一方、アイルランドのケニー首相も、Ｂｒｅｘｉｔをアイルランドに対する戦略的リスクとみなす。それはアイルランド経済に対して、非常に悪い影響を及ぼすからである。このように、レファレンダム・キャンペーンは、政治の側面でも様々な波紋を起こしながら進められた。

（五）移民問題

移民問題が、イギリスのレファレンダム・キャンペーンにおける争点の中核であったことは、多くの論者が指摘するところである[80]。そこで最後に、この問題を考えることにしたい。

イギリスで働くEU国籍の人の数は、二〇〇七年以来二倍に膨れ上がり、約二〇〇万人にも達している[81]。保守党政権は、移民を減らすように努めたが失敗に終った。二〇一五年の一年間に、二五万人ものEU国籍の人が移動したと言われる。それゆえ、離脱派キャンペーンを行う人々の多くは、唯一EU離脱が、イギリスの国境をコントロールして移民を防ぐことができると唱えた。こうした主張の背後には、移民が公共サーヴィスを圧迫すると共に、イギリス生れの労働者を弱めるという考えが働いていたのである。

では、どうしてイギリスがEUの他の国の人々の眼に魅力的な労働市場として映ったのか。第一に、イギリスの低い失業率が挙げられる。それは五％ほどであり、この値を下回るのはドイツとチェコ共和国だけであった。とくに一六～六四才の人々の雇用率は記録的に高い。それゆえ、イギリスで職を見つけやすいのは言うまでもなかった。第二に、イギリスの最低賃金の相対的高さが考えられる。フル・タイムの被雇用者の最低賃金は、二〇一五年一月の段階でEUにおいて三番目に高い。とりわけ二五才以上の人々に関して、それは二番目の高さを誇る。総じて言えば、イギリスにおけるEUからの純移民の増大は、イギリス経済の強さをストレートに反映するものであった。

FT紙の論説委員ウルフは、移民がレファレンダムの結果を左右することをキャンペーンが進む中で指摘した[82]。それは、移民が目に見えると共に人々の感情に直接訴えるからである。UKIPが反移民を唱えて勃興したのもそのおかげであった。実際に一部のエコノミストが主張するように、移民がすべての面で利益になるとは到底言えない。大規模な移民流入が、重大な負の外部性をもたらすことは否定できない。それは、社会的サーヴィスに関してイギリス国民に多くのストレスを与えることは間違いないのである。それゆえ、移民がイギリスにとって利益になるかどうかは、イギリスの居住者の生活水準が移民によって引き上げられるかどうかでテストされねばならない。もしこの点が明らかにされないならば、イギリスの人々がEU移民をコントロールできないことに不安を覚えるのは疑いない。しかし、それにも拘らずウルフは、EU移民は熟練労働者から成るため、イギリス財務省が分析するように、かれらがイギリスの生産性を高めることは正しいと唱える。それは真実であろうか。

第一に留意すべきことは、EU移民のすべてが熟練労働者では決してないという点である。そこで、工場や農場において不熟練の移民労働者がイギリス生れの労働者に代わって働くことになれば、イギリス人労働者が不安を超えて怒りを爆発させることは容易に理解できる。かれらにとって、他に労働の場を見出すことはできないからである。

イギリスのEU残留を当初より強く支持してきたFT紙でさえ、レファレンダムが近づくにつれて、もしEU離脱が決定されれば、それは、イギリス市民の移民に対する怒りのゆえであることを認める。[83] 現実にイギリスの人々の多くは、EUにおける人々の自由移動の原則が、より貧しい国々の人々に対して仕事をえるためにより豊かな国々に移動することを促し、そのことが移民先国の社会福祉に圧力をかけていると考える。したがって離脱派による反移民のキャンペーンは、イギリス市民にとって強力な叫びとなって聞こえてくるのである。

このような事態に、イギリスの歴代の首相は、実は莫大な数の移民の流入に対してうまく対処できなかった。ブレアは、東欧からの移民数を過小評価した。そのため、二〇〇四年の東方拡大後にイギリスに到来した移民をコントロールできないのではないかという疑いが、市民の間で広がった。またキャメロンは、イギリスの純移民を数万人のレヴェルに削減することを約束したにも拘らず、それを反故にした。このことで、政府の移民政策の誤りが一層深まった。ＥＵの人々の自由移動のルールを前提にすれば、そうした誓約そのものがそもそも不可能であったと言わねばならない。二〇一五年九月に、イギリスの移民数は三三万人を突破したのである。

しかしこのような状況下でも、ＦＴ紙の社説はウルフと同じく、やはり移民のイギリス経済に対する負のインパクトを否定する。[84] イギリスの労働市場はフレキシブルなため、仮に移民労働者によってイギリス本国人が職を奪われたとしても、それらの人々は他の仕事先を簡単に見つけることができる。また、ＥＵ移民は、イギリスの賃金を押し下げる効果を持たない。そして、社会福祉に関して言えば、その悪化は移民のせいではなく、政府の政策の誤りで生じたものである。これらの理由で同社説は、移民の管理の点からＥＵ離脱のキャンペーンを行うべきでないと結論づける。

この見方は正当であろうか。そこには二つの大きな問題が潜むと言わねばならない。第一に、イギリス労働市場の問題がある。イギリスで製造業が衰退し、しかもそれがＥＵからの競争圧力に晒されているときに、ＥＵ移民により労働が置換されたイギリス本国人の不熟練労働者が、他に働き先を直ぐに見つけられるとは到底考えられない。労働市場の高い弾力性は、ほんの一部の業種に限られているのである。そして第二に、同社説のＥＵ残留の主張は、あくまでもビジネス・サイドに立ったものであって市民目線からのものではない。そこでは、単一市場への特権的アクセスが最重視される。したがって、その特権を維持するためには移民をコントロールすべきでない。結局、同社説の論点はこの点に尽きる。しかし、このような見方は、移民や社会福祉に対する政府の政策の誤りと全く同じように、イギリス社会の実態把握を見誤っている。

最後に、両派のキャンペーンをごく簡単に図式化すれば次のようになる。残留派は経済を語り、離脱派は移民を語る。残留派は、離脱派のキャンペーンは人種差別と外国人嫌悪に基づくと非難した。しかし、残留派にとって移民問題が極めて難しい課題であることは疑いない。[85] 一方、離脱派にとって移民は、かれらの強調点を大いに支援するものとなった。それは、国家主権の喪失と結びつけて論じることができたからである。またイギリスの有権者も、投票の決定要因として、経済を主因に残留を考える人々と、移民を最重要な問題と捉えて離脱を決心する人々との間で両極分解していたことがわかる。[86]

実際に、保守党における中心的なユーロ懐疑主義者は、何十年にもわたってイギリスの国家主権の喪失に不満を抱いてきた。そこで、この移民の増大こそが、そうした主権を取り戻すための実践的ケースになるとみなされたのである。[87] その際に、イギリスの伝統的な国家主権の権利が、EUメンバーによって犠牲になったとする見解が、離脱派キャンペーンの論点の軸になったことは間違いない。

他方で、イギリス市民の側からしても、実質賃金が低迷し、住宅価格が上昇し、さらには公共サーヴィスも劣化しているという状況の中で、かれらの多くが、高い割合の移民こそがそれらの問題を一層悪化させると考えても何ら不思議ではない。それゆえ、イギリスの人々の移民に対する不安が、EU残留の経済的根拠を否定したとしても驚くことではない。

五．イギリスの有権者の動向

以上、我々は残留派と離脱派のキャンペーンを追いながら、それらが抱える諸問題について様々な視点から検討を重ねてきた。そこで最後に、そうしたキャンペーンの中で、イギリスの有権者はどのような判断を下してきたかを、世論調査に基づいて見ることにしたい。その際に、キャンペーンが始まってから数ヵ月間の期間と、レファレンダム直前の一ヵ月ほどの期間とに分けて考察することにしたい。

(一) キャンペーン開始後の有権者の動向

最初に指摘しておかねばならない点がある。それは、キャンペーンが本格的に開始される以前から、イギリスの一般市民がエリートとしてのエスタブリッシュメントに対して嫌悪感を抱いてきたという点である。この点についてFT紙の記者ガネシュは、すでに二〇一五年末の段階でそうしたイギリスの人々の心情を論じていた。[88] 彼は、そのような一般市民の反エスタブリッシュメントの感情こそが、選挙でのペーパー・タイガー(危険な事態を招くこと)になると唱える。イギリス人は、思っている以上に冷血さをもって投票するのではないか。ところが、残留派と離脱派のリーダー達は、イギリスの一般市民がいかに考えているかがわからない。キャメロンも、もちろんエスタブリッシュメントに属する一人にすぎない。イギリスの有権者は、実際にそうみなしている。ガネシュは、このように捉えながらエリートに対して警告を発したのである。

ところで、こうしたイギリスの人々の反エリート感情に基づく動きが、その後のキャンペーンの中で注視されていたことを我々は忘れるべきでない。FT紙の記者ラックマンも、その点を強調した一人の論者である。[89] 彼は、Brexitに関する議論は、米国でのトランプに関するそれを思い起こさせると指摘する。米国の世論調査でトランプがリードしている。しかし、ほとんどすべての人が彼は勝ないと考える。実は、イギリスで同じ現象が起こっている。世論調査で離脱派がわずかにリードしていることが示されても、イギリスの政治通の人のほとんどは、イギリス人はほんとうに離脱に投票するはずがないと信じているのである。

しかし、イギリスの政治は米国の場合と同じくポピュリズムに侵され予想不可能な方向を採ってきた。まさにグローバル金融危機によって、エリートの判断は掘り崩されたのである。一方、大量の移民やテロの恐怖は人々の気持を内向きに変えてしまった。その中で、離脱派のキャンペーンは移民問題を中心に据え、それを勝利の戦術に用いた。なぜなら、イギリスの一般市民は圧倒的に移民の抑制に共感していたからである。他方で、残留派キャンペーンを推進する連合的組織は現れていない。労働党党首のコービンは、最もBrexit派に近い人物である。また、自由民主党は二〇一五年の総選挙で一掃されてしまった。そして保守党も党内対立の状態にあった。

このような状況下で離脱派キャンペーンは、実に単純なスローガンを掲げた。それは、国境のコントロール、自律的な法の作成、並びにマネーのEUからの取戻しなどである。イギリスの人々はそれらを容易に理解することができた。他方で、そうしたスローガンに対抗するはずの残留派の主張点は離脱派と対照的に複雑であった。それは、移民問題にしてもEU予算への支払い問題にしても、説明を必要とした。政治の世界では、「説明すれば負ける」と言われる。事実、態度を決めていない有権者は次第に離脱側に動く傾向を表した。それにも拘らず、残留派の政治エリートはBrexitが起こりそうにないと思い込んでいたのである。

一方、イギリスの有権者は年齢層によって異なる見解を示していた[90]。世論調査によれば、一八〜二四才の三分の二から四分の三はイギリスのEU残留を望んでいた。プロEU派が、若者の十分な支援をえていると強調したのもそのためであった。かれらは確かに、生まれたときから欧州や世界に対して開かれた中で育ってきた。かれらの間で、もはや帝国の記憶はない。イギリスの若者の大半は、旅行、勉学、並びに雇用における自由を欧州大陸に求めたのである。

ただし、ここで注意を要するのは若者の間で棄権率が高いという点であろう。実際に二〇一五年の総選挙のとき、二五才以下の人々の投票率はたった四三％でイギリス全体の平均よりも二〇％以上低い。また、スコットランドの独立レファレンダムのときでさえ、一八〜二四才の若者の投票率は五四％で、やはり全体の平均よりも三〇％以上も低かった。この点は、高齢者の投票と実に対照的であった。総選挙で六五才以上の有権者のうち、七五％以上が投票したのである。しかも大事なことは、そうした高齢の人々が、EUに対して若者よりもより敵対的であるという点であろう。世論調査によれば、六五才以上の有権者の約三分の二はEU離脱を決断していた。かれらは、国家主権の概念を尊重することで、グローバリゼーションに反対する意思を表したのである。離脱派キャンペーンが、残留派キャンペーンと反対に中・高年齢層に強く働きかけたのもそのためであった。

ところで、レファレンダム・キャンペーンが進む中で、投票結果が投票率の高さに大きく依存すると予想された。なぜかと言えば、以上に見たように、投票率の高さが年齢層によって大きく異なると同時に、年齢層の違いが即、残留と離脱の意思決定の違いに反映されるからである。したがって、投票率がより低くなればなるほどBrexitの可能性がより高まるとみなされた。ほんとうにそうなのか。この点は、後に問われることになる。

まず、レファレンダムからちょうど一ヵ月ほど前の段階におけるイギリスの有権者の意向を見てみよう。二〇一五年五月二四日のデイリー・テレグラフ紙の世論調査によれば、残留派が実に一三％もリードしていたことがわかる。[91]そこでは、保守党支持者の大半と六五才以上の人が、それ以前の離脱支持から態度を一変させたとされる。ところが、同時にその他の世論調査は、残留と離脱が拮抗していることを示した。それゆえ、そのような調査結果が決定的なものでは全くない。

こうした中で、キャメロンをリーダーとする残留派同盟は、キャンペーンが成功しているとみなした。かれらは、離脱派のキャンペーンが衰退していると捉えた。離脱派は、Ｂｒｅｘｉｔによる経済的・金融的諸結果に対する不安を払拭できない。残留派はそう判断した。一方、保守党のユーロ懐疑派も離脱派キャンペーンの中で、経済に関するメッセージを送る必要があると認識していた。それは、Ｂｒｅｘｉｔがイギリスをリセッションに向かわせる「恐怖のプロジェクト」とする残留派の攻撃に対抗するためであった。しかし実際には、離脱派はむしろ経済問題から後退し、ますます移民問題で人々に訴えようとしたのである。

(二) レファレンダム直前の有権者の動向

では、レファレンダムが目前に迫った六月の段階で有権者はいかなる意向を表したか。かれらの間には先に指摘したような、離脱派と残留派の両極分解が様々な側面でより鮮明に現れた。[92]一方でより高齢の人々、並びに経済的・社会的に不利な立場に置かれた人々、さらには低レヴェルの教育を受けた人々は離脱を支持する。他方で、よいキャリアを持った若い人々、並びにグローバル化の恩恵を授かったロンドンの住民は残留を支持したのである。

このようなイギリス市民の二層化が現れる中で、実は伝統的に中道右派から成る保守党支持者の多くは、態度を保留していた。ある調査によれば、かれらの三分の一は意思決定を変更するかもしれなかった。このように保守党のサポーターの一部は六月に入っても態度を明らかにしていないことが、投票結果の予測をより難しくさせたのは間違いない。

一方、この時期の世論調査は、残留と離脱の支持が地域によって大きく異なることも示した。ある調査機関（You Gov）によれば、残留派キャンペーン効果を最も強く発揮した地域は北アイルランドである。そこでの人々が、EUの金融支援の多くを受け取っている点を考慮すれば、それは当然であった。また、二つの繁栄している地域、すなわちロンドンとスコットランドでもやはり残留派が優勢であった。これに対し、それほど繁栄していない東部ミッドランド（East Midlands）、ヨークシャー（Yorkshire）、並びにハンバーサイド（Humberside）では離脱が選好された。これらの地域は、移民を多く受け入れている所でもあった。この点は、農業が盛んなイースト・アングリア（East Anglia）でも同様に見られた。

以上に見たような世論調査の結果は、もちろん全面的に信用する訳にはいかない。とくに注意すべき点は、非常に貧しい人々は、そもそもそうした調査から外れていることであろう。同時にかれらは、投票さえも行わないかもしれないのである。

さらに留意すべき点がもう一つある。それは、残留派が盛んに「恐怖のプロジェクト」として離脱派を批判したことに対する有権者の反応である。実はある調査によれば、応答者のたった二〇％強がＢｒｅｘｉｔによって生活水準が下がると考えているにすぎない。その六〇％近くの人々は、生活水準はＢｒｅｘｉｔ後も変わらないと答えていた。もちろん、これをもって直ちに、レファレンダムにおける経済問題の重要性を過小評価する訳にはいかない。しかし、Ｂｒｅｘｉｔによる経済の悪化という観点を前面に打ち出して展開された残留派キャンペーンが、必ずしも成果を上げていないことはこの調査によっても理解できる。

そこで六月半ばに入ると、キャメロンは反離脱の支持を最大野党の労働党に強く求めた。ＦＴ紙の世論調査が、離脱派のわずかな優勢を示したからである[93]。前労働党党首で首相のブラウンは、党のサポーターにＥＵ残留を呼びかけた。彼は、Ｂｒｅｘｉｔ後の公共サーヴィスや労働者の権利に対する脅威を強調した。しかし実際には、移民がイギリス人の職を奪ってきたという判断から、労働党支持者の多くはＥＵ離脱の意向を表したのである。

他方で残留派はここにきて、ついにＥＵにも応援を求めた。トゥスク欧州大統領は、イギリスとＥＵとの新協定づくりは七年間も続くとする警告をドイツの大衆紙であるビルト（Bild）紙に発した。この発言は言うまでもなく、ＥＵ離脱の交渉がいかに難しいかを示した。またトゥスクと同様のことは、ユンケル委員長からも語られた。このように、残留派はパニックを否定するものの、離脱派が勢いを増していることを不安に感じて非常にナーヴァスになっていたことがわかる。

ところで、この六月半ばに行われたＦＴ紙の離脱派有利とする調査結果は、グローバル市場に即座に反映された[94]。世界の投資家は、より安全な資産に資本を逃避し始めたのである。ドイツを中心に、イギリスやスイスの長期（一〇年物）政府債の利回りは大きく低下した。また米国でも一〇年物政府債利回りは、二〇一二年以来の低さを示した。これに合わせて、欧州中の株価が大きな影響を受けた。イギリスのＦＴＳＥ１００などで株価は低落した。一方、スターリングも下落した。

金融・資本市場のこうした大変動の中で、オズボーン財務相は、これを残留キャンペーンの絶好の機会と捉えた。彼は、残留派キャンペーンを支援することが市場のヴォラティリティを抑える、と人々に訴える。Ｂｒｅｘｉｔはイギリスの実体経済に悪影響をもたらし、それをリセッションに向かわせる。彼は、改めてこう主張したのである。

そうした中で、一つの大きな悲劇がイギリスを襲った。労働党の若き女性党員で残留を強く唱えてきたジョー・コックス（Jo Cox）が、レファレンダムを一週間後に控えた六月一六日に凶弾で殺害されたのである。[95] 彼女は慈善運動家として、シリア難民の支援に力を注ぎ、イギリスの人々に一層の人間的結びつきを提唱してきた。彼女の死は、現代先進諸国においてさえ、民主主義がいかに脆いものであるかをはっきりと示すものであった。殺害犯は、「ブリテン・ファースト」と叫びながら銃撃したと言われる。彼は極右派で、南アのアパルトヘイトのサポーターであった。ただし、この殺害はあくまで単独犯によるものであり、組織的なものではないとされた。この点は不幸中の幸であった。

レファレンダム直前のこの衝撃的な事件は当然に、離脱派のキャンペーンに大きな影響を与えるとみなされた。イギリスの人々が、残留派に同情すると思われたからである。事実、ウェールズのＵＫＩＰのリーダーは、ジョー・コックスの殺害が、離脱派キャンペーンにネガティヴ効果を及ぼさないことを願うとする声明を即座に発表した。[96] しかし実際には、ウェールズの人々がそうした事件で意思を変えることはないと考えられる。炭鉱産業の衰退により、長期失業に陥った人々の多くは、残留を主張する労働党に見切りをつけてＵＫＩＰを支持する傾向を強く表していたからである。ウェールズを支配していた労働党の面影は、そこにはもはやなかった。

一方キャメロンは、離脱派が勢いを増す中で、ジョー・コックスの殺害をＥＵ残留への支持に利用しようとした。[97] 彼は、離脱のキャンペーンは移民に焦点を当てることにより、イギリス国内に敵対的で耐えられない状況をつくり出すと語る。

確かにイギリスの人々の多くは当時、ジョー・コックスの死により一層の共感で支えられる政治を望んでいた。まさに彼女の殺害は、イギリスに「共感の声」となって響きわたった。もちろん、彼女の殺害に対して直ちに反応したのはキャメロンだけではない。労働党党首のコービンも、それは民主主義に対する攻撃であり、イギリスはそこから学ぶべきであると同時に、政治を新たに変えねばならないとする声明を発表した。

残留派のジョー・コックスの死は、レファレンダム・キャンペーンの流れを変えたであろうか。それは確かに、離脱派キャンペーンを一時中断させた。かれらはもはや、向こう見ずに移民に焦点を当てることはできなかった[98]。移民問題はそれまで、すでに示したように離脱キャンペーンの最強の論点であった。それは今や、かれらの根本的な弱点に転じてしまった。ところが現実には、当時の世論調査によれば、彼女の殺害がイギリスの人々の投票意思を直接に変えることにはなっていない。離脱派がリードする傾向は、それでもって消えることはなかった。どうしてであろうか。

この点を考えるために、当時の世界的な政治運動の新たな潮流を押えておく必要がある。そこでは、人々の心情に訴える動きと人々のアイデンティティを復権させるための運動が高まっていた。イギリス労働党左派の党首のコービンや米国民主党のサンダースらは、若者の有権者に対して反エスタブリッシュメントのキャンペーンを展開した。それはまた、経済のオーソドキシーに対する挑戦でもあった。他方で、フランスの極右派のル・ペンや米国のトランプもやはり、エリートと移民に反対して勢力を伸ばした。かれらはいずれも、社会から見捨てられたと感じる人々の気持に共感する。イギリスのUKIPが、寂れ果てた町で人々にアピールしたのもそのためである。

これに対し、イギリス内外の残留派は、専《もっぱ》らBrexitのネガティヴ効果を、とくに経済面に即して強調するだけであった。キャメロンはつねに、経済の論点が勝利を収める鍵であると信じた。この点でかれらは、ビッグ・ビジネスの主張と何ら変わらなかった。金融機関に代表されるビッグ・ビジネスとＥＵやＩＭＦなどの国際機関は、エスタブリッシュメントのグループとして連携することにより、底辺の人々と遊離する存在と化した。我々はこの点を忘れてはならない。

当時のイギリスの有権者の多くが日常生活を脅かされていることに、そうしたエスタブリッシュメントは気づいていなかった、というよりはむしろ理解しようとしなかったのである。そうでなければ、レファレンダム直前にオズボーン財務相が、離脱の場合には人々の痛みを伴う財政緊縮を行わねばならないと語る訳はないであろう。イギリスの底辺の人々は現実に、賃金の下落・停滞、住宅の不足、学校教育の場の欠落、並びに医療アクセスの不可という苦しみを深く味わっていた。本来であれば、そこに労働党が入り込んでかれらを強くサポートしなければならない。ところが、残留を主張する労働党の中道左派は、そうした姿勢を一切示さなかった。それだから、一部の地域で労働党は毛嫌いされたのである。左派のコービン党首が、党の意向を裏切ってまでも残留を支持しなかったことは、その点でよくわかる。

このようにして見ると、残留派は果して、離脱による負の経済的インパクトを論じるのみで勝利を収められるのか。この点は、レファレンダム直前においても疑問視されていた。実際に残留を主張する論者は、最後まで主としてビジネスのサイドから、残留のメリットと離脱のディメリットを強調することに終始したのである。[99] イギリスの広告やマーケティングのビジネス、並びにクリエイティヴな産業は、圧倒的に残留を望んでいた。残留派はこの点を人々に訴える。同時にかれらは、イギリスの若者こそがＢｒｅｘｉｔの最大の被害者になることも主張した。この点について教育相のＮ・モルガン（Morgan）も、離脱は若者のイギリス外での旅行、勉学、さらには仕事の機会を減らすことでイギリスの競争力にダメージを与えると唱える。ただし、そうした離脱による被害を受ける主たる若者は、高度な情報ネットワークを用いるハイテク産業に従事する者である。この点に注意する必要がある。そこには、ブルー・レーバー（下層の労働者）で失業により喘いでいる若者は当然含まれない。実は、こうした若者の両極分解という現象を正視しない姿勢こそが、残留派における最大の問題であった。

　ところで、このような状勢の中でキャメロン自身は、レファレンダムで仮に敗北しても首相に留まることを選挙の直前に表明した。[100]それゆえ彼は、二〇一三年にレファレンダムの実施を宣言したことに何の後悔もしていないと語る。このような一国のリーダーの発言は許されるであろうか。

　今回のEUレファレンダムは、以上の発言からもわかるように、キャメロンにとって信念に基づきながら政治生命を賭けたものでは決してない。それは、たんに保守党内の地位と首相の座を堅持するための一便法にすぎなかった。この点で彼は、ギリシャでEUの緊縮政策に対抗するためのレファレンダムの際に明らかにしたA・ツィプラス（Tsipras）首相の姿勢と全く同じである[*]。こうした姿勢は、あまりに無責任ではないか。国民に対して真に誠実な政治家として振舞うのであれば、やはり敗北の場合には首相の座を去らなければならない。そして実際には、保守党議員の多くが、もし選挙に敗ければキャメロン首相の地位は三〇秒ももたないとみなしていたのである。

　キャメロンは、EUが統合の深化に基づく一層の政治プロジェクトを持っており、それはイギリスにダメージを与えないことを強調する。しかし、実はこの点こそがイギリスの有権者にとって最も確信を持てない点であった。さらに留意すべき点は、彼自身も最後まで、現行のEUに対しては純粋にプロEU派ではなかったという点であろう。キャメロンはあくまで、EUの改革という条件付きで残留を支持したにすぎない。そうであれば、彼は一国のリーダーとして、国民が十分に納得のいくような説明をＥＵ残留について行う必要がある。そのことなしでは、イギリスの人々のＥＵメンバーシップに対して抱く不安が消えることは決してない。

レファレンダムをめぐる世論調査は、選挙の直前まで続けて行われた。調査機関によって応答者のサンプリングは異なる。その結果、データに違いが生じるのは疑いない。それでも確かなことは、残留と離脱の支持が実に拮抗しているため正確な予測ができないという点であった[101]。このように、両者がフィフティ・フィフティのライン上にあることは、特定の有権者を見てもよくわかる。すなわち、より低い所得で高等教育を受けていない高齢者は、より確実に離脱に投票する。これと対照的に、より裕福な人々は、ＥＵプロジェクトとその繁栄に対する貢献について好意的であり残留に投票する。こうした人々の両極分解が、両派の接戦にそのまま反映されていた。ここで我々が認識しておくべき点は、現行のＥＵプロジェクトが、貧者というよりはむしろ富裕者によって支えられている点であろう。この点はまた、そうしたプロジェクトの社会的正当性が問われることを示しているのである。

注

1 Allen, K., & Mance, H.,"Premier faces task of uniting divided cabinet", *FT*, 20 February/21 February, 2016.

2 Barker, A., "Cameron's six-months labours come to head", *FT*, 17, February, 2016.

3 Liddle, R., *The risk of Brexit: the politics of a referendum*, Rowman & Littlefield, 2016, p.17.

4 Wolf, M., "The battle over Brexit matters to the world", *FT*, 11, February, 2016.

5 Glencross, A., *Why the UK voted for Brexit: David Cameron's great miscalculation*, Palgrave Macmillan, 2016,

* この点について詳しくは、前掲拙著『ギリシャ危機と揺らぐ欧州民主主義』明石書店、二〇一七年、二四六ページを参照されたい。

p.22.

6 Liddle, R., *The Europe dilemma: Britain and the drama of EU integration*, I.B. Tauris, 2014, p.220.

7 Emerson, M., *Britain's future in Europe: The known plan A to remain or unknown plan B to leave*, Centre for European Policy Studies (CEPS), 2016, pp.7-8.

8 Allen, K., & Mance, H., *op.cit.*

9 Barber, A., & Parker, G., "Cameron 'not in hurry' to seal EU reform deal next month", *FT*, 22, January, 2016.

10 Parker, G., "Final battle over EU looms after Cameron's defining moment", *FT*, 3, February, 2016. Parker, G., & Barker, A., "Critics seize on draft's weak points as UK leader claims success", *FT*, 3, February, 2016.

11 Foy, H., & Spiegel, P., "PM heads for Warshaw in attempt to sell measures to eastern states", *FT*, 3, February, 2016.

12 Stephens, P., "It hurts some to say, but Europe needs Britain", *FT*, 5, February, 2016.

13 Barker, A., "Cameron's EU deal is more declaration of difference than reform", *FT*, 18, February, 2016.

14 Barker, A., Parker, G., *op.cit.*

15 Parker, G., *op.cit*; Allen, K., " 'Looks funny, smells funny' say scornful sceptics", *FT*, 3, February, 2016.

16 Emerson, M., *op.cit.*, pp.9-11.

17 McCormick, J., *Why Europe matters for Britain: The case for remaining in*, Palgrave, 2016. p.150.

18 Barker, A., & Parker, G., *op.cit.*; FT, Editorial, "Cameron finally makes the case against Brexit", *FT*, 22, February, 2016.

19 Barker, A., & Parker, G., "British PM's exhaustive Brussels negotiations threaten to unwind over £25m child benefits", *FT*, 18, February, 2016.

20 Barker, A., Brunsden, J., Stothard, M., "Paris and London mired in existential crisis over the world", *FT*, 20, February/21, February, 2016.

21 Wolf, M., "A vote for Brexit is a leap into the abyss", *FT*, 8, January, 2016.
22 G. Brown, "For Brtain, it should be clout not out", *FT*, 25, May, 2016.
23 Barker, A., & Wagstyl, S., Foy, H., "Friends, foes and critics lend Cameron their ears", *FT*, 20, February/21 February, 2016.
24 Byrne, A., "EU leaders and business chiefs mobilise with adverts urging voters to remain in bloc", *FT*, 21, June, 2016.
25 Parker, G., Cadman, E., & Plimmer, G., "Cameron outlines business case", *FT*, 22, February, 2016.
26 Parker, G., & Chassany, A-S., "Germany and France boost Cameron's EU campaign", *FT*, 4, March, 2016.
27 Gordon, S., "Europe's business elite expresses fears over Brexit reverberation", FT, 16, May, 2016.
28 Guthrie, J., "Referendum climax frays nerves in City", FT, 23, June, 2016.
29 FT, Editorial, "The Brexiters must stop dodging the big question", FT, 19, April, 2016.
30 Wolf, M., "Britain's friends are right to fear Brexit", FT, 20, April, 2016.
31 Wolf, M., "Myths and fantasies in the case for Brexit", FT, 27, April, 2016.
32 FT, Editorial, "The Brexiteers must stop dodging the big question", *FT*, 19, April, 2016. do., "Vote to leave the EU will make Britain poorer", *FT*, 3, May, 2016. do., "Brexit vote casts a chill over the UK's recovery", *FT*, 7, May, 2016.
33 Giles, C., "The Bank of England needs to speak up on Brexit", *FT*, 21, April, 2016.
34 Parker, G., Giles, C., "Vote to leave the EU could cost 800,000 UK jobs, claims chancellor", *FT*, 24, May, 2016. Wolf, M., "Britain's referendum is a self-inflicted wound", *FT*, 27, May, 2016.
35 Parker, G., & Allen, K., "Osborne's £30bn 'black hole , provokes outcry", *FT*, 16, June, 2016.
36 Stephens, P., "The myth of Brussels (mis) rule", *FT*, 27, May, 2016.
37 Rachman, G., "Why true democrats should remain", *FT*, 21, June, 2016.

38 Stephens, P., "Brexit would tear the British union apart", *FT*, 3, June, 2016.
39 Stephens, P., "Brexiters have bet the bank of anger", *FT*, 20, May, 2016.
40 Ganesh, J., "Brexiters' insouciance is the privilege of the rich", *FT*, 24, May, 2016.
41 Buck, T.," Middle England drives Brexit revolution", *FT*, 16, June, 2016.
42 *ibid*.
43 Parker, G., "London mayor backs British exit from EU", *FT*, 22, February, 2016.
44 Pickard, J., & Parker, G., "Cameron attacked by own MPs on Brexit", *FT*, 23, February, 2016.
45 Mance, H., & Parker, G., "Single-minded strategist drives Brexit agenda", *FT*, 14, June, 2016.
46 Parker, G., "Johnson on spot over immigration message", *FT*, 18/June19/June, 2016.
47 Parker, G., & Vina, G., "Leading Eurosceptic plots post-Brexit world", *FT*, 15, June, 2016.
48 Parker, G., & Giles, C., *op.cit.*
49 Giles, C., "Economics that lie behind Treasury's dire warning", *FT*, 19, April, 2016.
50 Hannan, D., "Free British business to trade with the world", *FT*, 22, June, 2016.
51 Parker, G., & Allen, K., *op.cit.*
52 Rachman, G., "There is no Brexit from a Europe in crisis", *FT*, 2, February, 2016.
53 Parker, G., "Cameron makes EU case with concerns over conflict", *FT*, 10, May, 2016.
54 Chassany, A-S., "French far-right hopes Brexit will inspire Frexit", *FT*, 18, February, 2016.
55 Sandbu, M., "Italy fears Brexit would damage whole of Europe", *FT*, 19, April, 2016.
56 Piris, J-C., "Brexit is the easy bit", *FT*, 13, January, 2016.
57 Barker, A., "Brussels weighs legal options to force UK into quick exit", *FT*, 17, June, 2016.
58 Barker, A., & Beattie, A., "Brexit to pose 'all-consuming' task for Whitehall with new trade talks at risk from lack of skills", *FT*, 22, June, 2016.

59 Chagan, G., "Schäuble warns against deeper EU integration", *FT*, 11 June/ 12 June, 2016.
60 Giles, C., "Three futures for a Britain outside the EU", *FT*, 23, February, 2016.
61 Cadman, E., & Mance, H., "Britain would quit EU trade bloc after vote to leave, campaign says", *FT*, 9, May, 2016.
62 Giles , C., "Brace for the aftershocks of Brexit", *FT*, 2, June, 2016.
63 Münchau, W., "In the event of Brexit, let Britain go in peace", *FT*, 13, June, 2016.
64 FT, Editorial, "Brexit dominates fears for the global economy", *FT*, 20, June, 2016.
65 Giles, C., "How the EU changed Britain's economy", *FT*, 25, February , 2016.
66 Jenkins, P., & Agnew, H., "City of London torn over EU membership", *FT*, 24, February, 2016.
67 FT, Editorial, "Brexit can only damage UK's financial colossus", *FT*, 23, May, 2016.
68 Binham, C., "Regulators sharpen focus on trading after result", *FT*, 24, June, 2016.
69 Stothard, M., "Paris woos bankers threatened by Brexit", *FT*, 9, June, 2016.
70 Shotfer, J., "Frankfurt has sights on UK financiers if Leave prevails", *FT*, 16, June, 2016.
71 Parker, G., Mccrum, D., & Wells, P., "Markets rally as polls narrow a head of British vote on EU", *FT*, 21, June, 2016.
72 Maccrum, D., Blitz, R., & Moore, E., "Fears mount in currency markets as Britain nears in-out vote on EU", *FT*, 4, April, 2016. Tett, G., "Give greeks their say on Brexit", *FT*, 17, June, 2016.
73 Stephens, P., "Brexit promises desert island sovereignty", *FT*, 26, February, 2016.
74 Stephens, P., "Berxit may break Britain's Tory party", *FT*, 22, April, 2016.
75 Allen, K., & Parker, G., "EU vote throws ruling party into state of civil war", *FT*, 10, June, 2016.
76 Stephens, P., "Brexit would tear the British union a part", *FT*, 3, June, 2016.
77 Ganesh, J., "Tribal loyalties may shift after the EU referendum", *FT*, 14, June, 2016.

78 Stephens, P., “Brexit would tear the British union a part”, *FT*, 3, June, 2016.
79 Boland, V., “Ireland warned of ‘ wholly negative ‘Brexit’ ”, *FT*, 10, June, 2016.
80 Armstrong, K. E., *Brexit time*, Cambridge University Press, 2017, p.73.
81 O’connor, S., “Brexit debate unnerves Britain’s hidden EU workers”, *FT*, 7, March, 2015.
82 Wolf, M., “Do not let migration determine Britain’s place in Europe”, *FT*, 29, April, 2016.
83 FT, Editorial, “Brexit is too high a price to pay over migration”, *FT*, 9, May, 2016.
84 *ibid*.
85 Gowland, D., *Britain and the European Union*, Routledge, 2017, p.349.
86 Glencross, A., *Why the UK voted for Brexit — David Cameron’s great miscalculation* —, Palgrave Macmillan, 2016, p.41.
87 Rachman, G.,“Immigration could swing it for Brexit”, *FT*, 7, June, 2016.
88 Ganesh, J., “The fatal flaw at the heart of the campaign for Brexit”, *FT*, 15, December, 2015.
89 Rachman, G., “Wake up—Brexit is looking ever more likely”, *FT*, 22, March, 2016.
90 Stephens, P., “Millennials would bear the cost of Brexit”, *FT*, 29, April, 2016.
91 Parker, G., “Campaigners for British exit from EU take official Leave group to task”, *FT*, 25, May, 2016.
92 Parker, G., & Cocco, F., “Brexit dividing lines come fully into focus”, *FT*, 2, June, 2016.
93 FT, Editorial, “Cameron shifts tactics as polls swing towards Leave EU vote”, *FT*, 13, June, 2016.
94 Mccrum, D., & Moore, E., “Swing to Brexit sparks turmoil”, *FT*, 15, June, 2016.
95 FT, Editorial, “Lessons we should learn from the life of Jo Cox”, *FT*, 18, June, 2016.; Burgis,T., Haddou, L., & Bounds , A., “Far-right ties revealed of man suspected of MP’s death”, *FT*, 18 June/19 June, 2016.
96 Chaffin, J., “Ebullience dissipates as Ukip takes stock”, *FT*, 18 June/19 June, 2016.
97 Parker, G., “Cameron invokes murdered MP in neck-and-neck Brext race”, *FT*, 20, June, 2016.; Mance, H.,

"British MPs pay Commons tribute to killed colleague", *FT*, 21, June, 2016.

98 Parker, G., "A fight for hearts and wallets", *FT*, 21, June, 2016.

99 Sorrell, M., "The young will be the real losers of retreat into isolation", *FT*, 22, June, 2016.

100 Barber, L., & Parker, G., "Cameron : no regrets over poll that threatens premiership", *FT*, 22, June, 2016.

101 Allen, K., "Referendum outcome too close to call", *FT*, 21, June, 2016. Kay, J., "Pollsters and bookies pose different questions", *FT*, 22, June, 2016. Picard, J., "Cathedral city sings praises of both sides as passion run high", *FT*, 22, June, 2016.

第四章　ＥＵ離脱派の勝利とそのインパクト

イギリスのＥＵレファレンダムで離脱派が勝利したことは、イギリスのみならず全世界に大きな衝撃を与えた。かれらは、投票率が高いほど残留派が有利であるという予想を完全に覆す形で勝利を収めた。それだけに、そのインパクトは計り知れないほどであった。そこで本章では、離脱派の勝利がイギリスの市場、経済、並びに政治の各側面に対して、さらにはＥＵ全体に対していかなるインパクトを与えたかを検討することにしたい。そうすることで、ポスト・レファレンダムにおけるイギリスとＥＵの課題を探ることが本章の間接的動機である。

一．ＥＵレファレンダムの投票結果

まず、今回のレファレンダムの投票率を見ると、それは思っていた以上に高かった。総有権者の約四六五〇万人のうち、七二・二％の人が投票したのである。[1] この高い投票率は、投票結果にいかに反映されたであろうか。実は当初より、投票率が高くなるとEU残留派が勝利すると予想された。ところが、選挙結果はEU離脱派の勝利となって現れた。かれらは、全体の五一・九％の票を獲得した。しかし、この数値だけから見れば、離脱派の勝利と言っても、それは確かに僅差によるものと考えられる。しかし、事態の真相を知るためには、そうした全体としての両派の得票数を見るだけでは極めて不十分である。否、むしろそれは誤解さえ生みかねない。このレファレンダムの結果を正確に理解するためには、よりきめ細かな分析が必要となる。それはとくに、地域別について詳細に調べられねばならない。

表4-1は、ひとまず大きな地域に分けて離脱票と残留票を示したものである。見られるように、全体を一二の地域に分けたとき、離脱派が勝利した地域は九に上る。すなわち、全体の四分の三の地域において有権者の過半数が離脱に投票したことになる。このことだけからでも、イギリスのEUレファレンダムにおける離脱派の勝利が、決してわずかな差によるものではなかったことがよくわかる。とくに、離脱票の割合が高かった（五五％以上）地域は、東部、西部ミッドランド、ヨークシャー&ザ・ハンバー、東部ミッドランド、並びに北東部の六地域にも及ぶ。これに対し、残留派の勝利した地域はたった三地域、すなわち、ロンドン、スコットランド、並びに北アイルランドにすぎない。さらに留意すべき点は、離脱派が勝利した地域では北東部を除いていずれも七〇％を上回る高い投票率が示されたのに、残留派の勝利した三地域の投票率は六〇％台に留まった点であろう。このことは、当初の予想と全く正反対の現象を表す。つまり、イギリスの大半の地域において、多くの人々は確信をもって離脱に投票したのである。

表4－1　イギリスのEUレファレンダムの結果

地域	離脱票数（千人）	残留票数（千人）	離脱票の割合（%）	残留票の割合（%）	投票率（%）
南東部	2,568	2,392	51.8	48.2	76.8
北西部	1,967	1,699	53.7	46.3	70
東部	1,880	1,447	56.5	43.5	75.7
西部ミッドランド	1,756	1,207	59.3	40.7	72
南西部	1,670	1,503	52.6	47.4	76.7
ヨークシャー*	1,581	1,158	57.7	42.3	70.7
ロンドン	1,513	2,264	40.1	59.9	69.7
東部ミッドランド	1,475	1,033	58.8	41.2	74.2
スコットランド	1,018	1,661	38	62	67.2
ウェールズ	855	772	52.5	47.5	71.7
北東部	778	563	58	42	69.3
北アイルランド	349	441	44.2	55.8	62.7

*ザ・ハンプシャーを含む。
出所：*The Electoral Commission*, 2016. より作成。

二　離脱派勝利の市場へのインパクト

（一）外国為替市場へのインパクト

離脱派が勝利したことは、市場の予想に反する一大事件であったと言わねばならない。その証拠に、六月二三日の投票の直前と直後において市場は鋭く反応した[2]。スターリングの対ドル相場、並びにイギリスと欧州の主要株価が大きく下落する一方、金価格は対照的に一挙に上昇した。通貨市場や株式市場はまさに、グローバル金融危機以来のパニックに陥ったのである。そうした市場のカオスをはっきりと示したのは、やはり外国為替市場においてであった。そこでは、通常の外貨売買の何と五〇〇倍もの大きな取引が出現した。実は、グローバルな投資家は、レファレンダム・キャンペーンの中でスターリングこそが、イギリスの人々の投票結果に対する信頼度のバロメーターになるとみなしていた。実際にスターリングの対ドル相場は、投票終了直後にたった一時間で一・五ドルも上昇した。それは、市場の信頼を固めるためのものであった。ところがその数時間後に、今度はスターリングの価値が大幅に引き下げられた。この荒っぽいシフトは、二〇〇八年のクラッシュ時と比べてもより激しいものであった。スターリングの値動きは、こうして一三・五％もの大きな幅を表したのである。[3]

外国為替のトレーダーは当時、残留派の勝利を見込んでいた。しかし、それは永続きしなかった。Ｂｒｅｘｉｔはもはや避けられない事態になる。その結果、スターリングは過去五〇年間で一度もないような低い相場まで崩落した。一体どこまで下がるのか。外国為替市場の不安はこの問いに尽きる。過去の危機が証明しているように、市場は政治の動きを正確に読み取ることができなかった。市場はこうして、スターリングがその後も下落の一途を辿るかもしれないと見たのである。

一方、離脱派勝利に伴う通貨価値の下落は、スターリングに限られた訳ではなかった。そうした現象は、イギリスと強い通商関係を有する中・東欧諸国でも現れた。[4] 事実、ポーランドのズロティ（Zloty）やハンガリーのフォリント（Forint）は、ドルに対して三％以上も下落した。一方、これらの通貨価値の下落と反対に、価値が上昇する通貨も出現した。円のドルとスターリングに対する相場の急上昇は、その典型であった。円は、とくにスターリングに対して一八％も価値を高めた。外国為替市場の資金は、より安全な通貨の買いに流れたのである。

（二）証券市場へのインパクト

他方で証券市場はどのような値動きを示したか。まず、株式市場について見てみよう。イギリスの企業の株価が全体的に激しく下落したのは言うまでもない。レファレンダムの翌朝、イギリスの主たる株価を表すＦＴＳＥ１００は崩落した。イギリスの三五〇の主要企業のうち、より高い株価を示したのはたった一五社のみであった。[5] これと正反対に、金鉱山会社の株価は高騰した。イギリスのランゴールド・リソース（Rangold Resources）の株は、離脱派勝利の直後に三〇％も上昇したのである。それはまた、後に見るように金価格の急上昇を反映していた。この点は、市場の混迷からの回避先として、伝統的に金が選択されることを明白に物語っていた。

ところで、そうした株価の急落の中で最も厳しい打撃を受けたのはイギリスの銀行であった。[6] とりわけイギリスの三大銀行であるバークレーズ（Barclays）、ロイズ・バンク・グループ（Lloyds Bank Group）、並びにＲＢＳ（Royal Bank of Scotland）の株価はすべて大きく低落した。それらの市場価値は、投票結果の発表後二〜三時間で、何と二〇〇億ポンド以上も失ったと言われる。さらに留意すべき点は、この銀行株の下落が、通貨価値下落の場合と同じように、イギリスにおいてのみ現れたのではないという点であろう。欧州大陸の大銀行の多くもまた、株価を著しく低下させた。イタリー、スペイン、フランス、スイス、並びにドイツの最大の銀行の株は、すべて二ケタの規模で下落した。欧州の銀行株の動向を示すEuro Stoxx banks indexも一七％下落し、それは二〇一二年八月以来最低のレヴェルに達した。一方、米国の大銀行の株価も激しく低下した。中でも、モルガン・スタンレー（Morgan Stanley）とシティ・グループは最も大きな打撃を被った。このような欧米全体の銀行株の崩落は、銀行のトップが投資家に保証を与える努力をしても生じた。実際にイングランド銀行は、広範な緊急プランを用意したのである。そうした株価の下落は端的に言って、人々の将来不安を直に映し出していた。

市場アナリストのほとんどは、大銀行が二〇〇八年の危機以来、資本のファンディングと流動性ポジションの再編を強いられると判断した。イングランド銀行のカーニー総裁も、イギリスの大銀行の資本要求は、危機以前のものよりも一〇倍膨らむと予想した。イギリスの三大銀行を中心とする銀行の株価下落は、こうした銀行経営の不透明さに対する投資家の鋭い反応を示したのである。

さらに、金融機関の株の大きな売却は、銀行についてだけではなかった。それは、保険やアセット・マネージメント（資産管理）の部門にも及んでいた。しかもそれらの株の売却は素早く、かつ荒っぽく行われた。[7]まず保険部門について見ると、その株価はやはり大きく下落した。投資家は、ロイズ（Lloyd's）を中心に機能するロンドン保険市場に対するBrexitのインパクトを不安視した。確かに、ロイズをつうじてロンドンで取引を行う保険業者に対する最大の魅力の一つは、ロイズがEUへのパスポート権を握っている点にある。もしロイズが、その権利を失えばどうなるか。保険業者の多くは、ビジネスの一部をEUの子会社にシフトしてロイズを通さずに取引を行うかもしれない。それだからロイズは、残留キャンペーンを大々的に行ったのである。そしてもちろん、離脱派が勝利した直後にロイズは、保険業のグローバルなスペシャリストであり続けることを表明した。しかし、それでもって投資家の不安感が一掃されることはなかった。

この保険セクターの株価下落の中で最大の下落幅を記録したのは、やはりロンドンの生命保険会社の株価であった。アヴィヴァ（Aviva）、リーガル・アンド・ジェネラル（Legal & General）、並びにスタンダード・ライフ（Standard Life）らの株価はすべて一五％以上低下する。他方で、欧州大陸にあるアクサ（Axa）やジェネラリ（Generali）の株価も崩落した。そして米国の主たる保険会社であるメットライフ（Metlife）やプルーデンシャル・ファイナンシャル（Prudential Financial）、さらには最大のＡＩＧ（American International Group）の株価も大きく下がった。今日の保険ビジネスが、ロンドンを軸に展開されていると共に、それがグローバル金融に深く係っていることを踏まえれば、ロンドン発の保険会社の株価下落が欧米に伝播したのは当然であろう。

一方、資産管理セクターでも株価の下落は激しかった。それはとくに、ロンドンでビジネスを行うグループで顕著に現れた。そうした株価の動きは、かれらが投資家に対して海外での競争力を保証したにも拘らず生じたのである。また保険業のケースと同じように、イギリスでリストされているヘッジファンドだけでなく、欧州で活躍しているファンド・ビジネスも最大のＬ＆Ｇを中心にその株価を著しく下げた。かれらは、投資家の信頼を確実に失った。Ｂｒｅｘｉｔ後のイギリスが将来、より低い成長、より高いインフレ、より弱いスターリング、並びにエクィティ・マーケットにおけるネガティヴ効果などの負のシナリオを描くと予想されたからである。こうした中で、欧州のアセット・マネージャーらは、Ｂｒｅｘｉｔによる変化を評価するために緊急のワーキング・グループの設立を表明する。しかし、ここで留意すべき点は、イギリスのファンド・ビジネスが、すでにレファレンダムの決定段階から、その不確実性によって打撃を受けたという点であろう。かれらの管理する資産はこうして、約二千億ポンドも減少した。ファンド・ビジネスが純粋な投機ビジネスである以上、かれらは政治を含めた世界の不透明性によって深い影響を受けざるをえない。

他方で、レファレンダム直後に株式市場の動きと全く正反対の傾向を表したのが債券市場であった。Ｂｒｅｘｉｔの投票結果が、証券市場における安全資産への資金ラッシュに火を付けたのである。

イギリスの一〇年物国債利回りは、レファレンダムの翌日に三六ベーシス・ポイントも下がって一・〇一％という低い値を表した。[8] このような債券買いの殺到による債券利回りの急落という現象は、イギリスに限られなかった。欧州大陸で、主要政府債の利回りはいち早く下落の傾向を示した。ドイツ政府債利回りは大きく低下し、ついにマイナス〇・一七％までに至る。またスイス政府債利回りも、完全なマイナス金利と化す。その三〇年物利回りは、マイナス〇・〇四％にまで落ち込んだ。さらに米国でも同様の傾向が現れた。その一〇年物財務証券（ＴＢ）の利回りは、四年ぶりに一・四％という低い値を記録した。このような、イギリスのＥＵ離脱決定直後における世界中の債券利回りの低下傾向は、投資家の政府債市場に対するリスク面での信頼を映し出していた。かれらは、安全な資産へのグローバル規模での資金流入ラッシュにより、債券利回りは一層低下すると予想したのである。

ところで、Ｂｒｅｘｉｔの決定が与えるインパクトは、株式市場や債券市場での値動きに対するものだけではない。それはさらに、構造的側面でも大きな衝撃となって現れた。例えば、ロンドン証券取引所（ＬＳＥ）とドイツ証券取引所とが二〇〇億ドルで合併するという計画は、中止されると思われた。[9] 事実、両サイドの執行部は、イギリスの投票結果がドイツに大きな圧力を加えるとみなした。なぜなら、合併後の証券取引所はロンドンをベースとするからである。ところが、両者は投票結果とは無関係に協定に合意した。この欧州最大の証券取引所の結合は、デリヴァティヴと証券の取引に関して世界最大の場をつくり出したのである。しかし実際には、投資家は、そうした合併の将来が不確かであると判断した。それによりＬＳＥの株価は八・五％下落すると共に、ドイツ証券取引所の株価も五・一％下がった。同時にドイツの政治家も、かれらの保有する市場インフラの本部がＥＵ外に移ることに不安を覚えた。

さらに、この合併にはもう一つのハードルも存在する。それは、将来のユーロ建てデリヴァティヴ取引の決済はEU内で行われるべきであるとする、欧州中央銀行（ECB）の要求である。このことは、通常取引がフランクフルトをつうじて行われることを意味する。したがってそれは、両者の権限の共有という合意に反する。こうした中で両サイドの総裁は、この合併に絶対的にコミットすることを誓うと共に、イギリスのEU離脱の決定が、むしろイギリスと欧州大陸との結びつきを一層重要なものにするという意見を表明した。しかし、後に見るように、Brexit後のユーロ建て取引をどこで行うべきかという問題は大きな課題として残されたのである。

(三) 金とその他の市場へのインパクト

このように、投資家が資金のプール先として安全な場所を求めたことは、債券市場以外にも表された。かれらはまず、金市場に資金を注入した。金市場は伝統的に、金融市場や通貨市場での不確実性を免れる潜在的な避難所として位置付けられてきた。実際に離脱派の勝利を受けて、金は二年ぶりに高騰した[10]。金の取引高は、イギリスに限らず世界中で増大した。中国での金取引高も、通常の三倍以上にはね上がった。

他方で、この金価格の上昇と対照的にドル建てで取引が行われる商品の相場は下落した。スターリングの切下げによるドルの切上げが、ドル以外の通貨保有者にとってコスト高となるからである。その典型は原油相場の低落に現れた。国際的な原油マーカーのブレント（Brent）は、一バレル当り二一・七一ドルで五・二％の相場の低下を表した。また鉱物資源も、ニッケルに代表されるように、ロンドンの金属取引所で大幅に相場を下落させた。このことはまた、将来の経済不安を明確に映し出していた。

以上、我々はまず、レファレンダムにおける離脱派の勝利が、イギリス内外の諸々の市場にいかなるインパクトを与えたかを見た。このことだけからでも、今回のレファレンダムの結果が、いかにグローバル規模での強いインパクトを持った事件であったかを容易に理解できる。

三．離脱派勝利のイギリス経済へのインパクト

(一) マクロ経済と経済政策へのインパクト

すでに前章で示したように、EU残留派はキャンペーンの中で、もしBrexitが起こればイギリス経済は深刻なリセッションに陥ると訴えた。それはまさしく「恐怖のプロジェクト」として批判された。この見解はまた、多くのエコノミストによっても支持された。そこで、離脱派が勝利してBrexitが現実化するに及び、それはイギリス経済にいかなるインパクトを与えるかが当然問われた。

エコノミストの一部は、Brexitによりイギリスの経済成長は下落し、危機的状況が到来することを予想した[11]。また、イングランド銀行や財務省の官僚も、Brexitのイギリス経済に及ぼす影響について不安感を露にした。それは、政府の機能不全とBrexitのプランの欠如という不確実性が、イギリスの人々や企業の支出を抑制するという判断に基づく。さらにかれらは、これまでのイギリス経常収支の大きな赤字（国民所得の七％相当）についても、その解消に対して不安視した。そうした赤字のカヴァーが対外的金融に依存する以上、ほんとうにそれが行われるかが問われたのである。

一方、ビジネス・サイドもレファレンダム・キャンペーンから一貫して主張してきたように、Ｂｒｅｘｉｔの負のインパクトを強く意識した。この点はまず、金融サーヴィス・ビジネスにおいてはっきりと現れた。ロンドンに拠点を置くイギリス内外の巨大銀行（ゴールドマン・サックス、ＵＢＳ、ドイツ銀行、並びにＨＳＢＣ等）は顧客に対し、イギリスがより低い成長とより高いインフレの時期に突入するという警告を発した。かれらは、リセッションは実際にありえるし、それはスタグフレーションに近いものになると断言したのである。中でもゴールドマン・サックスは、二〇一七年のイギリスの成長率がたった〇・二％にまで落ち込むと予想した。

他方で、このようなＢｒｅｘｉｔの負のインパクトに対する反論も見られた。前イングランド銀行総裁のＭ・キング（King）は、離脱派の勝利がイギリスを精神的パニックに陥れる理由は何もないと唱える。彼はこうして、財務省がＢｒｅｘｉｔの弊害をヒステリックに言うことを非難した。このキングの見解は楽観的なものであろうか。

確かに、レファレンダムの結果を受けて、イギリス政府の公共投資が変更を余儀なくされるかもしれない。このことがまた、イギリスの経済成長を押し下げることもありえる。例えば、ヒースロー（Heathrow）空港の新滑走路建設に典型的に現れるように、インフラに関する政府プロジェクトは、不可避的にキャンセルされるか、もしくは少なくとも遅れる可能性がある。[12]事実、政府の多くのプロジェクトは、鉄鋼業救済のような産業プロジェクトも含めて再検討されるとみなされている。

イギリスの二一の経済予測グループのサーヴェイは一致して、二〇一七年の経済成長率が前年の二・一％から〇・三％に下落すると推計している。これは、ゴールドマン・サックスの予測値に近い。[13]一方、イギリス経済に対するＢｒｅｘｉｔのポジティヴな側面も見込まれる。それは、スターリングの下落がイギリスの輸出を推進するというシナリオである。しかし、このシナリオもストレートに描けるものではない。Ｂｒｅｘｉｔにより、関税やその他の貿易障壁がイギリスの輸出をブロックするかもしれないからである。

スターリングは実際に、レファレンダム後も下方圧力を受け続けている。ＨＳＢＣのアドヴァイザーは、スターリングの対ドル相場が二〇一六年末までに従来の一・三四ドルから一・二〇ドルまで下がることを予測する。もちろん、このスターリングの下落はＢｒｅｘｉｔによってのみ引き起こされるのではない。そもそもイギリスが、継続的に大きな国際収支の経常赤字を抱えているからには、スターリングは潜在的に下落する可能性がある。離脱派の勝利は、その傾向に拍車をかけると考えられる。

ところで、このスターリングの下落が、イギリス経済に対してもう一つの大きなインパクトを持っていることを忘れてはならない。それは、輸入価格の上昇によって消費者のコスト負担を増大させることである。このコスト増が、イギリス国民の家計の実質的収入を低下させることは間違いない。それだから、経済予測を行うアナリストは、そうした購買力の喪失がイギリスをリセッションに追い込むと分析する。

二千人の消費者を対象に調査したある機関は、六一％の人がＢｒｅｘｉｔは個人の収支に打撃を与えると答える一方、五八％の人が自由意思による支出を抑えると解答していることを示した。しかし、これと全く正反対の調査結果もある。他の調査によれば、応答者の七割弱が、かれら自身の生活水準は変化しないし、Ｂｒｅｘｉｔによってそれは逆に改善されると考えている。もちろん、こうした調査は対象者のサンプリングに大いに依存する。そうだとすれば、以上のようなコントラストを成す解答がえられたことは、レファレンダムの結果と同じように、イギリス社会の分断を物語る。

他方で、スターリングの下落はイギリス外でも大きな影響を及ぼした。その一つは、マネーの米国への流入に伴うドルの急騰であった[14]。この強いドルはまた、新興国の市場にも金融の強いヴォラティリティをもたらした。ドルの継続的な切上げは、グローバル金融市場に深刻な伝染効果を与えた。一方、米国の受けた打撃も計り知れない。ドル高は米国の連銀に対し、金融引締めの可能性を打ち消したのである。

以上に見たように、イギリスのEUレファレンダムで離脱派が勝利したことは、様々な側面で極めて大きなインパクトを与えた。それは、どちらかと言えばマイナス効果として現れるとみなされた。こうした予測に対し、実は米国の格付け会社も即座に反応した[15]。その代表格であるS&Pは、イギリス政府債に対してもともとトリプルAを付けていた。しかし、それは六月二七日に二ランク下げられた。このイギリス政府債のランク下げは、S&Pのみならず、フィッチ（Fitch）やムーディーズ（Moody's）によっても行われた。

もちろん、このような政府債のランク下げが、直接的な金融のインプリケーションを直ちに持つ訳ではない。しかし、それはイギリスの政治と経済に対するリスクの現れと受け止められる。実は、米国の三大格付け会社がそうした評価を行ったのは、Brexitの及ぼす負の効果を不安視したためだけではない。かれらはまた、明解なBrexitプランの欠如や労働党の分裂、さらにはスコットランドの独立に見られるイギリス政治の混乱も重要な判断材料に加える。要するに格付け会社は、離脱派の勝利がイギリスの政策決定をより予想しにくくするとみなしたのである。こうしてイギリス政府債のランク下げは、イギリスをドイツとは反対に、イタリーやポルトガルと同じように扱うことを意味した。そうだとすれば、世界の投資家はこれまでと異なり、イギリスの政府債を最も安全な資産とはみなさないであろう。逆に言えば、そのような格下げの評価は、イギリス政府に対して信頼を回復する政策を早急に求めているのである。

ところで、以上のような離脱派勝利の負のインパクトが考えられる一方で、イギリス経済は以前より抵抗力を持っているとする見解もある。[16]第一に、今回の離脱ショックは、サブプライム危機から生じた銀行の支払い不能危機とは非常に異なる。今日、イギリスの銀行の経営状態はよい。かれらは、ビジネスや消費者に対して信用を供与し続けている。第二に、スターリングの激しい切下げはむしろ、ある企業に対してはリスク回避先を提供する。この点はとくに、外貨で大きな収益をえている企業や生産・販売を海外で行っている企業に関してはっきりと現れる。そして第三に、Ｂｒｅｘｉｔのインパクトは、二〇〇八年のグローバル金融危機時に比べてより狭い範囲に限られる。したがって、主要な貿易パートナーからのイギリスの輸出に対する需要が減ることはない。このことは、とりわけ欧州がＢｒｅｘｉｔのドミノ効果を防げれば一層明らかとなる。

こうした楽観的な見方は、実はＧ７によっても表された。かれらは、Ｂｒｅｘｉｔはパニックを引き起こさないとみなす。[17]そこには二〇〇八年の大危機以来、市場を鎮めるための努力がイギリスを含めた先進諸国の間でなされてきたことに対する自負が見られる。しかしそうとは言え、イギリス経済が本来的に抱えている脆弱な側面が、このレファレンダム・ショックによって鮮明になることは否定できない。そこで必要とされることは、そうしたショックを和らげるための経済政策である。それは、レファレンダム直後にいかに考えられたか。

まず、金融政策について見てみよう。その担い手は言うまでもなくイングランド銀行であり、カーニー総裁がそれを指揮する。ところが彼自身は、そもそもＥＵ残留を訴えると共に、ＥＵ離脱はイギリスの金融を不安定にすることをくり返し強調した。彼は、Ｂｒｅｘｉｔはナンセンスであると断言した。それだけに、離脱派の勝利によりカーニーは強く批判された。彼の辞任を求める声が高まったのである。また、彼がゴールドマン・サックスのキャリアを持っていたことも、反感を買う大きな要因となった。

一方、カーニー総裁もそうした批判に応える形で、レファレンダム直後にイングランド銀行は、イギリスの金融システムが有効に機能できることを保証する。彼は、二五〇〇億ポンドに上るファンドを通常のローンと外貨の貸付をつうじて追加的に提供することを宣言した[18]。他方でイギリスの金融レギュレーターも、金融の安定を確保するために必要なステップをとることを約束した。例えば金融庁（Financial Conduct Authority、FCA）は一時的に、ある株式の短期空売りを制限する可能性を高めたのである。

このように、イギリスのイングランド銀行と金融規制当局は一丸となって、レファレンダム・ショックによる金融システムの混乱を鎮めるように努めた。しかしカーニー総裁自身は、イングランド銀行の政策には限界があることも唱えた。彼は、同行はＥＵ離脱の決定によるダメージを和らげるが、それを完全に解消することができないと語る。イングランド銀行は、イギリス経済の安定に必要な調整に耐えられないとみなされたのである。

金融政策が、経済ショックに対する第一の防衛ラインであることは疑いない。しかしカーニーの主張するように、イングランド銀行の低利子率政策に限界があることも間違いない。そこには、いわゆる流動性のワナが存在する。また、それを補うための量的緩和策の余地も大きくない。そうだとすれば、金融政策に代わる政策、すなわち財政政策の出動がどうしても必要とされる。ところがイギリス政府はこれまで、すでに明らかにしたように財政緊縮政策を第一の柱として掲げてきた。したがって、それを一挙に緩和の方向に転換することは容易でない[19]。しかし、離脱派の勝利が財政政策に対して大きなインプリケーションを持っていることは明らかであり、政府の政策変更が強く求められる。

(二) 産業へのインパクト

一方、レファレンダムの結果はイギリスの産業にいかなるインパクトを与えるか。

今日のイギリス産業の中で、サーヴィス産業の占めるウェイトは非常に大きい。とくに金融サーヴィス産業がイギリス経済の重要なセクターであることもよく知られている。そこでまず、離脱派の勝利が金融サーヴィス産業に及ぼす影響について考えてみよう。

イギリスの金融サーヴィス産業の中心地は、言うまでもなくロンドンである。そして、そこでの金融サーヴィス・コミュニティは圧倒的にプロ欧州の傾向にある。実際に、シティのメンバーの八割以上がEU残留を望んだ。ロンドンはまさに、イギリス内外の銀行にとってEU市場へのアクセスの拠点となったのである。それゆえ、今回のレファレンダムの結果は、そうした銀行に大きな問題を投げかけた[20]。イギリスはEUの単一市場へのアクセスをどのていど保てるか。この点が問われるのは疑いない。また、銀行ビジネスのどの部分を欧州にシフトする必要があるか。これも当然に大きな問題となる。

これらの問題を踏まえながら、イギリスのトップの銀行やそこで大きな取引を行っている外国の銀行の執行部はＢｒｅｘｉｔに対処するため、レファレンダム直後にロンドンで会合を開いた。かれらが一様に心配したのは、イギリスを拠点とする銀行が、欧州単一市場にアクセスするためのパスポート権を失うのではないかという点であった。[21] それゆえ、いくつかの大きな投資銀行は、かれらの業務と活動をイギリスから移すプランを描いた。それらの銀行の主たるプライオリティは、市場アクセスの保持にあったからである。米国の巨大銀行、すなわちゴールドマン・サックス、J・P・モルガン・チェース、バンク・オヴ・アメリカ、シティ・グループ、並びにモルガン・スタンレーは、イギリスで何万人もの行員を雇いながら大きな経営を行っている。かれらは、EUにより規制されたビジネスをセット・アップする代わりにパスポート権を用いる。ところがかれらは、Brexitが起これば今度は新たにイギリス国内の法をベースにしなければならない。そこでかれらは、少なくともいくつかの業務をダブリンやパリ、あるいはフランクフルトにシフトする用意を始めたのである。[22] 同時にかれらは緊急時に備えた。イギリスから生まれる金融の商品やサーヴィスをEUの顧客に販売する権利が、部分的ないしは全面的に消失する恐れがあったからである。

確かにロンドンはこれまで、EUの証券を含めた金融商品や金融サーヴィスの決済を行う欧州のセンターであった。しかし、それはもはや機能しないかもしれない。事実、フランスの中央銀行総裁が明らかにしたように、「もしもイギリスがはっきりと単一市場の一部でなくなれば、シティは欧州におけるパスポートをキープできない。そして決済機関もロンドンに立地することはできない」のである。[23]

それでは、ロンドンを拠点として欧州に金融サーヴィスを提供しているイギリス内外の銀行とりわけ投資銀行は、急いでその業務地をロンドンから移すかと言えばそれは確かでない。実際に、投資銀行業の経営と人を再配置することは高くつくと共に複雑な作業になる。一方、ロンドンはレファレンダムの結果にも拘らず、依然として多くの優位性を誇っている。それは、言語、法システム、並びに能力の蓄積の面ではっきりと現れる。しかし、そうとは言え、かれらにとって業務の一部を欧州にシフトすることは避けられないと考えられる。このことは、スムーズに運ばれるであろうか。

そうした銀行が、例えばEUにホールディング・カンパニーを設けることや、あるいはまた、そこにわずかなスタッフを送り込むだけで欧州パスポートをえられるかと問えば、それは間違いなくできない。そのパスポートをえるために、銀行はライセンスを欧州でつくる一方、現地でビジネスを行わなければならないからである。さらに、銀行業務をパスポートなしでEU内に移すことは確実にできない。このようにして見ると、米国の投資銀行を中心としたロンドン・ベースの銀行が、Brexitの負のインパクトを避けるために欧州にその業務の一部をシフトすることはそれほど簡単ではない。

他方で、そうした投資銀行の代表格であるゴールドマン・サックスは、イングランド銀行に対して貸付スキームのためのファンディングの拡大を求めた。これによりかれらは、中央銀行からより安く借りることができるからである。この要求に対してイングランド銀行は、イギリスの銀行のトップに流動性供給の支援を行う旨のメッセージを送る。同時にイングランド銀行は、内外のイギリスを拠点として金融サーヴィスを行う銀行に対し、消費者やビジネスに貸付を保つように圧力をかけた。それは、リーマンショックのときに現れたようなクレディット・クランチ（信用供与の突然の収縮）を避けるためであった[24]。そもそもイングランド銀行は、レファレンダムの前から、その結果に対して必要な対策をすべて採ることを宣言していた。そうした対策の中に、銀行支援に利用される分の大きな流動性供与が含まれていたのである。

ところで、ここで注視すべき点がある。それは、レファレンダムの結果を受けてBrexitがどのように展開されたとしても、イギリスの銀行とその他の金融機関がＥＵの複雑なルールを免れることはできないのではないかという点である。[25] ＥＵはこれまで、強い単一通貨市場の編成をその政策目標に掲げてきた。それは、ユーロ圏と銀行同盟を持つべきものであった。イギリスはそうした目標の達成を回避するために、四半世紀にわたって闘ってきたのである。このことはまた、ＥＵのルール・メーキングに対する抵抗も意味した。今回、イギリスがＥＵブロックから外れることで、かれらはそうしたルールを無視できるであろうか。ＥＵ側は、イギリスが抜けることによって改革の息を吹き返し、市場一般に対する介入主義的政策を進めることは間違いない。そこには、新たな銀行の資本ルールも含まれる。こうして欧州の金融サーヴィス業は、フランスとドイツの主導する形をとるようになる。それがイギリスのものと異なることは疑いない。しかし、仮にそうであってもイギリスの金融機関が、欧州とりわけユーロ圏の支配するルールの多くに従わざるをえないのではないか。この点は、レファレンダム後のイギリスの金融サーヴィス業に対する大きな課題となるに違いない。

では、それ以外の産業に与える離脱派勝利のインパクトはどうであろうか。まず、製造業について見てみよう。ここでは、自動車産業が深刻な問題を抱える。世界最大の自動車グループの多くは今日、イギリス全体で自動車を製造している。そして、イギリスで生産された車の約八割は輸出に向けられ、その半分はＥＵに対して行われる。しかし現実には、それらの自動車会社は、イギリスの工場に新たな仕事を与えることに疲れを見せ始めている。そうした中で、今回のレファレンダムの結果が現れた。かれらにとって最大の不安は、Ｂｒｅｘｉｔ後に関税障壁がどうなるかという点であった。

イギリスで自動車生産を行っている会社の中で、イギリスに対する投資の将来について最初に問題を提起したのはフォードである。[26] 実は、フォードは二〇〇八年の金融危機以来、欧州での製造能力を減少させた。すでに二〇一二年にイギリスの二つの工場が閉鎖される。かれらは、競争力維持のために必要なことは何でも行うと宣言した。これによりフォードは、Brexitによって生じる負のインパクトに対し、生産の削減を含めてより柔軟に対応することを謳う。

このフォードの姿勢に対して、イギリスでの自動車生産とビジネスを維持することを表明した世界の自動車グループも現れた。それは、日本の自動車会社で代表される。中でもトヨタは、二〇一五年にイギリスの工場で一七万台もの自動車を製造している。かれらは、何が起きてもイギリスでのビジネスを保つと語る。またホンダも、やはり同年に一四万台の自動車をイギリスでつくっており、トヨタと同じくイギリスに今後もコミットする方針を示した。このように、製造業の中で一つの基幹産業である自動車産業について見ると、今回のレファレンダム結果は、金融サーヴィス産業で現れたほどの一様な反応を表していない。

一方、イギリスの製造業において、Brexitのインパクトが深刻に現れるもう一つの産業がある。それは航空産業である。欧州を代表する飛行機のエアバスのビジネスを行う欧州航空グループは、イギリスに大きな経営拠点を持っている。それだけに、かれらはレファレンダムの結果に失望した。しかしエアバス社は、イギリスでの工場経営をサポートし続ける意思を表したのである。[27]

エアバス旅客機のほとんどは、フランス、ドイツ、並びにイギリスの工場でつくられる。そのビジネス・モデルは、欧州中の製品や人々を無制限に移動することで成り立っている。実際に、フランスのトゥールーズにあるエアバス社には、一万人以上のイギリス人が雇われている。今回のレファレンダム結果は、そうしたモデルの根幹を崩した。これにより、エアバス社の経営が難しくなるのは疑いない。ただし、スターリングの下落はエアバス旅客機の販売を有利にさせる。そのほとんどはドル建てで行われているからである。一方、イギリスの保有する非常に高いレヴェルのテクノロジーも尊重されねばならない。したがって、ドイツに工場を移転させる政治的圧力はあるものの、それが直ぐに起こるとは考えにくい。

他方で、イギリスのEU離脱という投票結果は、エアバス以外にも多くの航空会社に打撃を与えた。同時にその決定は、ヒースロー空港の欧州における主導的なハブ空港としてのステータスに傷をつけた。国際航空グループ（IAG）は、ブリティッシュ・エアウェイズ（BA）を中心としたヒースロー・ベースの航空会社をいくつも保有している。そこで、Brexitにより旅行需要の減少が見込まれることから、同グループの収益増は期待できない。[28]そうした判断の下に、IAGの株価はレファレンダム直後に二〇％も下落した。

さらにスターリングの下落は、イギリス人にとって旅行コストを引き上げる。これにより、ロンドンに拠点を置く旅行会社は、トーマス・クック（Tomas Cook's）を代表としてその株価を軒並低下させた。その他、欧州の主要な航空会社であるエール・フランス、KLM、並びにルフトハンザの株価も崩落した。また、欧州の航空会社と合併している米国の航空会社もその株価を下げたのである。このようにして見ると、イギリスのレファレンダムの結果は、世界の航空産業と旅行産業におけるロンドンの地位を大きく下げることになったと言ってよい。

四．離脱派勝利のイギリス政治へのインパクト

今回のイギリスのEUレファレンダムが、キャメロン首相によって提起され、彼の率いるEU残留

ティームが敗北した以上、それは当然にイギリスの政治状勢に大きな影響を及ぼした。そのインパクトは、イギリスの保守党、労働党、さらには連合王国の各々の内部に深い亀裂を走らせた。同時に、このレファレンダムはイギリス国民を分断させる結果になったことから、離脱の決定に対する反発も招いた。要するに、レファレンダムはイギリスの状態を政治の側面でカオスに陥れたのである。以下では、そうした大混乱がレファレンダム直後にいかに現れたかを、様々な点にスポットを当てて見ることにしたい。

(一) 保守党の内紛

まず、イギリスの二大政党において生じた分断の姿を見てみよう。それが最も大きな形となって現れたのは、言うまでもなく保守党内においてであった。

キャメロンは先に示したように、レファレンダムの結果がどうであれ、首相を辞任するつもりがないことを当初より宣言していた。しかし、他の保守党員が予想したように、残留派の敗北が決まると彼はその翌日に首相を辞任することを決意せざるをえなかった。キャメロンは、欧州のリーダーに敗北を語り辞任を表明した。それはまるで葬式のようであった。[29]

しかしキャメロンは、EU残留派の敗北に対して自ら全責任を負おうとしなかった。否、むしろ彼は、敗北の主たる要因がEU側にこそあることを訴えた。[30] キャメロンは、移民に対する一般市民の不安について欧州のリーダーが考慮しなかった点を敗北の最大要因と捉える。大量の移民に対するイギリスの人々の恐れが、離脱票の一大推進力になったと言うのである。

確かにキャメロンは二〇一四年の段階で、大規模な移民を一旦中断するために「緊急ブレーク」の容認をドイツのメルケル首相に求めた。しかし、彼女はそれを拒絶する。そして、レファレンダム後のキャメロンのＥＵ批判に対しても、彼女は即座に反論した。メルケルは、人々の自由移動が原則であるとする主張を曲げることがなかった。そこで問われるのは、キャメロンの説得の仕方ではないか。ほんとうにそれは、熱意をもって行われたのであろうか。もしそうでなければ、彼のＥＵに対する抗議はたんなる政治的ポーズにすぎない。

一方キャメロンは、レファレンダムの結果を尊重することに吝《やぶさ》かでない。同時に彼は、レファレンダム後に引き起こされるかもしれない移民に対する差別主義を非難した。イギリスが「小ブリテン」への道を歩んではならない。彼はこう警告する。彼はまた、今回のレファレンダムが一つの教訓を与えていることも強調する。多くのイギリスの有権者は、エリートによって疎外されている。そしてそのエリート達が、容赦のない欧州統合のプロジェクトを遂行している。これらのことから、今回、反ＥＵ感情が一挙に噴き出したのである。彼はこのように分析しながら、ＥＵに対してレファレンダムから教訓がえられると力説した。では、キャメロンの側には何も問題がなかったのか。

かつて、保守党と連立政権を組んだ自由民主党党首のクレッグは自らＦＴ紙に投稿し、このレファレンダム結果の責任がキャメロン政権自体にあることを唱えた[31]。クレッグは、今回のレファレンダムをめぐって様々な怒りを表明した。それらは、離脱派の離脱後のアイデアの欠如、エリート達の不注意、並びにＥＵの誤りなどの一般的事象に対するものであった。ただし、離脱票を投じた有権者に対して彼は一切怒るつもりがない。むしろ彼は、そうした有権者は現状に対するフラストレーションや幻滅を感じて誠実に投票したとしてその結果を尊重する。

クレッグの最大の怒りはこうして、キャメロン首相とオズボーン財務相に向けられる。それは、キャメロンの辞任で治まるものではない。クレッグ自身はそもそも、レファレンダムそのものに反対した。連立政権時にキャメロンからその合意をくり返し求められても、クレッグはそれを拒絶した。保守党内の分裂をレファレンダムで表に出すことは好ましくないと判断されたからである。しかしキャメロンは当時、二〇一五年の総選挙での大勝利による自信から、レファレンダムでも絶対に勝利し、それによって党内対立を鎮められると信じた。

この判断は正しかったか。クレッグは、この点こそが責められるべきとしてかれらを断罪する。とくにかれらの最大の誤りは、その経済政策とりわけ財政政策にあった。オズボーンがキャンペーンの最終段階で、イギリスがEUを離脱すれば緊縮政策を課さざるをえなくなると警告したことは、イギリス市民の反発を一斉に買った。なぜなら、ほんの少し前の総選挙のときにはその逆のことが主張されたからである。有権者はそれに気づかないほど愚かではない。かれらはそれゆえ、キャメロンとオズボーンのメッセージに従うつもりはなかった。クレッグはこう断じる。

このクレッグの批判は全く正しいと言わねばならない。キャメロン政権が二〇一〇年に成立して以降、かれらは巧妙に緊縮政策と緩和政策を使い分けながら、実際には人々に緊縮政策の大成功をアピールしてきた。この騙しはもはやつうじない。キャメロンとオズボーンはそのことに気づいていなかった、あるいは気づこうとしなかったのである。

さらにキャメロンとオズボーンはもう一つの深刻な欠点を抱えていた。かれらは、もともと政権を握る前に、何年にもわたってEUを批判してきた。そして今度は、いきなりプロEUに転向すると言っても、それはかれらが思っていたほど簡単ではない。このように捉えるクレッグの見方も説得的である。イギリスの人々は、かれらが過去に何を言ってきたかを忘れていない。

以上、クレッグのキャメロン政権に対する批判を通してその問題点を見た。筆者は、彼の批判を総じて支持したい。しかし、一点だけ注意を要する点がある。それは、クレッグ自身がプロEU派であり残留を強く望んでいたことから、彼が、キャメロンとオズボーンはこのレファレンダムによってイギリスの人々を失望させたと論じている点である。この見解は明らかに矛盾している。クレッグは一方で、離脱の意思を表した有権者を尊重するとしながら、離脱は人々の失望を招くと表現する。その際の人々は、あくまでも残留派にすぎない。離脱票を投じた有権者にとり、離脱が失望であるはずはない。逆にそれは希望となるのではないか。この点でクレッグもやはり、他のエリート達と同じくイギリスの一般市民の気持を真底理解しているとは到底思えない。

ところでキャメロンは首相を辞任した一方、レファレンダムのもう一人の立役者であったオズボーンはどうなったか。これまで彼は、イギリス政治の潜水艦と言われてきた。しかし、今回の選挙で彼は水底に沈んだ。彼の政治力が決定的に低下したことは間違いない。そして実は、レファレンダムの前から保守党内でもオズボーンに対する批判が強まっていた。それは何度も述べるように、彼の財政緊縮という脅迫発言から生じた。離脱派の勝利は、彼が首相になる望みを打ち砕いたのである[32]。

このような保守党の混迷の中で、その下院のリーダーであるグレイリングはFT紙に自ら投稿し、党の結束とレファレンダム後のステップについて提言した[33]。彼はまず、レファレンダム後にUKIPが勝利宣言をいくら行っても、保守党が依然として政権の地位にあることを強調する。そこで問われるのは、政府の今後の方針である。グレイリングは、その際の戦略を形づくる最重要なアクターとして、ビジネスとシティを中心とする金融のコミュニティを挙げる。とくに、シティの将来を確保することがプライオリティを持つ。シティはイギリス経済にとって、ＥＵのメンバーシップよりもはるかに重要だからである。そしてイギリスは、自由貿易協定に関していち早く議論する必要がある。ここで第一に視野に入れるべきはイギリスのコモンウェルス諸国であろう。実際にかれらは、離脱派の勝利に関心を寄せている。グレイリングはこのように論じながら、イギリス政府が次のステップにアプローチしなければならないと唱えた。

この保守党を主導する政治家の見解には大きな二つの問題が潜む。一つは、レファレンダム後の戦略の主たる担い手がビジネス・サイド、とりわけシティに代表される金融界に据えられている点である。ここに、保守党の伝統的な姿をはっきりと見ることができる。かれらはこれまで、とくに金融ビジネスの繁栄を前提に政策の舵取りを行ってきた。この点はレファレンダム後も変わっていない。かれらには、民衆の目線からの発想が欠如している。それは、保守党の最大の欠陥と言われてきた。それにも拘らず、少なくともレファレンダム直後にこの点が是正される兆しは全く見えない。もう一つは、グローバル規模での自由主義という考えが復活している点である。この点もやはり、保守党の伝統的な考えを表す。それは端的に言って帝国主義論の再現を示す。グレイリングは一方で、イギリスが昔に回帰してはならないと警告を発しながら、実はかつての帝国であるコモンウェルスを念頭に置いた自由貿易圏を構想している。この見方は、Brexit後にイギリスがEUといかなる通商関係を築くべきかを探る上で大きな問題を提起するに違いない。

一方、保守党にとってレファレンダム後に即座に取り組む必要があったのは、当然に新党首＝首相の選出であった。ここで一番注目されるべき人物が、離脱派に転向してその勝利に導いた主役とされるジョンソンであることは言うまでもない。彼は確かに、レファレンダムによってイギリス議会の中心舞台に踊り出た。彼が次期首相の最右翼候補となることは疑いなかった[34]。

しかし、そこにはまず、ジョンソン自身の政治家としての資質に問題があることを指摘しなければならない。実は、彼自身の考えは全く一貫していない。それだから彼は、レファレンダム後にその姿勢を豹変させたのである。彼は前章で指摘したように、Ｂｒｅｘｉｔのキャンペーンの主導者であり、「国家主権のコントロールを取り戻せ」というスローガンを推進した立役者であった。そしてイギリスの有権者に対し、Ｂｒｅｘｉｔによるリスクは何もないと共に、離脱交渉には何のプレッシャーもないことをくり返し語った。ところがジョンソンは、レファレンダム直後に、今度は手の平を返したように、Ｂｒｅｘｉｔを選んだ有権者は「移民に対する不安を動機としているのではない」と宣言した。[35] 彼はこれにより、あれほど有権者に移民のコントロールを約束したことを完全に反故にした。離脱票を投じた有権者が、これでもって失望したことは言うまでもない。同時に、ジョンソンが離脱派に転向したのは、たんに党首と首相の地位をえたいがためであったことも暴露された。実際に彼は、首相になることを強く意識しながらキャンペーンを行ったのである。

では、ジョンソンが次期首相の座にすんなりと収まるかと言えば、事態はそれほど単純ではなかった。彼がユーロ懐疑的な保守党議員の間で人気が高まれば高まるほど、党内で深い亀裂が走った。キャメロンとオズボーンは、全力を挙げてジョンソンの首相就任を阻止する構えを露骨に表したのである。それは、「ボリス・ジョンソン以外なら誰でもよい（Anybody but Boris：ABB）」というスローガンとなって現れる。実際に残留派の保守党議員は、キャメロンとオズボーンに忠誠を誓い、ファースト・ステージでジョンソンをストップさせることに努めた。そうした中で、一人の有力な対抗馬が登場した。それが内相のメイであった。

こうして、保守党新党首の候補者としてジョンソン前ロンドン市長とメイ内相が最有力な人物となる。この他、S・クラブ（Crabb）労働・年金担当相も加わった。ただし、彼はウェールズで人気が高いものの、レファレンダムで重要な役割を担っていなかった。また、彼の政治的経験の乏しさも問題とされた。[36]

このような中で、やはりジョンソンが本命視されたのは当然であろう。しかし彼の政策方針には疑問符が付いた。彼がEU離脱を強く訴えた一方で、いかなる形のBrexitを望むかについては一切答えていないからである。[37] したがって、彼が首相としてどのような選択を採ったとしても、それは彼自身のサポーターにより裏切りとみなされる恐れがあった。例えばジョンソンは、欧州単一市場のメンバーシップを保つことを選ぶかもしれない。それは、イギリスをノルウェーなどが含まれる欧州経済圏（EEA）のメンバーとしながら行われる。ところがこのことは、移民に大きな不安を抱く人々を裏切ることになる。EEAのメンバーシップは、人々の自由移動を条件とするからである。他方でジョンソンが、人々の自由移動の厳しいコントロールを最優先すれば、コスモポリタンであるロンドンの市民や若者を裏切ってしまう。

さらにもう一つの問題がある。それは、離脱派がキャンペーンで掲げた「国家主権のコントロールを取り戻そう」というスローガンそのものと関連する。このスローガンをBrexit後に一体どのように活かすのか。ジョンソンはこの点についてもやはり、指針を何ら示していない。このように彼は、Brexitに向けた基本方針をきちんと定めていないことがわかる。それゆえ離脱派の勝利で一番戸惑ったのは、むしろジョンソン自身であったと揶揄されたのである。

他方で反ジョンソン派は、先に見た「ボリス・ジョンソン以外なら誰でもよい」というABB運動の激しさを増した。とくに次期党首争いでジョンソンの永遠のライヴァルとみなされたオズボーンは、そうした運動に尽力した。残留派が上回ったロンドンでは、ジョンソンは裏切り者として扱われ、反ボリス・ジョンソンの声が一層高まった。彼はレファレンダムのヒーローから、一夜にしてその名声を失う羽目に陥ったのである。

その中で、メイは保守党議員の間でより人気を高めた。[38] 実際に一三〇〇人の党員にアンケートを行った結果、メイの支持はジョンソンのそれを上回った。メイは確かに残留を支持したものの、彼女は両派の争いの外に留まった。そのことが派閥間の対立を乗り越えさせたのである。メイはもともと、移民と人権に対して厳しいスタンスを採ってきた。それはまた、ユーロ懐疑派の眼に魅力的な姿勢と映ったに違いない。こうしてオズボーンは、新党首としてメイを突然支持する。それは他方で、彼がメイ首相の誕生後に財務相の地位をキープしたかったからに他ならない。しかし移民を支持したオズボーンは、メイの反移民政策をめぐって彼女と対立した。この点で、オズボーンの保身がすんなりと認められるかは全く確かでなかった。一方キャメロン自身は、党首選で依然として中立的な立場を採った。ただし、保守党はすでにメイをサポートする動きを示し始めたのである。

(二) 労働党の内紛

一方、イギリス最大野党の労働党は、レファレンダムによっていかなる事態を迎えたか。労働党は、レファレンダム後に激しい党内対立の状態に陥る。まさに党自身の存続が危機に見舞われた。どうしてそうなったのか。この点を検討しておくことは、離脱派勝利が何を意味するかを考える上でも、またBrexit後のイギリスのあり方を問う上でも決定的に重要である。

まず、労働党の左派リーダーで党首のコービンの姿勢が問われた。労働党議員の圧倒的多数が中道左派を中心にEU残留を求めたのに対し、コービン自身は残留に半歩しか踏み込んでいなかったからである。[39]もともとコービンはユーロ懐疑主義者であった。彼のスピーチはつねにEU批判を含んでいた。この点は、今回のキャンペーンの中でも潜在的に現れた。キャメロンの呼びかけで、元首相のブレアやブラウンらの中道左派が残留キャンペーンを展開したのに対し、肝心の党首は両派の考えが混ざり合うような奇妙なメッセージを与えてきたのである。

こうしたコービンの姿勢に対し、労働党の中道左派は反乱を起こした。反逆者は、少なくとも五〇名のサポートをえてリーダーに挑戦する意思を表す。かれらは、コービンがイギリスの経済的繁栄にリスクをもたらしたとして彼を非難した。また、政治的にも次の総選挙で労働党支持の有権者はもはや党に戻ってこないとみなされた。反逆者は、その責任がコービンにあることを強く訴えたのである。このような見解は妥当であろうか。また仮にコービンを辞任させて反逆者が勝利したとして、労働党は真に息を吹き返すであろうか。

実は、このレファレンダムは、労働党のサポーターと党との間に深くて大きな溝があることを証明した。これまで労働党を支持してきた労働者階級の人々は、イギリスの繁栄から著しく取り残されたと感じてきた。この点は、とくに白人労働者階級の間ではっきりと示された。そこで、かれらの多くはEU離脱に投票した。なぜなら、イギリスがEUに加盟して以来何十年もの間、欧州が労働者階級にとってよいことをしてきたかどうかを、かれらは理解できなかったからである。それゆえ労働者階級の人々は、いわゆる「ブルー・レーバー（下層労働者）」の運動を起こした。むしろかれらこそが、労働党に対してと同時にイギリス政府に対して反逆の意思表示を行ったのである。

労働党、とりわけ中道左派の党員・議員は、こうした労働者階級の有権者の声に耳を傾けてきたであろうか。この点こそが真に問われねばならない。コービンに対する反逆の姿勢を見れば直ちにわかるように、かれらは過去にも現在にも、全くそうした姿勢を示してこなかった。この点は、元党首で首相のブレアとブラウンにもはっきりと見ることができる。ブレアの唱えた「第三の道」とは何であったのか。その真意が今こそ問われるときはない。

他方でコービンは、今回の党員の反逆にいかに対処したか。それはまず、多くの影の閣僚の解任となって現れた。[40] このことは、労働党の将来についての不安を高めた。まさに労働党は内紛状態に陥る。その結果、約二〇人の議員が党を離脱した。労働党が、これらにより危機的な状態を迎えたことは疑いない。コービンは、この事態を乗り切れるであろうか。それは、反逆者を排斥するだけで済むほど簡単なことではない。

労働党にとって、資金の最大の寄与者が労働組合であることは言うまでもない。コービンは、そのリーダーであるL・マクラスキー（McCluskey）から支持されている。では、それだけでコービンの地位は安泰であり、また労働者からサポートされるかと言えばそれは明らかでない。確かに彼は、労働党メンバーの過半数の支持をえている。しかし、今回の反乱の下で、コービンは議会運営をスムーズに行えるかが問われた。彼が解任した影の外相であるH・ベン（Benn）（あのT・ベンの息子）は、コービンがリーダーである限りは次の総選挙で勝つことはできないと断じる。労働党は今日、歴史的敗北に直面している。こういう見解も出された。この事態にコービン派は、党内の草の根運動で乗り切ろうとする。しかし、問題はそうした運動の仕方にあるのではない。その核心はむしろ、党内の労働者階級とりわけ白人のそれに対する姿勢ではないか。それが変わらない限りは、コービンであろうが誰であろうが、かれらの労働党離れを止めることはできないのではないか。

こうした中でコービン自身は、党の困難な状況に対処することを誓いながらも、自らの意見を変えるつもりはないし、党首を辞任するつもりもないことを明らかにする。[41] 彼のサポーターは、コービンのそうした姿勢を不屈と称す。しかし、それでもって党の統一を図ることは難しい。コービンもそれを認める。それゆえ彼は、党の分断の可能性に対して必要であればそうすると答えた。

実際に多くの党員は、労働党がこのままでは存続できないと感じている。ブレアが一九九〇年代初めに提起し党首として君臨した「ニュー・レーバー」は今、最も厳しい局面に立たされている。その中で、コービンに対する不信認の投票が行われ、圧倒的多数で可決された。しかし彼は、党首の辞任を否定する。一方、キャメロンもコービンの辞任を強く求めた。保守党の残留派議員の多くは、コービンに怒ってキャメロンに圧力をかけたのである。また、労働党の前リーダーで左派であるはずのミリバンドでさえ、コービンは去るべきと主張した。そこにはもはや、左派の信念に基づいた政治家の姿勢は見られない。

そこで問われるのは、どうしてコービンは党首を辞めないのかという点であろう。その理由はただ一つ、彼が労働党を従来の中道左派路線から左派の方向に動かしたいからである。それはまた、コービンのレファレンダム結果に対する認識に基づく。彼は、離脱派の勝利が、イギリスの労働者の現状受入れに対する拒否を意味すると共に、かれらの貧困の状況をも反映していると捉える。この認識は正しい。そうだとすれば、コービン降しを突きつける労働党の中道左派と保守党の双方の動きは、イギリス社会のきちんとした把握を欠くものと言わざるをえない。要するにかれらは、離脱派勝利の結果が出ても、依然としてその真実を理解しようとしないのである。

(三) イギリス（連合王国）の分断問題

さて、レファレンダムの結果は他方で、イギリスの存続に影を落とした。いわゆる連合王国は、イングランド、ウェールズ、スコットランド、並びに北アイルランドの四地域から成る。そこで問題となる地域は、スコットランドと北アイルランドである。この二つの地域では、残留派がはっきりと勝利した。かれらは一体、レファレンダム後にいかなる行動を採るのか。この点が問われたことは言うまでもない。

まず、スコットランドについて見てみよう。かれらはそもそも、すでにEUレファレンダムの前（二〇一四年）に、独立のための自身のレファレンダムを行った。そこではイギリスに留まる決定がなされた。しかし、今回の離脱派勝利の結果を受けて、スコットランドで最初の首相となったスタージョンは、直ちに独立に向かって進むことを宣言した[42]。スタージョンは、スコットランドの人々がイギリスのEU離脱を決定した後に第二回目の独立レファレンダムを行う気運を高めていると訴える。もしスコットランドが独立を決めれば、三世紀にわたるアングロ・スコッティッシュ政治同盟は終りを告げる。それはまた、イギリスの明白な分断を意味する。

スタージョンのこの宣言が、イギリスの統一に対する潜在的脅威になることは言を俟たない。確かに、スコットランドの人々は残留をはっきりと支持した。三二のすべてのスコットランドの選挙区において、残留票が大半を占めたのである。それは、四〇年以上の間EUメンバーシップに反対してきた二つの地域（シェトランドとウェスタン・アイルズ）も含んでいた。この結果について彼女は、「我々がEUを離れたくないことは明らかである。私は、こうした大望が実現されることを確かにするためには何をすべきかを決心している」と語りながら、独立の可否をスコットランド人に問う意思を表明した。
ただし、スコットランド民族党（ＳＮＰ）のリーダーであるスタージョンが説くように、スコットランドが直ぐに独立レファレンダムを行う訳ではない。それは、二〇一四年の敗北による政治的リスクを考慮したためである。同時にかれらは、イギリス議会の動きも注視しなければならない。イギリス議会が、ＳＮＰに反対してスコットランドの独立を阻止することも考えられる。これに対してスタージョンは、スコットランドの独立にイギリスが介入することを否定した。この両者の食い違いはまさに、イギリスの内部対立を明白に物語る。

論理的に考えてみても、今回のＢｒｅｘｉｔがスコットランドに対し、その独立について根本的な検討を迫ることは疑いない。スコットランドは、二〇一四年の独立レファレンダムに先立って、ＥＵに留まるイギリスとりわけイングランドと密接な経済同盟を維持してきた。それはあくまでも、単一市場へのアクセスが保証されたからである。今、その保証は崩れつつある。そうであれば、スコットランドがイギリスと経済同盟を結ぶ根拠はどこにあるのか。この点が問われるのは当然であろう。

こうした中で、スコットランド議会のメンバーは、全会一致でスタージョンに対し、イギリスとＥＵとの話し合いを保つ指令を与えた。[43] それは、スコットランドのＥＵ単一市場との関係を守るためであった。これによりスタージョンは、スコットランドのＥＵにおける地位を確保するための外交を開始する。それは、欧州議会の議長、Ｍ・シュルツ（Schultz）や欧州委員会委員長のユンケルとの対談となって現れた。彼女は、スコットランドのステータスについてＥＵと直接に議論する意向を表す。しかしＥＵのリーダーは、そのことにどのていどコミットするか。レファレンダム直後の時点でそれは確かでなかった。

他方で、独立の動きに対してはスコットランド内の政治・経済状勢も考慮されねばならない。SNPは確かに、将来のヴィジョンを明快に打ち出し、またよりポジティヴな方向性を示した。それによってかれらは、二〇一五年の総選挙で勝利した。しかし、SNPに対するサポートと、独立に対するサポートは必ずしも同一ではない。そうであればSNPは、独立勝利の確率を非常に高くしない限りは簡単にレファレンダムに踏み切れない。[44]さらに、スコットランドにおける経済の見込みも問題となる。同経済が、原油価格の動向に左右されることは間違いない。それが現在、一バレル当り五〇ドル以下になり、かつての半分ほどに低下したことはスコットランド経済の見通しをよいものとしない。

このようにして見ると、イギリスのEU離脱の決定が、残留を支持したスコットランド政府に大きなインパクトを与えると共に、かれらの独立の気運を再燃させたことは疑いない。しかし、それでもって一挙に独立レファレンダムに向かって進めるほど事態は単純でないことも確かである。

一方、北アイルランドについてはどうか。北アイルランドも、スコットランドほどではないにしても、やはり過半数の人がEU残留を支持したことは先に見たとおりである。そうした中で北アイルランドでも、イギリスから独立するかどうかのレファレンダムを行うべきとする意見が現れた。[45]それは、アイルランドの再統一に向けたステップを踏むものと理解されたのである。しかし、北アイルランド初の首相で民主統一党の党首であるA・フォスター（Foster）は、そうした要求を拒否した。彼女は、北アイルランドの人々がイギリスの中でそのポジションをえていることに不満はないことを確信する。この点は、スタージョンの意向と決定的に異なる。

以上より判断すればイギリスは、離脱派勝利の結果によっても当面は分裂の危機を免れたと言えるかもしれない。しかし、今後の状勢は極めて流動的である。その変化次第でどうなるかは予断を許さない。

(四) 再レファレンダム運動の勃興

ここまで我々は、レファレンダムによるEU離脱の決定が与える様々なインパクトについて検討してきた。ここでさらに、もう一つの厄介な問題が現れた。それは、第二回目のレファレンダムを要求する動きである。このことはまた、イギリスの国民感情がEUレファレンダムによって分断されたことをはっきりと示すものであった。

まず、イギリスのEU残留派の政治家が動いた。[46] かれらは、離脱のサポーターが今回の結果を再検討したいかもしれないと認識する。保守党の厚生相であるJ・ハント(Hunt)は、離脱協定の条件を提示するためにも第二回目のレファレンダムが必要なことを訴える。また中道派の自由民主党リーダー、T・ファロン(Farron)も、自由民主党はBrexitを覆すことを約束する。さらに、元首相で労働党の党首であったブレアは次のように語る。「私はまだ欧州をチェック・アウトしたくない。……この時点で、もう一度レファレンダムを行うとは考えられない。しかし、私には何も不可能なことはない。」彼はこうして、再レファレンダムの可能性を示唆したのである。

一方、残留を支持した一般市民、とりわけ若者達は、レファレンダムの結果を覆すための請願運動を展開する。その署名は三百万人以上にも上ったと言われる。若者は、自分達の将来がベビーブーマーの年金受給者により決定されたとして、怒りの感情をメディアにぶちまけたのである。[47] このような、離脱派勝利に反対する運動はとくにロンドンで激しかった。確かにロンドンでは、六対四の割合で残留票が離脱票を上回った。そして何よりも、ロンドンは欧州屈指の国際都市であることから、そこでの人々は欧州の中核に留まりたかった。ロンドンが当初より欧州大陸と深く結びついていたと共に、十人に一人のロンドン人が、ＥＵ諸国からやってきた人である点を踏まえれば、そうした願いは理解できる。その思いを込めて、六万人以上のロンドン人とロンドン居住者が、何とロンドンの独立とそのＥＵ残留を請願したのである。[48] しかし他方で、ロンドンが代表的なグローバル都市であるがゆえに、ＥＵを越えた世界に対してロンドンが強い経済的関係を築いていることも認めなければならない。むしろロンドンこそが、皮肉にもＢｒｅｘｉｔを最も受け入れ易いポジションに置かれている。この点も忘れてはならない。

ところで、以上のような離脱派勝利に反対する動きがレファレンダム直後に活発になる中で、キャメロン自身は冷静さを失わなかった。彼は今回の決定は受け入れねばならないとして、離脱に投票した人々をあくまで尊重した。またフランスのオランド大統領も、イギリス政府が人々の意思を重んじないとは考えられないとする声明を発表した。そして、他のＥＵリーダーは、一方でイギリスがレファレンダムの結果と逆のコースをとることを歓迎したものの、そのためにイギリスに譲歩するつもりはなかった。イギリスの人々の自由移動の抑制という圧力に屈すれば、反ＥＵの勢いが増すことは明らかであったからである。とくに東欧のリーダーは、そうした自由移動の権利を覆すことに強く反対した。

他方で、イギリス国民の心情はどうであろうか。かれらの気持が真に残留に変わるかは定かでない。しかも銘記すべき点は、仮に第二回目のレファレンダムが行われるとしても、それは新たな総選挙において、残留を支持する政党が勝利する場合に限る点である。国民にとって極めて重要なレファレンダムが、結果に反対する人々の請願で再び実施されることがあっては決してならない。もし、再レファレンダムの実行が議会のみで決定されるとすれば、それこそイギリスの民主主義は根底から崩れてしまう。キャメロンも、そのことを最低限認識していたはずである。

むしろここで驚くべきことは、ブレアの姿勢ではないか。元首相であった人物が、ＥＵ残留の正しさを絶対視してレファレンダムの結果を蔑ろにする独善的な態度は、許されてはならない。そこには、彼がかつて党首を努めた労働党の主張がどうしてイギリスの人々の心をつかめなかったのか、という点に対する反省の気持は全く見られない。ブレアがコービン党首を非難したところで、労働党の地位を再浮上させることはできない。そうであれば、総選挙で残留の支持政党が勝利するはずはない。

ブレアのようなエスタブリッシュメントの層と、労働党を伝統的に支えてきた工場労働者の層の間には、すでに深くて大きな溝ができ上がっている。この溝を埋める努力をしない限りは、何度レファレンダムを行っても残留派は勝利できないのではないか。労働党のみならず保守党も含めて、イギリスの残留派主導者は結局この現実を理解できない、というよりは理解しようとしないのである。

五．離脱派勝利のＥＵへのインパクト

(一) EU全般にわたるインパクト

他方で、Ｂｒｅｘｉｔは EUに対していかなるインパクトを与えたか。まず、ＢｒｅｘｉｔがＥＵ全体の経済に及ぼす諸問題をごく簡単に見ておこう。それはひとまず、貿易、テクノロジー、サーヴィス、競争力、並びに金融の各側面で次のように現れる[49]。

第一に貿易について。ＥＵの自由貿易推進論者は、Ｂｒｅｘｉｔにより難しい道を歩むことになる

と認識する。それは、米国とEUとの自由貿易協定が不確実になることで表される。事実、大西洋貿易・投資パートナーシップ（Transatlantic Trade and Investment Partnership：TTIP）は終ったとみなされる。第二にテクノロジーについて。EUはこれまで、フランスとドイツを軸に米国のテクノロジー・グループ（グーグルやフェイスブック）が過剰になることを抑えてきた。一方、イギリスは規制を緩和することでそれをバランスさせてきた。そこでBrexitは、フランスとドイツのアジェンダを一層自由にさせる。第三にサーヴィスについて。EUはこの領域で新たに推進することを誓約した。しかしBrexitにより、それは確実に後退する。第四に競争力について。イギリスは長い間、欧州の競争力を保護してきた。それゆえBrexitは、EUの競争力強化の側面を脆弱にする。そして第五に金融について。イギリスは周知のように、欧州における金融のチャンピオンであると共に、金融に関するEUの共通ルールを遂行してきた。しかし他方で、イギリスは規制権限の集権化と闘ってきた。かれらは、クロス・ボーダー投資に対する障壁をなくし始めたのである。この点でイギリスはトラブル・メーカーであった。イギリスが離脱することで、フランスとドイツの金融規制に関するアジェンダがより有効になることは間違いない。問題となるのは、Brexit後のイギリスが、そうしたEUの規制を完全に無視できるかどうかであろう。

以上のような諸問題が想定される中で、EUはBrexitによって消滅する危機に瀕するのではないかと不安視された。イギリスは欧州最大の軍事支出大国であり、欧州第二位の経済大国であり、さらには自由主義経済に関して最も発言力の高い国の一つである。こうした大国を失う以上、EUが消滅危機に直面すると考えても何ら不思議ではない。それゆえ欧州大統領のトゥスクは、Brexitが EUにとっていかにドラマティックなものかを語る一方で、EUのリーダーがEUの将来について広範に検討すべきであると唱えた[50]。彼がこれまで、イギリスのレファレンダム・キャンペーンの最中にもそうした発言を行ってこなかったことを考えると、EUの事態の深刻さがわかる。

実際にEUは、Brexitが伝染して他の加盟国がそれに続くというドミノ効果を最も恐れた。それは言うまでもなく、EUを一挙に崩壊させてしまうからである。そうした中で欧州の極右派の政治家は、今回のイギリスのEU離脱の決定を政治戦略の絶好の機会と捉えた[51]。例えばフランスのル・ペンは、イギリスのレファレンダム結果を反EUの動きの高まりを示すものとみなし、フランスのEUレファレンダムを求めた。また、反移民政策を掲げるオランダの国民党党首であるK・T・ダール（Dahl）も、オランダのEU離脱（Nexit）を訴えた。

しかし、一部のEUリーダーはそのような極右派の反EU論の恐れと正反対に、かなり楽観的な姿勢を示した。かれらは、イギリスのEU離脱によって受ける金融的かつ経済的な苦しみがユーロ懐疑派を一掃するとみなしたのである。例えばオランダ首相のM・ルッテ（Rutte）は、Brexitのネガティヴ・インパクトが欧州の反EU政党の勃興を強く抑えると唱えた。またフランスのオランド大統領も、「Brexitは、欧州を終らせようとする人々に対しレッスンとして働く」とし、欧州の人々にEU域内に留まることの優位性を主張した。

このようにして見ると、ルッテやオランドのようなプロEU派のリーダーには、EUそのものに対する危機感がない。そこには、トゥスクの発言とは裏腹にBrexitが起こったことに対する反省が全く見えない。こうした姿勢でもって、EUはこの難局を乗り切ることができるであろうか。ただしかれらも、さすがに少なくとも現行のままでEUがうまく機能するとまでは思っていなかった。

メルケルとオランドは、欧州プロジェクトを達成するには加盟国のより深い協力が必要であるとする声明を発表した。また、今回のレファレンダムが行われる以前から、フランスの前経済相で現大統領のＥ・マクロン(Macron)と共に、ＥＵの根本的改革を唱えてきたドイツの副首相であるＳ・ガブリエル(Gabriel)も、*このイギリスのＥＵ離脱がＥＵを信頼できない同盟にさせるとして警告を発した。

欧州のリーダーはこうして、ＥＵの信頼回復に向けて進む決意を表す。かれらは、これまで六〇年間にわたって培《つちか》ってきた欧州統合のプロジェクトを活かすと共に、「絶えず一層緊密になる欧州」というスローガンを改めて確認する。ＥＵはもはや、「都合のよいときにだけ働く(fair weather)」プランでは機能しないことがはっきりとした。

こうした中で欧州は、イギリスのＥＵ離脱派勝利に対して複数の方策を打ち出した。[52] 第一に、ドイツとフランスの連合にイタリーを加えて対処すること。ＥＵはドイツとフランスの二国だけで新たなことを行える状況ではなかった。第二に、イギリス政府に圧力をかけること。これはオランド大統領の望むところであった。メルケル首相も、イギリスが離脱の道を開かない限りは交渉を開始するつもりがないことを強調した。そして第三に、社会民主的な意にできるだけ適った宣言を行うこと。これは、フランスとイタリーだけでなくドイツにも求められた。それはまた、「新たな欧州」の推進を意味した。この最後の点が、ＥＵの信頼回復の上で最も重要であることは間違いない。ところがそこには、欧州共通の社会的基準づくりという大きな問題が立ちはだかる。欧州市民がＥＵに親しみを寄せるために、この問題の解消が不可欠であると言わねばならない。

では、欧州は真にいっしょになって統合を深めるヴィジョンを打ち出せるであろうか。確かにＥＵ改革のイニシアティヴは、メンバーシップの進むべき道をはっきりとさせることに置かれた。しかし、その道は一本の道として描かれたのではなかった。[53] それは、一方でＥＵ創立メンバーに連邦的ゴールを目指させながら、他方では、それに抵抗する加盟国に対してEUとより緩やかな関係を保つことを認めたのである。ここには、一様の欧州は見られない。EUがキャメロンとの交渉結果で示した、二層の欧州という構想が再燃したのである。

さらに留意すべき点がある。それは、欧州第一の盟主であるドイツ自身が、欧州統合の大飛躍、すなわち連邦スキームの達成を疑っているという点である。メルケル首相は、今は欧州統一の転換点であり、そのことは欧州が多様であるという認識に基づくと語る。この彼女の発言が、多分に反連邦勢力の考えを踏まえていることは容易に想像できる。実際に欧州の連邦化への抵抗は、EUのより新しい加盟国において最も明白であった。例えば、ポーランドの極右派政党のリーダーであるJ・カチンスキー（Kaczyski）は、連邦の考えは大事を招くとして「絶えず一層緊密になる欧州」という指令に反対した。

このようにEUは、イギリスの離脱という大事件の直後に将来のヴィジョンを示す必要があったものの、かれらは一枚岩でそれに臨める状態ではなかった。このことはまた、EUがBrexitをどのような形で認めるかという点に関しても少なからず影響を及ぼすに違いない。そこでEUは、レファレンダム直後にイギリスといかに交渉しようとしたか。

(二) EUとイギリスの離脱交渉問題

イギリスとEUとの離脱交渉は当初、何年かかるか誰もわからないと思われた。そこでは言うまで

＊ マクロンとガブリエルは共同でEU改革のための声明を発表した。この点については前掲拙著『ギリシャ危機と揺らぐ欧州民主主義』明石書店、二〇一七年、三二三〜三二五ページを参照されたい。

もなく、四〇年以上にわたるイギリスのＥＵメンバーシップを断ち切ることが目標となる。このことはまた、ＥＵ単一市場の再編を意味した。そこには、三つの根本的問題が横たわる。[54] 第一に、いかなる政治上かつ通商上の協定をイギリスが求めるか、そしてＥＵはそれを受け入れるかという問題。第二に、離脱協定は、ポストＢｒｅｘｉｔの通商協定を含めた合意と同時に施行されるのかという問題。そして第三に、もしそうでなければソフト・ランディング（軟着陸）を保証する移行措置は可能かという問題。これらの問題は、イギリスを最初の例として生じるだけに、その対応が極めて難しいと考えられる。

　そこでまず、イギリスのＥＵ離脱のプロセスを見れば、それには二つの道のりが認められる。第一の道のりは、ＥＵ条約の離脱条項と呼ばれる第五〇条に沿って進めるものである。それは離脱に二年間を要する。第二の道のりは、通商から安全保障の協力までの諸関係を再編するもので、これはより複雑になる。それは、欧州議会と国民的議会で承認されねばならないからである。

　これらの二つの道のりのいずれにおいても、やはり最大の争点となるのは、イギリスとＥＵの通商関係をいかなるものにするかという点であろう。その際にイギリスが採る選択は四つある。第一に、イギリスは単一市場に対してＥＵ外からアクセスする。これはノルウェーの例に見られる。第二に、イギリスは一連の二国間協定をＥＵと結ぶ。これはスイスを例とする。第三に、イギリスはＥＵと関税同盟を取り決める。これはトルコの例であり、製造品に関する合意を表す。そして第四に、イギリスはＥＵ単一市場にアクセスするためにＷＴＯルールに依拠する。これは関税・非関税障壁があっても行われる。

　こうした中で、イギリスの離脱派の中には、単一市場はそのままにして特別な通商協定の交渉を唱える論者がいる。しかしそのためには、当然に人々の自由移動というオブリゲーションを受け入れねばならない。そして何よりも最大のリスクは、イギリスの離脱と新たなＥＵとの通商編成の間に極めて大きな時間の隔たりが現れるという点であろう。それは、少なくとも五年以上になると見込まれた。そこでハードランディングが最も簡単になる。しかしそれは、欧州市場に対して何の特恵的アクセスも持たない。ただ、この通商再編についてＢｒｅｘｉｔ派はあくまで楽観的に考えている。この点はＥＵ側と対照的である。

欧州のリーダーはこれらの点を踏まえ、Ｂｒｅｘｉｔに対して厳しいルールを適用するつもりであることを表明した。[55]かれらはまず、イギリスが公式の離脱プロセスをスタートさせるまでは話し合いに応じないことを決めた。そして、イギリスが交渉で「いいとこ取り（cherry picking）」することを斥ける旨の共同メッセージが発せられる。中でも欧州委員会委員長のユンケルや欧州議会議長のシュルツは、より厳しい姿勢を露にした。これらのことは、欧州のリーダーが、イギリスのレファレンダム結果にいかに失望し、かつまたいかに不安感と憤りを覚えたかをはっきりと示していた。

一方、イギリス側においても、ＥＵ側のそうした見解を前提として離脱交渉を開始する必要があった。それは、一部の離脱派が描いているほど楽観視できるものではなかった。ＦＴ紙の社説が論じたように、イギリスは、先にキャメロンが締結したＥＵとの新協定以上のものを勝ちとることを期待できない。[56]その点で、イギリスのＥＵとの貿易を含めた諸関係を再機能させることは、極めて難しい作業になると思われた。

実際に欧州のリーダーは、イギリスに有利な通商協定を結ぶつもりが全くない。トゥスクは、「ア・ラ・カルトの単一市場はない」と明言する。メルケルも、単一市場へのアクセスは資本、労働、サーヴィス、並びに財の四つの自由移動を条件とすることを改めて強調した。[57] こうしてかれらは、イギリスに対してできるだけ早くEU条約の第五〇条を発動して離脱をスタートするように説く。この点はとくに、フランスのオランド大統領により強く求められた。しかし法的には、EUがイギリスに対して第五〇条の発動を強いることはできない。そうだとすれば、離脱条項の発動はあくまでもイギリスの自発的な動きに頼らざるをえない。イギリスは、これに対してきちんと用意しているであろうか。

実はイギリスにおいて、ポストBrex·itに関するはっきりとしたプランはレファレンダム直後にはなかった。強いて言えば、イギリスは単一市場へのアクセスを優先した。そのため、労働の自由移動は認められたままである。この点は、離脱派の主たるリーダーであるジョンソンも望むところであった。そこで単一市場へのアクセスを前提とすると次のようなオプションが考えられる。[58]

第一にEEA「プラス」案。もしイギリスがEEA（欧州経済圏）に留まるのであれば、かれらは単一市場に対して農産物以外のものに関する完全なアクセスを持つ。ただしそのためには、EU予算への貢献と人々の自由移動を受け入れねばならない。「プラス」の部分は、イギリスのEUメンバーシップの他のものを含む。これによってイギリスとEUでの生活ができる限り同じになる。

第二にEEA案。これによりイギリスは、EU外の国と通商協定を結ぶのが自由になる。ただし、イギリスの貿易に対して追加的な規制が課される。ほとんどのエコノミストは、EEAメンバーシップによってEU離脱のダメージを制限できると考える。しかし、それはダメージを完全になくすものではない。

第三にEEA「マイナス」案。これは、移民のコントロールを少し行うことで単一市場へのアクセスもより少なくするものである。しかし、これは容易でない。もしイギリスが人々の自由移動を制限すれば、単一市場へのアクセスはEUとの対立を招くからである。

第四にEEAリヒテンシュタイン案。EEA条項は、メンバーに対して人々の自由移動に対する一定の制限を認めている。ただし、それはメンバーが深刻な経済的・社会的状況、あるいは環境的に困難な状況である場合に限られる。この点はイギリスに強くアピールする。しかしイギリスが、移民の制限だけでEEAメンバーシップをえようとすれば、EUにそれが容認されるのは難しい。

第五に連合協定案。これは、ドイツ財務相のショイブレのプランである。そこでは、財とサーヴィスをつうじて同一の税が課される。これによりイギリスは、いかなる通商関係に合意しても、それにより他の加盟国の利益を損なってはならない。

そして第六にWTOルール下の通商取引案。これは、関税・非関税障壁を適用する。それにより単一市場への特恵的アクセスは消える。

以上からわかるように、イギリスがEUの単一市場へのアクセスを第一に考えるのであれば、当然にかれらは、そのための条件を受け入れるかどうかについて決断しなければならない。それは要するに、人々の自由移動の容認の問題に集約される。先に明らかにしたように、キャメロンはEUとの再交渉の中で、イギリスへのEU移民の一時的中断という譲歩をEUから引き出すことに失敗した。イギリスは、このことを再び前面に出してEUと交渉できるであろうか。

FT紙の記者ラックマンは、そうした移民流入の緊急中断はイギリスとEUの双方にとって好ましいと唱える。[59] イギリスにとってEU単一市場を失うことは大きな痛手である。しかし同時に、EUにとってもイギリスの労働市場へのアクセスを失うことは損失になる。要するに彼は、イギリスとEUの間で中間的で控え目な合意点があるはずと説く。こうした見方は、いかにもアングロ・サクソン的プラグマティズムを表す。それはまた、EU残留派が賛同するものであろう。一方、強硬な離脱派は、それが裏切り行為であるとみなすに違いない。そして欧州の政治同盟を目標とする連邦主義者は、イギリスの新たなオファーを拒絶するに決まっている。そうだとすれば、イギリスにとってポストBrexitの道は、まさに単一市場へのアクセスか移民のコントロールかの二者択一的な方向を目指すしかない。そうした事態にイギリスは確かに追い込まれたのである。

他方でEU側にして見ても、Brexitによって再検討すべき問題が生じることは疑いない。それは欧州統合の深化と深く関連する。欧州は、イギリスのレファレンダムが行われる以前に、ユンケル・レポートの形で将来に向けた欧州統合深化のための青写真を発表した*。その中に、欧州自身の資本市場同盟（Capital Market Union、CMU）を建設する計画がある。実は、それをつくり出すためのプロジェクトを当初より推進したのはイギリスであった[60]。イギリスはその同盟の中で、ロンドンを中心に投資ファンドやトレーダーがEUブロックを通して自由に金融ビジネスを行うことができると考えたのである。事実、このプランはイギリスのEUコミッショナーであるJ・ヒル（Hill）の手中にあった。ところが彼は、レファレンダムでEU離脱派が勝利するとコミッショナーを辞任した。Brexitによって CMUのヴィジョンはどうなるであろうか。

欧州委員会はそもそも、ユンケル委員長の下でCMUを、EUの金融センター化にとって決定的なものとして捉えた。それは、EUの金融機関に対してファンディングのアクセスを容易にすると考えられたのである。実際にかれらのファンディング規模は、汎欧州資本市場の欠如のために米国のそれに比べてはるかに小さかった。欧州のビジネスはしたがって、依然として銀行にそのファンディングを依存せざるをえなかった。しかしそれは、銀行の経営リスクが増すにつれて従来の規模を維持できなくなる。それだけにCMUは、イギリスの離脱とは無関係にメリットを持つとみなされた。否、むしろBrexitにより欧州は、CMUを強化して単一市場をつくり上げることができる。CMUはまさに、金融セクターの世界チャンピオンを目指す。EUは、真のCMUをイギリス抜きに発展させることができる。欧州はこのように捉えたのである。フランスはとくに、このシナリオを強く訴えた。

このようにして見ると、当初イギリス・サイドから発想されたCMUは、レファレンダム後にEUが主導権を握ると想定された。果して、CMUはEUのみで進められるであろうか。そもそもイギリスがCMUを提案したのは、ロンドンに集結している欧州の金融機関の数の多さとロンドン資本市場の規模の大きさを念頭に入れながら、その実現の可能性を探ったからに他ならない。そのロンドンが抜けた以上、それを埋めるだけのものが欧州に備わっていると考えることは難しい。

(三) EU加盟国の反応

一方、イギリスのEUレファレンダムの結果に対し、他のEU加盟国はどのように反応したか。まず、それに対して直ちに不安の念を表したのは隣国のアイルランドであった。

もともとイギリスとアイルランドは、共に一九七三年にEECに加入して以来、利害の共有関係を築いてきた。アイルランド側からすれば、両国の関係はEUのメンバーシップをつうじてこそ発展したとみなされた。かれらにとって、イギリスは最大の貿易パートナーであり、共にEUの単一市場を利用できたからである。実際にアイルランドのイギリスに対する政治・外交政策は、少なくともこの

＊ ユンケル・レポートについて詳しくは前掲拙著『ギリシャ危機と揺らぐ欧州民主主義』明石書店、二〇一七年、三一七～三二二ページを参照されたい。

二〇年間で両国がＥＵの同等のパートナーであるという前提に基づいていた[61]。そしてかれらは、北アイルランドの安定と繁栄における利害を共有した。それだけに、今回のイギリスのレファレンダム結果は、アイルランドに対して経済的・政治的ショックだけでなく心理的ショックも与えた。前アイルランド首相のＪ・ブルトン（Bruton）が語ったように、「次の四〇年間は過去の四〇年間と同じようにはいかない」と思われたのである。

確かに、両国がＥＵのメンバーシップになって以来、イギリス首相のアイルランド訪問は決まって行われ、両国の間で定期的な会合が開かれた。そうした良好で緊密な両国の関係が、今回のイギリスのレファレンダムで変化するかもしれない。この懸念が、とくにアイルランドの側で生じた。それゆえアイルランドは、イギリスとの特別な関係をできる限り維持することを当面の目標とした。アイルランドのケニー首相は、他のＥＵリーダーがイギリスを懲罰しようとする向きを変えるように試みる。アイルランドはその意味で、イギリスの離脱交渉における「キーとなる仲介者」と化したのである。

他方で、今回のレファレンダム結果に最大の関心を寄せたのは、やはりドイツであった。かれらは、他のＥＵメンバーからその結果に対する早急の対応を迫られたからである。欧州で最大の力を誇るリーダーのメルケルは、ＢｒｅｘｉｔがＥＵ他のＥＵ加盟国の離脱を促すかもしれないという不安をまず認める[62]。それでも彼女は、そうしたＥＵの動揺に対して冷静な姿勢を崩さない。彼女は当面、イギリスに対して即座に撤退を要求しないと同時に、ＥＵがイギリスに厳しい条件をつきつけるべきでないと唱える。

そうした中でメルケルは、二つのことを選好する必要があった。一つは、事態を一層悪化させないこと、すなわちＥＵ離脱の伝播を起こさせないことである。実際に当時、フランス、オランダ、並びにチェコ共和国において離脱のためのレファレンダムを行う動きが強く現れた。そしてもう一つは、ポストBrex:itに対処するためのEU改革プランの作成である。この点についてはすでに、フランスの元大統領であるN・サルコジ（Sarkozy）やポーランドのユーロ懐疑派政党のリーダーであるカチンスキーらがEU条約の変更を提案していた。このことはまた、EUのイギリスとの将来の関係に対して大きな影響を与える。ドイツのショイブレ財務相は、それらの点を踏まえながらイギリスに対して「連合的パートナーシップ」のステータスを与えるプランを表明した。他方でドイツの産業界も、イギリスを懲罰するような話し合いに反対する意向を示した。それは、イギリスがドイツにとって第三位の輸出市場となっているためである。そしてメルケルを支えるキリスト教民主同盟（CDU）らの政党も、EUに対してイギリスとの交渉を冷静に行うことを請願する。

一方、ポストBrex:itのEU改革を念頭に置いた、よりラディカルな見解も打ち出された。ドイツの副首相であり社会民主党（SDD）の党首であるガブリエルは、かつてフランスの経済相であったマクロンとEUの改革に関する提言を行ったように、ここでもドイツがこれまで推進してきた政策の変更を求めた。ガブリエルは、フランスのオランド大統領をリーダーとする欧州中道左派の会合で、ドイツがショイブレを中心に行ってきた緊縮政策主導のアプローチを改め、より緩やかな政策に変えることを訴えたのである。事実、メルケルはユーロ圏の緊縮政策を課した張本人として、とくにギリシャ救済の対策と関連させながら強く批判された。ガブリエルの唱える反緊縮論は、その点で正当なものであると言わねばならない。

他方でメルケル自身は、やはりこれまでと同じようにEUのルールを第一とする姿勢を崩していない。彼女は、イギリスの離脱派が人々の自由移動を制限しながらEU域内市場にアクセスすることを望んでいるのに対し、「いいとこ取り」の仕方はありえないと警告する。[63]もしイギリスがEU単一市場にアクセスしたいのであれば、ノルウェーのケースのように、EU市民の域内自由移動というルールを受け入れねばならないからである。同時に彼女は、イギリスが離脱の手続きをスタートさせる前に非公式な話し合いを持たない旨を宣言した。

さらにメルケルは、先にも示したようにイギリスのEU離脱に関して、より穏やかなコースを想定する。それは、イギリスに様々なオプションを考える時間を与える形となって現れた。同時に彼女は、残りの二七ヵ国が一層統一することの重要性を強調した。このことはまた、EUのラディカルな改革要求に応えようとするものであった。「全体として二七ヵ国から成るEUを危機から脱出させる提案はすべて歓迎される。これと対照的に、欧州をすでに苦しめている集権的な力を強めるようなすべての提案は、我々全体に対して予測不可能な結果をもたらす。……それは欧州を一層分断させるであろう。」彼女はこのように語る。この発言は、多分に東欧諸国のEUの集権化と連邦化の傾向に対する不満を意識したものである。そして、このメルケルの姿勢が、ポストBrexitのEU改革やEUの将来構想に大きな影響を与えることは間違いない。

一方、EU離脱派が勝利したことによって、EU市民の域内自由移動が途絶えるのではないかという恐れが、移民送り出し国側に当然生じた。そうした国の代表が東欧諸国であったことは言うまでもない。かれらはそれゆえ、まずイギリスがEUの人々の完全な自由移動なしに通商上の利益を再びえることを拒絶する。同時に、イギリスに住んで働いている東欧市民の権益を維持することが、東欧諸国にとってイギリスとの離脱交渉における最優先課題となった。[64]

イギリス有権者の移民コントロールに対するより厳しい要求が、離脱を推進させる一つの主因であったことは疑いない。だからこそキャメロンは、イギリスにおけるEU移民労働者の権益を削減することを試みたのである。これに対して東欧諸国は、キャメロンの意向に強く反発した。しかしかれらは、最終的には新定住移民の一部に対する権益の抑制を渋々認める。ただし、その譲歩は、イギリスの残留が決定されて初めて生きる。離脱派が勝利したからには、かれらは直ぐに、イギリスに移民した人々やこれから移民する人々の権利を守る動きを示した。

ポーランドのB・シドロ（Szydlo）首相は、この点について次のように語る。「ポーランド政府にとって最重要な問題は、大ブリテンに住むポーランド市民の運命である。……我々は、かれらがイギリスに到着してえた特権を維持することを交渉するつもりである。」こうして少なくともポーランド、スロヴァキア、チェコ共和国、並びにハンガリーの四ヵ国は、確実に一つのブロックとしてイギリスと交渉する。これらの四ヵ国からすでに一二〇万人以上の人々がイギリスに居住していると推計される。そうである以上、ポーランド首相やハンガリーのオルバン首相が訴えるように、かれらのステータスを保証することが、東欧諸国のイギリスとの交渉における最大の眼目になることは間違いない。

ところで、イギリスのレファレンダム結果が、欧州とりわけその周辺部に与える直接的インパクトは、もちろん東欧に限られない。経済的インパクトという点では、むしろ南欧の周辺部に与える影響の方がより深刻である。もともと、ギリシャ、イタリー、スペイン、並びにポルトガルから成る南欧諸国は、経済の不況と過大な債務を抱えた「死のループ」に組み込まれてきた。それは一旦、ECBによる未曾有の介入により壊されたかに見えた。しかし、南欧の根本的な経済的困難の問題は全く解消されていない。

実際に今回のEUレファレンダムの結果は、南欧が再び「死のループ」に陥るという恐れから、その政府債の売却を促して債券利回りを上昇させた。また、レファレンダム直後の株式市場において、イギリスの株価下落が五％台であったのに対し、イタリー、スペイン、並びにギリシャの株を含んだ金融資産全体の価格下落は一四～一六％にも及んだ。[65] イギリスでスターリング相場の下落がショック・アブソーバー（緩衝装置）の役割を果したのと対照的に、南欧四ヵ国ではユーロ圏に属しているがゆえに、その点を期待することはできない。まさにユーロがもたらす「死のループ」から、南欧諸国は脱け出せなくなったのである。

一方、政治的側面でもＢｒｅｘｉｔの結果は、南欧諸国に大きな負のインパクトを与えた。それはとくにイタリーで現れた。イギリスのレファレンダムから数ヵ月後に、Ｍ・レンツィ（Renzi）首相の政治システム改革案に対するレファレンダムが控えていたからである。そもそもイタリーは、経済面でひどい状況に追い込まれている。それは、イタリーの銀行の資本不足に象徴されていた。イタリーのポピュリスト政党の「五つ星運動」が、Ｂ・グリル（Gryll）党首のユーロ圏離脱宣言によって非常に高い人気をえたのはそのためである。[66]

このようにして見ると、ＥＵは、Ｂｒｅｘｉｔのネガティィヴ・インパクトとしての離脱のドミノ効果を何としても防がねばならない。それは同時に、「死のループ」にはまっている南欧諸国が、危機的状況から脱するための方策を提示することにつながる。そのことによって、ＥＵ自身も大きな変革を果すことになる。

他方でイギリス政府は、今回のレファレンダムの結果に対して様々な危機管理を求められる。まずかれらは、離脱を支持した有権者の票が何を意味するかを正しく理解する必要がある。それは、単純なＥＵの拒絶ではない。離脱票はまた、グローバル化や移民のイギリス経済・社会への強いインパクトに対する民衆の激しい怒りも表している。それらが、イギリスの人々のアイデンティティや経済的保証を侵食したからである。これにより、イギリス社会に深い分断が現れた。それを象徴するのが、エリートと民衆との間に見られる大きな亀裂である。そうした分裂が長い年月をかけて深まったことを考えると、それを修復するのは容易でない。しかし、その作業がイギリスにとって必要不可欠になったことを、このレファレンダムは如実に示したのである。

注

1 The Electoral Commission, 2016, http://www. Electoral commission. Org. UK, 28/ 04/ 2017.
2 Mccrum, D., & Hughes, J., "Turmoil as 'something very bad happened' ", *FT*, 25 June/ 26 June, 2016.; Blitz, R., "Pound's night of gyrations sets hearts thumping", *FT*, 25 June/ 26 June, 2016.
3 Blitz, R., *op.cit.*.
4 Kynge, J., "EM shares and currencies knocked by Brexit", *FT*, 25, June/ 26 June, 2016.
5 Thomas, D., Wilson, J., & Agnew, H., "Investors seek safety as screens show sea of red", *FT*, 25 June/ 26 June, 2016.
6 FT Reporters, " 'Shocked' bankers left reeling from share price collapse", *FT*, 25 June/ 26 June, 2016.
7 FT Reporters, "Insures and asset managers suffer swift, brutal sell off", *FT*, 25 June/ 26 June, 2016.
8 Moore, E., "Gilt yields hit record low in the wake of poll", *FT*, 25 June/ 26 June, 2016.
9 Stafford, P., & Shotter, J., "Brexit vote threatens 20 bn – LSE – Deutsche Börse merger", *FT*, 25 June/ 26 June, 2016.
10 Hume, N., Sheppard, D.,Terazono, E., & Sanderson, H., "Gold soars and oil falls as investors run for cover", *FT*, 25 June/ 26 June, 2016.

11 Giles, C., & Cadman, E., "Economists frustrate attempt by Osborne to calm nerves", *FT*, 28, June, 2016.
12 Pickard, J., & Plimmer, G., "Future of big infrastructure projects thrown into doubt", *FT*, 27, June, 2016.
13 Giles, C., & Tetlow, G., "Experts warn on hopes of export-led boost", *FT*, 29, June, 2016.
14 Fleming, S., "Dollar surge presents Fed with conundrum", *FT*, 27, June, 2016.
15 FT, editorial, "S&P issues a warning to Britain's political class", *FT*, 29, June, 2016.; Tetlow, G., "Turmoil risks further down grades, says S&P", *FT*, 29, June, 2016.
16 Tetlow, G., & O'connor, S., "Anxious businesses freeze jobs and cut plans for investment", *FT*, 27, June, 2016.
17 Giles C., Binham, C., Fleming, S., & Jones, C., "Carney leads effort to solve the markets", *FT*, 25 June/ 26 June, 2016.
18 *ibid*.
19 Harrison, R., "Plans for departure should reflect the narrow victory", *FT*, 28, June, 2016.
20 Agnew, H., & Rovanick, N., "Traders stunned as jobs fears to be hold", *FT*, 25 June/ 26 June, 2016.
21 Arnold, M., & Binham, C., "Lenders keen to avoid 'bonfire of EU red tape' in short term", *FT*, 30, June, 2016.
22 Arnold, M., & Noonan, L., "Operations shift begins as doubts over 'passport' rights grow", *FT*, 27, June, 2016.
23 Arnold, M., & Noonan, L., "Global banks weigh up whether they should stay or quit the Square Mile", *FT*, 27, June, 2016.
24 Arnold, M., & Binham, C., "BoE presses banks to keep lending and avoid crunch", *FT*, 30, June, 2016.
25 Barker, A., "City of London to be hit by loss of British voice", *FT*, 27, June, 2016.
26 Campbell, P., "Ford considers jobs cuts on currency concerns" *FT*, 25 June/ 26 June, 2016.
27 Stothard, M., & Megaw, N., "Airbus seeks to allay fears over move from UK", *FT*, 25 June/ 26 June, 2016.
28 Plimmer, G., & Mcclean, P., "IAG warns on profits amid vote turbulence", *FT*, 25 June/ 26 June, 2016.
29 Gibbon, G., *Breaking point: The UK Referendum on the EU and its aftermath*, Haus curiosities, 2016, p.45.

30 Parker, G., Allen, K., & Mance, H., "Cameron urges EU leaders to learn lessons of ballot outcome", *FT*, 28, June, 2016.; Parker, G., Barker, A., & Chagan, G., "Cameron blames Brexit defeat on EU failure to tackle immigration", *FT*, 29, June, 2016.

31 Clegg, N., "Cameron and Osborn are to blame for this sorry pass", *FT*, 25 June/ 26 June, 2016.

32 Parker, G., "Osborne silence sparks theories over his next move", *FT*, 27, June, 2016.

33 Grayling, C., "We will make an orderly exit to ensure the City's future", *FT*, 27, June, 2016.

34 Parker, G., Allen, K., & Mance, H., "All eyes turn to Johnson after PM steps down", *FT*, 25, June/ 26, June, 2016.; Parker, G., "Johnson holds talks with allies over plan to run for No10", *FT*, 27, June, 2016.

35 Bernard, P., "Boris Johnson face à ses contradictions", *Le Monde*, 29, juin, 2016.

36 Parker, G., & Allen, K., "Next Tory leader to be elected by early September", *FT*, 28, June, 2016.

37 Giles, C., "In the Brexit void, chances of a bust gain momentum", *FT*, 30, June, 2016.

38 Allen, K., "Home secretary gains momentum to stop Johnson", *FT*, 29, June, 2016.

39 Pickard, J., & Vina, G., "Corbyn faces rebellion as veteran Labour MPs submit no-confidence motion", *FT*, 25 June/ 26 June, 2016.

40 Pickard, J., & Parker, G., "Labour embroiled in worst civil war for years" , *FT*, 27, June, 2016.

41 Pickard, J., "Corbin vows to dig in as growing revolt grips party", *FT*, 28, June, 2016.; do., "Corbyn defiant after losing confidence vote", *FT*, 29, 2016.; do., "Cameron demands Corbyn's resignation", *FT*, 30, June, 2016.

42 Ganesh, J., "An estrangled land heads for divorce and remorce", *FT*, 25 June/ 26 June, 2016.; Pickie, M., & Boland, V., "Sturgeon puts Scots on alert for second vote on independence", *FT*, 25 June/ 26 June, 2016.

43 Dickie, M., "Sturgeon embarks on mission to keep Scotland's place in EU", *FT*, 29, June, 2016.

44 Kay, J., "Scottish Nationalists succeed where Leavers fail", *FT*, 29, June, 2016.

45 Dickie, M., & Boland, V., "Sturgeon puts Scots on alert for second vote on independence", *FT*, 25 June/ 26 June,

2016.

46 Parker, G., Barker, A., & Robinson, D., "Blakmail fears leave EU wary of helping Britain back from brink" , FT, 29, June, 2016.

47 Stephens, P., "Election of pro-EU government only way to halt Brexit", *FT*, 27, June, 2016.

48 Sullivan, C., "Petition for independence gathers pace in London", *FT*, 25 June/ 26 June, 2016.

49 Brunsden, J., & Robinson, D., "Statist and protectionist outlook to win more influence", *FT*, 27, June, 2016.

50 Barker, A., "Result puts 70 years of EU integration into reserve", *FT*, 25 June/ 26 June, 2016.

51 Chassany, A-S., & Barker, A., "Leaders see exit pain as Eurosceptic deterrent", *FT*, 30, June, 2016.

52 Iwaniuk, J., & Lemaître, F., "L'Europe paralysée face aux défis du «Brexit»", *Le Monde*, 29, juin, 2016.

53 Barker, A., Cassany, A-s., & Wagstyl, S., "Rattled leaders fight to salvage union dream", *FT*, 25 June/ 26 June, 2016.

54 Barker, A., "Divorce talks open up with ' million mad questions' ", *FT*, 25 June/ 26 June, 2016.

55 Schwarzer, D., "Merkel and Hollande must seize this golden chance", *FT*, 25 June/ 26 June, 2016. Barker, A., & Parker, G., "Begin divorce process to trigger talks, say leaders", *FT*, 27, June, 2016.

56 FT, Editorial, "Harsh truth in the wake of the post-British storm", *FT*, 27, June, 2016.

57 Ducourtieux, C., "Londres et Bruxelles se preparent à des négociations houleuses", *Le Monde*, 29, juin, 2016.; Barker, A., & Chagan, G., "Brussels hardens UK exit stance", *FT*, 30, June, 2016.

58 Giles, C., & Parker, G., "Next steps: Options become clearer after day of uncertainty", *FT*, 28, June, 2016.

59 Rachman, G., "I do not believe that Brexit will happen", *FT*, 28, June, 2016.

60 Brunsden, J., & Barker, A., "City to be sidelined by capital markets union plan", *FT*, 30, June, 2016.

61 Boland, V., "Dublin's relationship with London faces shake-up", *FT*, 28, June, 2016.

62 Wagstyl, S., "Merkel seeks to calm EU crisis fears ahead of summit as concerns rise over populism", *FT*, 27,

June, 2016.

63 Wagstyl, S., & Brunsden, J., "Merkel insists no 'cherry picking' in exit talk", *FT*, 29, June, 2016.

64 Foy, H., "East European states ready to dig in over migrant rights", *FT*, 27, June, 2016.

65 Marshall, P., "British business has broken free from Little Europe", *FT*, 28, June, 2016.

66 Münchau, W., "Italy will be the next domino to fall", *FT*, 27, June, 2016.

第Ⅲ部　Brexitの影響と交渉プロセス

第五章　Ｂｒｅｘｉｔとイギリスの政治・経済・社会問題

レファレンダム直後の離脱決定が及ぼす様々なインパクトについては前章で見たとおりである。そこで本章では、イギリスが離脱条項（第五〇条）を発動して正式にＥＵとの交渉を開始するプロセスに入るまでの期間を対象として、Ｂｒｅｘｉｔがイギリス国内の政治、経済、社会の三つの側面に引き起こす諸問題を取り上げ、各々について検討することにしたい。そのねらいは、イギリスがＢｒｅｘｉｔ交渉を進めるために国内で解決すべき課題を探ることにある。

一．Ｂｒｅｘｉｔとイギリスの政治問題

（一）メイ政権の成立とその基本方針

保守党の党首選　キャメロンが首相を辞任した以上、保守党がまず行うべきことは新しい党首の選

出であった。そこで、一般に最も有力な候補者とみなされたジョンソンはリーダーシップになるためのキャンペーンを直ちに開始する。しかしすでに指摘したように、キャメロンを中心とした残留派はジョンソンが党首になることにこぞって反対した。かれらは、「ボリス・ジョンソン以外なら誰でもよい（ABB）」とする運動を起こしたのである。

そうした中で、ジョンソンといっしょに離脱派の勝利をもたらし、彼のリーダーシップを当初支持していた友人のゴーヴが、何とジョンソンと袂を分かつ。[1] ゴーヴは、ジョンソンの党首が保守党にカオスをもたらすと考えたのである。これによりジョンソンの支持者は、ゴーヴがABBキャンペーンに加わったと見る。結局、このゴーヴの裏切りによりジョンソンのキャンペーンは機能しなくなる。彼の首相の望みは絶たれた。ゴーヴはこうして、二人のイートン出身のエリート政治家すなわちキャメロンとジョンソンの大望を打ち砕く。実は、かねてからゴーヴはイートン出のエリートが政界を支配することを強く批判してきた。その意味で彼は、自らの仕事を成し遂げたと言ってよい。

保守党はこのように、党首選をくり広げながらその分裂した様相を露呈する。既成政党の混乱ぶりは、もはや労働党に限られなかった。そのような事情の下に、メイが有力な候補者として急浮上する。彼女自身は残留キャンペーンを支持したものの、その役割は小さかった。それゆえメイは、党首選のキャンペーンでEUに再加入するつもりはないと唱える。また彼女は、二回目のレファレンダムを行うつもりもないことを明らかにした。[2] 彼女はそこで、「BrexitはBrexitを意味する他ない（Brexit means Brexit）」という言葉を発したのである。

他方でメイは、EUとの経済的結びつきを重視する。したがって彼女は、EU単一市場へのアクセスを否定しない。ただし彼女は、移民に対しては一線を画す。彼女は欧州からの流入者をコントロールすべきことを強調する。この点は、彼女の内相時代の姿勢と全く変わっていない。さらにメイは、キャンペーンの中で早期の総選挙を否定した。そして二〇二〇年までに、いかなる税金も引き上げないことが強調された。彼女は、たとえＢｒｅｘｉｔで財政が打撃を受けても緊急予算を組まない旨を発表した。これらの彼女の公約を、ここでしっかりと頭に入れておく必要がある。

最終的に保守党の党首選は、メイとＡ・レッドソム（Leadsom）の二人の女性候補者の間で争われた。いずれにせよ、イギリス史上二人目の女性の首相が誕生する運びとなる。レッドソムは離脱派で、強固なユーロ懐疑主義者であった。それゆえジョンソンは、当然彼女を支持した。彼は、レファレンダムを最大限に生かすためにもプロ離脱派が首相になるべきことを訴えたのである。[3]

これに対してメイは、確かに離脱派から強く支持をえることはできなかった。しかし彼女は、イギリスにとって最善の交渉を進めるために党が一つになる必要を訴えた。さらに留意すべき点は、彼女がイギリスの人々に寄り添う姿勢を表明したことである。それは、彼女がレファレンダムで露呈された民衆の不満に応えねばならないと認識したからに他ならない。この点で人々は、メイに対して社会的秩序の再現を期待した。このことは、彼女の示した施政方針にはっきりと現れた。[4] 財政面で言えば、メイはオズボーンの約束した二〇二〇年までの財政黒字の約束を放棄する。ポストＢｒｅｘｉｔショックに直面するイギリスにとって、財政緊縮は反生産的とみなされたからである。同時にそれは、国民に不人気であったからでもある。

メイ新首相の基本方針

メイは結局レッドソムに圧勝し、保守党の新党首すなわち新首相の座をえた。それは、レファレンダムから一ヵ月も経たないうちの出来事であった。そこでまず念頭に入れておくべき点は、メイ政権がＢｒｅｘｉｔをめぐって非常に難しい課題に直面せざるをえない点である。かれらは、ビジネスやシティの要望と国民の多くの人々の意思とをバランスさせなければならない。そうした事情を考慮しながら、メイは二つの基本的姿勢を表明する。一つは、国民がＢｒｅｘｉｔを一旦選択した以上、再度レファレンダムは行わないことであり、もう一つは、二〇一六年に公式の離脱プロセスを開始しないことである。

メイは以前より、潜在的な将来のリーダーとみなされてきた。それは、彼女の厳格な姿勢と共に、その倫理的な精神によるところが大きい。事実メイは、近代の自由国家で暮らすことが倫理的な真空地帯で暮らすことではないとした上で、一般市民の公平な権利を守る（due process）ことを尊重する。[5]そして彼女は、このことを実行するためにＦ・ヒル（Hill）とＮ・ティモシー（Timothy）という二人のアドヴァイザーを指命した。かれらは、イギリスの社会改革や資本主義の果す責任などの広範囲の政治的諸問題を扱う。メイは、イギリスを「すべての人のために努める」国にすることを願う。それだから彼女は、社会改革を要求した。それによって彼女は、より平等な社会の実現を目指す。このことはＦＴ紙の記者ガネシュが指摘したように、あたかも今まで誰も考えてこなかったかのように登場したのである。[6]

メイのこうした基本的姿勢がストレートに現れてくる政策場面は、やはり経済と社会である。彼女は、「すべての人に機能する経済」という方針を打ち出し、そのための改革リストを提示した。それらは生産性の改善、エネルギー代の低減、Ｒ＆Ｄに基づく正しい投資、経済全体に火を付ける産業政策、より多くの住宅建設、並びにインフラ投資に対する財務省の保証などである。[7]

メイのこのような経済に対する基本的政策は、そもそもＥＵレファレンダムの結果をその根拠としている。彼女はそこで、イギリスの一般市民とエリートから成るエスタブリッシュメント層との断絶を認識する。彼女が、よりわずかな特権的な人々ではなく、すべての人々のための経済を目指したのはそのためである。それは、人々に対して社会包摂的（inclusive）な経済を示すものであった[8]。そのために重視されたのが、財政と経営の二つの側面である。財政面では、社会的支出が減少するような緊縮策が再検討されねばならない。また経営面では、労働者の経営参加や報酬の制限などを考える必要がある。要するにメイは、労働者の権利拡大を求めた。このことは、保守党の伝統的政策では全く想定できないものであった。

さて、以上のようなメイの基本方針は、当然にその組閣に反映された。その最もドラスティックなものは、オズボーン財務相の解任である[9]。オズボーンはこれまで、キャメロン政権下で緊縮のチャンピオンとして君臨した。実際に彼は、第一章で明らかにしたように地方議会へのファンディング、並びにソーシャル・ケアや他のベーシック・サーヴィスへの支出を極めて大きく削減した。イギリスの人々がそうした緊縮策に対して強い不満を抱いたことはすでに指摘したとおりである。このことが、一つのプロテストとして一般市民にＥＵ離脱を選択させたことも確かであった。メイはそうした過去を断ち切り、新たな財政政策の展開を試みた。実際に新財務相に就任したＰ・ハモンド（Hammond）は、早々に財政緊縮の緩和とリセッションの回避を発表した。同時に彼は、メイへの従順を誓う。この点は、オズボーンがキャメロンの友人でありアドヴァイザーであったことと異なる。

さらにメイは、キャメロンの旧閣僚を大胆に解任した。彼女は、キャメロンの近代化同盟（オズボーンやゴーヴに代表される）を意識的に外して保守党の伝統的右派を取り入れる。それは、Ｂｒｅｘｉｔの政治的かつ経済的な弊害に対処するためであった。しかし、この点は注意を要する。と言うのも、労働者の権利拡大というような保守党の伝統とは相容れない政策を提示したことと、組閣の人事とが矛盾してしまうからである。

このようにメイは、Ｂｒｅｘｉｔ票を反映すると共にイギリス経済の発展を高めるため閣僚を刷新した。その主だった人物を挙げれば次のようである[10]。まず三名の有名なＢｒｅｘｉｔ派が指命される。外相のジョンソン、ＥＵ離脱担当相のデイヴィス、並びに国際貿易相のフォックスの三閣僚が、離脱票を反映させることに責任を負う。また教育担当相として指命されたＪ・グリーニング（Greening）は、大学や専門学校を含めた教育の拡大を促進することに務める。メイはこれにより、イギリスの周縁部に追いやられた労働者が、グローバル化時代に競争力を身につけることを期待する。それはまた、労働者の社会的包摂を進めるためであった。

では、メイの率いる新政権に何の課題もないかと言えば決してそうではない。むしろ、そこには難題が山積していた。まず、それこそ経済問題がある。イギリス経済は、彼女の当初描いたようなすべての人のために機能するものとなるか。この点が問われるに違いない。例えば、メイとハモンド新財務相との関係について見る必要がある。ハモンドは確かに、前任者のオズボーンと異なり、その予算方針において緊縮策を前面に打ち出していない。それどころか彼は、緊縮の緩和を当初唱えた。その限りで彼は、メイに忠実であると言えるかもしれない。しかしハモンドは、そもそもシティの権益を守るとみなされた。この点で彼は、やはり保守党の伝統的な財務相に属する。Ｂｒｅｘｉｔについても、彼はつねに安定を求める。これらの点を踏まえると、メイとハモンドの衝突がありえない訳ではない。そのときメイは、すべての人のための財政政策を指示できるであろうか。

一方、メイが唱える労働者の経営参加も、その実行可能性については確かでない。この点は、従来ドイツ経営モデルとして知れ渡ってきたものである。そこでは、被雇用者が労働条件や執行部の決定に関与できる。それは、いわゆる「共同決定（Mitbestimmung）」と称され、ドイツ経営のアイデンティティを示すものであった。[11]ところが現在、その最良の時期は終ろうとしている。そこには様々な問題が現れ、共同決定方式が行き詰まったのである。

さらに、一層大きくて深刻な問題がある。それはやはり移民問題である。メイは内相時代に、長期にわたって移民規制のルールを強めた。この方針は首相になっても全く変わらない。ところが、イギリスのＥＵ離脱決定後もそうした方針を貫けるかは明らかでない。[12]そこにはまず、国内の問題がある。イギリスで移民に反対する地域と移民に賛成する地域の分断が見られる。イングランドの東部や北部の工業地域では、人々は移民のコントロールを望む。しかし、ロンドンやスコットランドなどの生産性の高い地域では、逆に移民が好まれる。しかも両地域の主たる移民の姿は異なる。前者は不熟練労働移民、後者は熟練労働移民で代表される。この両者の違いをいかに調整したらよいか。メイに対して、この点の処理が第一に求められる。また、イギリスのＥＵとの離脱交渉の中で、移民問題が最大の争点になることは間違いない。ＥＵは、単一市場へのアクセスと人々の自由移動をあくまでもワンセットで考えているからである。そこで彼女が単一市場にこだわるのであれば、移民のコントロールは諦めなければならない。それは、彼女の公約を反故にする。要するに、イギリスにとって移民問題は同時に、Ｂｒｅｘｉｔ後の対ＥＵ関係の問題と密接に結びつく。このようにして見ると、メイが唱える人々の社会的包摂の達成は口で言うほど易くない。その実現に失敗すれば、イギリスの民衆のメイに対する支持が薄らぐことは目に見えている。

ところで歴史を振り返って見ると、ロンドン・キングス・カレッジの政治学教授であるボグダノーが指摘するように、欧州問題はこれまで五人の保守党首相、すなわちH・マクミラン（Macmillan）、E・ヒース（Heath）、サッチャー、メイジャー、そしてキャメロンの地位を奪ってきた[13]。この問題はまさに、保守党のリーダーにとって鬼門であった。そうした中でメイは、直近のキャメロンの採った姿勢を基本的に受け継ぐ。キャメロンが寛大で市民化された保守主義を打ち出したのに対し、メイは社会的に責任のある保守主義を唱える。彼女はキャメロンと異なって欧州問題をこれからいかに乗り越えることができるか。この点が今後の最も注目すべき点になることは疑いない。

(二) レファレンダム批判をめぐる問題

今回のEUレファレンダムの実施とその結果が、イギリスの戦後政治の上で最大の事件の一つであっただけに、それをめぐって多くの議論が展開された。まず、レファレンダムそのものの正当性が問われた。この点は、FT紙の論説委員ウルフにより盛んに論じられた[14]。彼は、今回のレファレンダムの結果が扇動者により導かれた以上、それは民主主義に対する脅威であると断じる。それゆえこのレファレンダムは、トランプ大統領の選出と同一線上にある。さらには、扇動家による専制主義の到来の点で、それは実にB・ムッソリーニ（Mussolini）やA・ヒットラー（Hitler）の採った道を歩む。彼はこのようにみなす。

ウルフがレファレンダムによる直接民主制を痛烈に批判する背景には、彼のイギリスにおける議会制（間接）民主主義という政治的イノヴェーションに対する自負がある。それは両大戦間期に完成されたもので、イギリス最大の貢献と考えられる。そこで、今回のようなレファレンダムを生み出さないためにも、イギリスの議会制民主主義の改革を彼は訴える。

では、ウルフは直接民主制を斥けて、あくまでも間接民主制の絶対的正当性を唱えるのかと言えばそうではない。実は、彼の真のねらいは、そうした両民主制を比較することにあるのではなく全く別のところにある。それは、イギリスのＥＵ残留の復権に尽きる。彼はレファレンダム後も、残留派が再びアピールする権利を持つことを強調した。同時にイギリスの人々のＥＵに対する気持が変化することも唱えられた。それだからウルフは、再度のレファレンダムの必要性を強く求めた。そこでは、勝者がすべてではなく反対者としての敗者が抑えられてはならないとされたのである。

こうしたウルフのレファレンダム批判は正当なものであろうか。まず銘記すべき点は、すでに明らかにしたように、今回のレファレンダムで離脱票を投じた人々は、ジョンソンのようなナショナリストによって煽られたのでは決してないという点である。そうだとすれば、ウルフの議論はイギリスの民衆の心情を冒瀆するものであろう。かつて元首相のサッチャーは、レファレンダムは扇動家や独裁者の手段になるとして、そのリスクをよく語った[15]。その点で、ウルフもサッチャーの考えと変わらない。

さらに、ウルフの議論には一層大きな問題がある。それは、彼が残留派の意見をよく聞くためにも二回目のレファレンダムを行うべきと主張する点である。もし再度レファレンダムを行うのであれば、その可否についてそれこそ国民投票で問う必要がある。そして、このプロセスがエンドレスのレファレンダムを導くことは疑いない。仮に二回目のレファレンダムが認められ、そこで残留派が勝利すれば、今度は離脱派が三回目のレファレンダムを要求するに違いないからである。ここで再び銘記すべき点は、前章で見たようにイギリスの圧倒的多数の地域で離脱票が残留票を上回ったという事実であろう。重要なのは、両派の票数の差ではない。この点を念頭に置けば、レファレンダムを再度求めることは、いかに民衆の意思を無視したものかが理解できる。そもそも、もし今回のレファレンダムで残留派が勝利したとして、ウルフは果して離脱派のために以上のような議論を展開したであろうか。この点こそ最も問われなければならない。

以上に見たように、ウルフの議論には民主主義の精神に係る根本的問題が横たわっている。ところが驚くべきことに、現実には彼の考えを支持するかのような出来事が生じた。イギリスの最高裁判所が、Brexitの開始を規定するEU法第五〇条（離脱条項）の発動は議会で承認される必要があるとする決定を下したのである[16]。この決定はまさに、一七世紀の原則を再評価するものとして出現した。確かにイギリスの憲政上、それは文言として残っている。しかし実際には、現行の政治システムの中でその点は容易に無視できるはずである。それにも拘らず今回、そうした決定がなされたことは何を意味するか。それは意図的ではないのか。こう疑っても不思議ではない。それによってメイは、議会での承認という厄介な問題を背負うことになるからである。

他方でEU残留派は、当然に最高裁判所の決定を正当なものとみなした。その判決は、第五〇条を発動させる法的作業として全く正しい。かれらはこう主張した。この点について、強硬な残留論者の一人であるウルフは次のように論じる[17]。最高裁判所は、政府が第五〇条を発動するときに議会を無視できないことをルールとして示した。それは、唯一議会が人々から権利を取り去ることを明らかにした。この決定が、「人民の敵」であるとしてヒステリックに叫ぶことは恥ずべきことで間違っている。なぜなら、そのことは人民という名の独裁を確立して反対者から自由を奪うからである。レファレンダムを直接に政治に活かすことは反民主的になる。このことは、これまで多くの独裁者が行ってきたことにはっきりと現れている。イギリス政府が、今回のレファレンダムの結果を反対の声を無視して課せば、それは権威主義であり過半数の専制主義に陥る。レファレンダムへの依存は、こうして議会制民主主義を掘り崩す。

以上がウルフの主要論点である。ここには、民主主義を考える上で大きな問題が潜んでいる。まず、イギリスのＥＵレファレンダムは、離脱を主張する指導者によって決定されたのでは全くない。事実はその逆であった。それを実行した政府は残留を強く訴えたのである。そうだとすれば、今回の離脱派の勝利はまさに民衆の政権に対する反逆を示すものであった。さらに留意すべき点は、ウルフがイギリスの伝統的政治を重んじるばかりに、議会制民主主義の圧倒的優位性を唱えている点である。もしレファレンダムが彼の言うように人民独裁を体現するのであれば、議会がそれを無視した場合に、それは議会独裁と化すに決まっている。この点で彼の立論には根本的な問題があると言わねばならない。

さらに言えば、先にも指摘したようにウルフは、あくまでもイギリスのＥＵ残留が正しい選択と認識した上で議論を展開している。それは決して中立的なものではない。端的に言って彼は、残留派が敗北したがゆえに、その復権を願ってレファレンダムを批判すると同時に最高裁判所の決定を強く支持したのではないか。そして、そうしたウルフの姿勢はそのまま最高裁判所の決定にもつうじるのではないか。それは、たんに法的な形式を整えるための決定であろうか。もし残留派が勝利しても、同じような決定が下されたであろうか。疑いは次から次へ浮かんでくる。

一方、Ｂｒｅｘｉｔ派はもちろん、この最高裁判所の決定に激しく反発した[18]。それにより人々の意思は破壊された。同時に、政府は完全に侮辱された。かれらはこのように怒りの気持を露にした。中でも離脱派を主導した一人であるＵＫＩＰのファラージは、もし第五〇条の発動が遅れるなら一般市民の怒りが高まることは疑いないし、その結果、民衆対エスタブリッシュメントという対立の図式がより鮮明になって現れると警告した[19]。また保守党内でも、最高裁判所の判断はレファレンダムを逆転させる疑いを抱かせるとして、それに対する批判がわき起こった。

結局、これらのＢｒｅｘｉｔ派の危惧は杞憂に終る。下院は二〇一六年一二月に、圧倒的多数でＢｒｅｘｉｔをサポートした[20]。ただし、そこでは政府と議会の歩み寄りが見られた。メイ首相は、議会でＢｒｅｘｉｔについて議論を十分に行うことを約束する一方、議会はＥＵとの交渉結果に対して投票を行うことを要求した。こうして結果的には、議会は有権者の声を代表する形となり、最高裁判所の行為の正当性が確かめられたかのように見えた。しかしそこには、Ｂｒｅｘｉｔの否決という要素が全くなかった訳ではない。もし否決されたならば、イギリスの人々に誰がどのようにして責任をとるのか。レファレンダムによる人民に基づいた直接民主制の持つ意味がこれほど問われたときはない。

(三) 二大政党をめぐる問題

ところで、今回のレファレンダムは、イギリス政治における一つの重要な状勢の変化を浮彫りにさせた。それはクレッグも指摘するように、保守党と労働党から成る二大政党システムの崩壊である[21]。そもそもレファレンダムのキャンペーン時から、両党で残留派と離脱派の対立という内紛が見られた。そうした中で、一挙に有権者の支持を大きくえた二つの政党がある。一つは離脱派をリードしたＵＫＩＰであり、もう一つは逆に残留を強調したＳＮＰである。いずれも民衆の心情に訴えながら、保守党と労働党の支配してきた地区で勢力を著しく伸ばした。

では、これらの新勢力に対して二大政党はいかに反応したか。まず保守党について見ると、かれらは依然として一般の人々に寄り添う姿勢を示していない。かれらは、現状に憤慨する民衆の心情を真に理解していないのである。この点は、レファレンダム直後のオズボーン財務相の発言に端的に表されていた[22]。彼は、Ｂｒｅｘｉｔによる新しい経済運営で主導的な役割を果すと宣言しながら、その目標を「超競争的経済」に設定する。それは、イギリスを主要大国の中で最低の法人税の国にすることを意味した。他方で彼は、緊縮政策の維持を公約する。この両者を可能にするのは、他の税金の引上げか政府支出の削減以外にない。それらがいずれも民衆の痛みを伴うことは疑いない。レファレンダム直前の緊縮遂行宣言であれほど非難されたにも拘らず、オズボーンは再び同じ姿勢を明らかにした。ここにはもはや、個人としての、また党としての反省の気持は全く見られない。これでもって、保守党が一般市民から根強い支持をえられるであろうか。逆にエリート対民衆の鋭い対立が深まることは間違いない。

そこで問われるのは、メイ政権の下で、そうした保守党に潜む人民軽視の考えは転換されるかという点であろう。メイは首相に就任して直ちに、「すべての人のために努める政府」を目指すと宣言した。彼女が、新財務相のハモンドと手を組みながらそのための政治を実行しない限りは、保守党が人々の広範な支持をえることはありえない。

確かに、移民を嫌悪してＥＵと「クリーンな分断」を望む有権者はメイを支持するに違いない。また市場の自由を阻止する国家を期待する有権者も同様であろう。かれらは、メイの産業政策と国民的生活賃金の約束に、これまでの保守党の政策にないものを見ることができる。しかし、もしメイがそれらの公約を果せないとき、ＦＴ紙の社説も指摘するように彼女は裏切り者として糾弾されるに違いない[23]。

一方、メイの下に保守党が立て直しを図る中で、最大野党の労働党はいかなる展開を示したか。まず留意すべきことは、今回のＢｒｅｘｉｔ票がイングランドの労働者階級の反乱を意味したという点であろう。[24]それは、明らかに労働党に対する挑戦であった。

そこで労働党は、社会的に排除された労働者に対していかに責任を果すかが問われる。もしそれができなければ、かつての労働党支持者はそれこそＵＫＩＰに吸いとられるに違いない。ＵＫＩＰの方が、そのように蔑ろにされた労働者をよく認識していたからである。さらに労働党に対する最大の脅威は、労働者の党が新たに設立されることであった。実は保守党もこの点を理解していた。だからこそメイは、闘う労働者に党のメッセージを送ったのである。むしろそうした状勢をきちんと把握できないのは、左派と右派を含めた労働党自身ではないか。労働党が新たに生まれ変わるとすれば、かれらはまずもって離脱票を投じた労働者に語りかける必要がある。[25]

そもそも労働党は、ＥＵレファレンダムに対して一枚岩ではなかった。それは、かつての中道左派の党首であったブレアやブラウンらの率いる残留派と、現党首で左派のコービンをリーダーとする離脱派との間で真二つに分かれていた。それゆえかれらは、単一市場と移民に関するポジションを何度も変えた。[26]それによって有権者が当惑したことは言うまでもない。そして、そのような労働党の内部対立はレファレンダム後も続いたのである。このことは、Ｂｒｅｘｉｔに対して統一感を示し始めた保守党と対照的であった。要するに、労働党の改善は見られていない。世論調査が労働党支持の低下を示したのは、そのことをはっきりと表していた。

こうした中で、ブレアはメイに対してＢｒｅｘｉｔの再考を要求する。彼は次のようなスピーチを行った。「人々はＢｒｅｘｉｔの真の諸条件を知ることなしに投票した。これらの条件が明らかにされたとき、かれらは決心を変えることができる。我々のミッションは、かれらがそうするように説得することである。[27]」ブレアはこうして、二回目のレファレンダムの可能性を示唆しながら、Brexitの決定を逆転させようと試みたのである。

このブレアの考えは妥当であろうか。まず批判されるべき点は、イギリスの有権者がBrexitに関して無知であったがゆえに離脱に投票したという彼の認識である。すでに明らかにしたように、イギリスの人々とりわけそれこそ労働党を支持してきた労働者は、生活上の困難から確信をもって離脱票を投じた。かれらにとって、Brexitの条件は判断材料として全く問題にならない。すでに悪い状況にある人々に、これ以上悪くなると言ってもかれらはそれに聞く耳を持たない。中道左派の元首相は、このことに気づかない、否、理解できないのである。ここには、労働党の幹部と労働者の間ではっきりとした断絶が見られる。ブレアの発言はオズボーンのそれと何ら変わらない。エリート対民衆というアンビヴァレンスは、イギリス全般に行き渡っている。

労働党は今後どのような道を歩むべきか。まず党首が問題にされた。コービンに対する批判は党の内外で高まった。もしメイが素早く総選挙を行えば、保守党は圧勝すると見込まれた。その最大の責任は党首のコービンにある。彼は、二〇一五年の選挙でミリバンドが敗北したことによる困難をさらに絶望に転化した。これほど低い評価が彼に下されたのである。[28]

ところで、労働党のこうした凋落の責任を、たんに党首のコービンのみに負わせるのであれば話は簡単である。要は、党首を変えればよいだけのことになる。労働党はそれでもって浮上するであろうか。もしそうでない場合はどうなるか。そこには野党の不在という深刻な事態が待ち受けている。

こうした中で、実はコービンに対するサポートは根強いものであることが明らかになる。彼は二〇一六年九月末の党首選で、何と党内の大反逆に抗して再選されたのである。[29] 確かに、コービンの辞任を求める労働党のメンバーは依然として少なくない。しかし、かれらを打ち破る新しい党のメンバーが今回現れた。そうした新メンバーは、若くて熱狂的なコービン支持者であった。かれらの草の根運動がコービンを再びリーダーに押し上げたのである。それは明らかに、党内の中道左派のエスタブリッシュメントに対する反逆を意味した。このような現象はまた、最近の世界における若者の一連の動きに呼応するものであった。

コービンはこのように、新しく生まれた強力な支持者をえた以上、かれらの要求に十分に応える必要がある。それはまず、保守党政権で進められてきた緊縮政策に反対するものでなければならない。彼はそれにより、最大野党として保守党に対抗する力を示すことができる。

(四) スコットランド独立問題

レファレンダムでのEU離脱の決定は、イギリスにもう一つの大きな政治問題を投げかけた。それはスコットランドの独立問題である。この問題は先に見たように、スコットランドでは残留票が圧倒的に過半数を占めたことから生じる。スコットランド初の首相のスタージョンは、第二回目の独立レファレンダムの可能性が高まっているとしてイギリス政府に警告を発した。Ｂｒｅｘｉｔの票は、スタージョンにスコットランド政治に対するイニシアティヴを与えた。そこでの独立派は小ブリテンではなく大スコットランドになることを望んだのである。

では、スコットランドの独立レファレンダムが直ぐに行われるかと言えばそれは定かでない。そこには様々な問題、とりわけ経済問題が立ちはだかっている。まず、それらの問題を整理しておこう。[30]

スコットランドの独立はそもそも、長い間北海の石油の埋蔵に依存してきた。かれらは、それによる経済力をベースに独立を願った。ところが最近になって原油価格は崩落した。このことがスコットランドにとって、少なくとも短期でかなりの財政的圧力になることは疑いない。スコットランドの一人当り国民所得は確かに、この三〇年間にイギリスの平均を上回ってきた。しかし、この傾向は二〇一四～二〇一五年に逆転する。そして、これと対照的にスコットランドの一人当り政府支出は、イギリスの平均を一四〇〇ポンドほど上回る。以上により、スコットランドが財政赤字問題に直面することは目に見えている。一方、EUはスコットランドに対して財政資金移転を行うことはない。そうだとすれば、かれらはイギリスの二倍ほどの財政赤字を削減するために支出の減少か増税をせざるをえない。これでは何のために独立するのか。その意義が問われるに違いない。

他方で、イギリスとスコットランドの間には、スコットランド政府に対して今後六年間ファンディングする協定が結ばれている。これはスコットランドへの補助金を意味する。この点も、人々の独立の気運を低めるであろう。ただし、そうしたイギリスの寛大さが、将来に至るまで保証されている訳ではない。

また、もしイギリスがEUの単一市場から外れれば、独立はスコットランドのビジネスにとって高くつく。そこでは、イギリスとスコットランドで新たな通商協定が必要となる。スコットランドの対イギリス貿易が、他のEU諸国に対する貿易をはるかに上回っていることを考慮すれば、それが大きな障害となることは間違いない。しかもかれらは、スターリングを取引通貨として放棄せざるをえない。このようにして見ると、スコットランドの独立が、人々に全面的に支持されるかどうかは予断を許さない。

こうした中でスタージョン自身は、レファレンダム以前から、もしスコットランドがＥＵ残留に投票し、イギリスが全体として離脱に投票すれば独立に対する支持が一挙に噴出するとみなしていた。事実、ＳＮＰのマニフェストは、再び独立レファレンダムを発動することを謳っている[31]。しかし、そうした意向は以上のような経済的エヴィデンスを全く無視したものである。確かに大多数のスコットランド人は、Ｂｒｅｘｉｔから生まれる不確実性に遭遇したくない。とは言え、かれらが独立を真にサポートするかは明らかでない。かれらが独立に賛同するかは確かでない。さらにはＳＮＰのサポーターにおいても、実はその大多数が離脱派であった。かれらが独立に賛同するかは確かでない。実際にスコットランド人の六〇％以上は、再び独立レファレンダムによる痛みを味わいたくないと考えていることがわかる[32]。これらの傾向が正しいとすれば、二回目の独立レファレンダムの正当性をこと更強調する訳にはいかないであろう。

以上のことを振り返って見れば、スコットランドの独立問題は極めて複雑な様相を帯びている。それは到底一筋縄で解決されるものではない。三〇〇年にわたって築かれたイギリスとスコットランドの関係が、一夜にして消失されることはないであろう。ただ、ここではっきりと言えることは、イギリス政府がＢｒｅｘｉｔの交渉をスムーズに行う上で、まずは連合王国（ＵＫ）の統一が必要不可欠の要件になるという点である。

二　Ｂｒｅｘｉｔとイギリスの経済問題

（一）国内経済問題

最初に、ＥＵ離脱決定後にイギリス国内経済はいかなる動きを示したかを見ておこう。

残留派は当初、Ｂｒｅｘｉｔが起こればイギリス経済はリセッションに陥ることを強調した。果してそのとおりになったであろうか。

まず、レファレンダムから一ヵ月ほど経って、イギリスの小売販売と労働市場の成果は悪くなかった、と言うよりはむしろよかったことがわかる。そして、その二ヵ月後もイギリス経済は成長を続けた[33]。これまで極めて悲観視していたプロＥＵの人々も、Ｂｒｅｘｉｔがイギリスにとって悪くないことを認めざるをえなかった。一方Ｂｒｅｘｉｔ派は、ＥＵ離脱による明るい将来を高らかに謳った。イギリス経済指標の上昇は、ポストＢｒｅｘｉｔのその下落予想を逆転したのである。

実際に、主要ビジネス活動を示すインデックスは、二〇一六年七月の最低レヴェル（四七・四）から同年八月に五二・九にまで上昇した[34]。また、消費者の信頼と製造業のサーヴェイも同様の復興を遂げた。イギリス経済はリセッションに向かっていない。政策決定者はこうして、リセッションのリスクが著しく低下したことに信頼を寄せた。

確かに、二〇一六年の第三四半期におけるイギリスのＧＤＰの公式数値は、イギリス経済が六～九月に〇・五％拡大したことを示した[35]。年成長率も着実で約二％になると予想された。また国内生産についても、自動車生産は九月に強く増大する数値を表した。日産は、イギリスでの生産を維持する旨を発表する。これらのことが、Ｂｒｅｘｉｔを経済面からサポートさせることは疑いない。Ｂｒｅｘｉｔ派は、ＥＵ離脱がイギリス経済に対して悪影響を与えないと主張したのである。

ところで、イギリスの二〇一六年第三四半期の成長は、消費支出の強さに支えられた。この傾向は、第四四半期でも続いた。なぜ消費支出は底固いのか。これはエコノミストの間で謎であった。イングランド銀行と財務省は当初、家計はＢｒｅｘｉｔが見込まれることで財布のヒモを締めると予想したのである。実際にイギリスの家計の所得の伸びは弱かった。それにも拘らず、家計の支出は拡大した。これにより家計の貯蓄率は、二〇〇八年の第三四半期以来最低のレヴェルに達する。エコノミストは、こうした家計の貯蓄の減少を完全に見誤った。かれらは、離脱派の勝利が短期で家計の貯蓄を逆に増やすと想定したのである。[36] 一つ言えることは、このイギリスの家計の支出増が、二〇一七年の価格上昇を見込んだためではないかという点であろう。実際にイギリスの小売業者は、スターリングの切下げから輸入コストを一五％引き上げると予想した。

このような状勢を踏まえて、イギリスの二〇一七年の経済成長率は、平均で一・三％と予測された。[37] それは確実に二〇一六年の二％から下落する。この低下は、Brexitのインパクトの大きさを考慮したものである。ただし、そうした成長率の予測幅はかなり大きい。それは高いもので二・七％、低いもので〇・六％までの広がりを持つ。そして大多数の専門家は、もしイギリスが荒っぽい仕方でEUを離脱すれば、成長率は大きく低下するとみなした。

このようにレファレンダム後のイギリス経済には、依然として多くの不確定要素が潜む。しかし、ここで少なくとも一つの大きな誤りを指摘しておかねばならない。それは、イングランド銀行のチーフ・エコノミストであるA・ハルダン（Haldane）が認めたように、離脱派勝利の直後におけるイギリス経済の悪化という予想である。[38] 事実、先に論じたように経済のファクターはレファレンダムまで残留キャンペーンの有力な武器であった。かれらは、離脱によって成長が低下することから、それを「恐怖のプロジェクト」と称した。ところが、レファレンダム以来経済の破綻は見られない。それゆえ残留派であったイングランド銀行総裁のカーニーも、Brexitはもはやイギリスの金融安定に対する最大の問題ではないと語る。

ほんとうにレファレンダム後のイギリス経済に、問題は何もないのであろうか。一つはっきりと指摘する必要がある点は、スターリングの価値下落による影響であろう。離脱派の勝利により、外国為替のトレーダーはスターリングを直ぐに売り始めた。これによってスターリング相場は変動相場制以来レファレンダム後の二日間で最大の下落を記録する。当時、外国為替のアナリストの間で、イギリスはブラジルやロシアに代表される新興国の市場の新たなメンバーになったと揶揄されたのである[39]。

このスターリングの大きな切下げは、歴史を振り返って見ても著しいものであった。スターリングはこれまでにも、オイル・ショックや一九九二年のERM（欧州為替相場メカニズム）離脱後に崩落したことがある。それはまた、二〇〇八年の金融危機後にも激しく下落した。そして、このようなスターリング相場の下落は、そもそもイギリス自体の力が弱まったことの証しとみなされた。それゆえBrexitのイギリス経済に与える負の効果を心配する人は、スターリングの対ドル相場が一〇％以上下落したことを、そうした傾向の前兆と考えたのである。

他方で、Brexit派はむしろスターリングの下落はイギリスに利益をもたらすと唱える。理論的には、それは確かに輸出を振興して国際収支を改善するからである[40]。また経験的にも、ERM離脱後のスターリング下落が結局功を奏したことが認められる。そこでかれらは、「暗黒の水曜日（Black Wednesday、レファレンダムの行われた六月二三日）」は後に「幸先のよい水曜日（White Wednesday）」に変わると論じた。

しかし、一般的に通貨価値の下落はもう一つの効果をもたらすことも忘れてはならない。それは、通貨の切下げによる輸入価格の上昇という効果である。イギリスの場合、そのことは直ちに食料や燃料などの日常生活に必要な輸入品に打撃を与える。それらの価格上昇は人々の生活コストを押し上げてかれらの実質賃金を下げてしまう。

イギリスの輸入は、大ざっぱにGDPの三〇％ほどを占める。それらのコスト上昇が賃金上昇を上回れば、イギリスで人々がより貧しくなるメカニズムが作用する。[41]かれらはどれほど貧しくなるか。レファレンダムから三ヵ月経って、スターリングは対ドル相場ですでに一五％以上下落した。そこで仮に一〇％切り下げられたとして、それは家計の可処分所得を約三％減少させるか、あるいは年間の国民所得を一九％減らすと試算される。[42]

イギリスの食料生産者は、スターリングの下落により輸入商品のより高いコストを吸収できないため、そのコストを価格に転嫁せざるをえないと警告する。一方、原油取引はドル建てであるため、そのコスト上昇は明白である。[43]イギリスの原油価格は二〇一六年八月以来、確実に引き上げられた。この原油価格の上昇が、イギリスのインフレに火を付ける心配は否定できない。また、もしインフレが現実に起これば、イギリスの消費が一挙に冷え込むこともありえる。

このようにして見ると、スターリングの下落が及ぼす効果について、それがポジティヴなものとなるか、あるいはネガティヴなものとなるかの判断は予断を許さない。以上の点を踏まえながら、最後にBrexit後のイギリス経済の課題を探っておこう。

最初に、イギリス経済の現状について押えておくべき点が二つある。一つは、それが構造的脆弱性を抱えている点である。この点は、財政赤字と経常収支赤字のいわゆる双子の赤字にはっきりと現れる。しかも両者の赤字は、理論的に見て相互に深く関連している。したがって政策当局者はつねに、両者の赤字解消を念頭に入れる必要がある。もう一つは、短期的パフォーマンスと長期的効果の違いをいかに認識するかという点である。確かにレファレンダム後のイギリス経済は、短期的で好調な傾向を示した。しかし長期的に見た場合、それが続くかどうかは不透明なままである。ＦＴ紙が二〇一六年末に、一二〇人のエコノミストを対象に調査したところ、かれらの大多数はイギリス経済の長期的見通しを悪いものと判断した。[44] 一方、イギリスはＥＵの保護主義から解放されることで、その製造業の世界市場における地位を引き上げる。それは最終的に成長をより高める。このように予想する経済学者もいる。イギリス経済は今後Ｂｒｅｘｉｔの激震を吸収できるであろうか。

ハモンド財務相は、二〇一七年に入って直ぐに、昨年の六月以来のスターリングの切下げはイギリスの輸出を押し上げ、それはインフレ・リスクのネガティヴ効果を上回るとする声明を発表した。[45] 他方で新たなＧＤＰの数値は、イギリスの経済成長がサーヴィス部門で進んでいることも示している。とくに消費者向けのサーヴィス産業が良好である。これらから、今のところイギリスにリセッションが到来するという予想は当たらない。

実際に世論調査によれば、Ｂｒｅｘｉｔに対してイギリスの多くの人が「離脱の後悔（Bregret）」をそれほど感じていないことがわかる。[46] 緊固なイギリス経済は、疑いなくその信頼を高めている。それは、イギリスの着実な経済成長に基づく。

しかし、Ｂｒｅｘｉｔによる脅威がこれで完全に消え去ったと判断するのは早計であろう。そこには、今後克服すべき数々の課題が残されている。まず、リセッションの不安もなくなっていない。その証拠に、イングランド銀行は低い利子率の据え置きを決定している。また、スターリング価値の激しい下落による影響をいかに回避するかも重要な課題となる。とくにそれによる高インフレは、人々の実質賃金を侵食すると共に、社会福祉の利益の名目価値も凍結させる。これらはいずれも、一般市民の生活水準の低下をもたらす。もしそうなれば、誰のためのＢｒｅｘｉｔの決定であったかが問われるに違いない。

一方、スターリングの切下げがイギリスの輸出増を継続的にもたらすかどうかは、今後のイギリスの貿易のあり方に依存する。それはまた、イギリスとEUの交渉結果に深く関連する。ハモンド財務相もその点に気づいている。それゆえ彼は、スターリング切下げのポジティヴ効果を強調するものの、EU単一市場から完全に離脱する決定を否定したのである。[47] 問題は、そうした方針が貫かれるかどうかであろう。

さらに、イギリスの実体経済面における一つの脆弱性を指摘しておく必要がある。それはFT紙でウルフが指摘するように、生産性の低さである。[48] 二〇一五年のOECDの調査によれば、イギリスの単位労働時間当りの生産は全体の一六番目に位置する。それは、欧州で見ればイタリーに並ぶものの、オランダやフランス、さらにはドイツに比べてはるかに劣る。しかも留意すべき点は、そうした生産性が地域的に大きく分断している点である。ロンドンは最も高い生産性を誇る。そこでの生産性は、最も低い生産性の地域（北アイルランド）よりも六〇％以上高い。そこで二つの課題が思い浮かぶ。一つは、イギリスはいかにして全体の生産性を上昇させるかであり、もう一つは、生産性の地域格差をいかになくすかである。両者はもちろん、同時に図られねばならない。ウルフは、生産性を上げるための熟練移民労働者の必要性を強調する。そこで彼は、Brexitはそうした労働者を排除することでイギリスの生産性をより低下させると言う。この見方は正当であろうか。レファレンダム前に大量の熟練移民労働者がEUからイギリスに流入したことは間違いない。しかしそれは、ロンドンに集中することによって全体の生産性の上昇にはつながらなかった。そうだとすれば、ウルフの唱えるBrexitの負の効果は当たらない。大事なことはむしろ、生産性の地域格差の解消ではないか。

そのためには、イギリス内での熟練労働者の育成が必要不可欠となる。この点が、ポストＢｒｅｘｉｔにおいて最重要課題となることは間違いない。

（二）国内産業問題

金融サーヴィス産業　一方、Ｂｒｅｘｉｔはイギリスの国内産業にいかなる影響を及ぼすか。検討対象としてまず取り上げるべき産業はやはり、イギリスで最重要とみなされる金融サーヴィス産業であろう。この点についてＦＴ紙は、レファレンダム直後に一大レポートを表している。[49] 以下では、そこでの行論を追いながら、当該産業で何が問題となるかを明らかにしておきたい。

最初に問題とすべきは、ロンドン・シティの存在意義である。これまで、欧州の主要金融市場における金融機関は、シティを単一欧州市場のハブとして用いてきた。それらの機関の立地先は、パリ、フランクフルト、ダブリン、ルクセンブルグ、さらにはワルシャワまでの広範囲に及ぶ。それゆえシティは、何万ものジョブと約五〇万人の雇用を生み出してきた。ところが今回のレファレンダムにより、かれらは一挙にリスクに晒される。もしイギリスが正式にＥＵを離脱すれば、金融サーヴィス会社はＥＵの「パスポート」ルールから外されてしまう。そうなればかれらは、ローカル・ライセンスなしに国境を越えて経営することができない。シティの存在意義はもはやなくなるのではないか。これが第一にわき出る大きな不安であった。

シティはちょうどレファレンダムから三〇年前（一九八六年）のビッグ・バン以来、急速に成長しグローバル化した。ところがＢｒｅｘｉｔにより、シティは逆に収縮すると同時に反グローバル化する。こうみなされたのは当然であろう。しかし、必ずしもすべての論者がそのように見ていた訳ではない。一部では、シティはむしろ一層輝く金融センターになると論じられた。そこでは、オフショア・トレーディング（非居住者どうしの取引）や金融テクノロジーがより活発になると考えられる。ただし、ここに一つの難題が現れる。それは、フランスを中心とする他のEU圏から生じるリスクである。かれらは、イギリスに不利となるように金融ルールを変えるのではないか。そのように不安視された。実際にパリの金融グループは、Ｂｒｅｘｉｔがパリを金融センターにする瞬間と捉えた。かれらは、ロンドンの銀行家に「ようこそ欧州へ」のスローガンを掲げてアピールした。

それでなくてもＥＣＢは、ユーロ建て金融取引はＥＵとりわけユーロ圏内で決済されるべきと強調する。もしそうなれば、イギリスの銀行や投資家は、ＥＵに少なくとも機能の一部を移転せざるをえない。そうした中で、ロンドンに対抗するＥＵの主要な金融市場が移転候補地として登場する。その最たる市場の一つはパリである。パリは、欧州最大の二〇の銀行のうち五行の資産を持つ。そこでは、ロンドンに次ぐユーロ・マネージングが見られる。しかしパリでは、法人税や個人に対する税金が非常に高い。そこでフランス政府は、レファレンダムに先行して国際債券発行ルールを緩和すると共に、外国人に対する税制優遇措置を拡大した。さらにレファレンダム後にも、フランスはビジネス取引の一連の改革案を示す。オランド大統領は、課税ルールを変更する。[50] それは、パリに在留する外国企業に対して課税を緩めることであった。またＭ・ヴァルス（Valls）首相も、パリを金融センターにすることを公言した。彼は、パリでの外国企業の新規登録プロセスを単純化した。パリのビジネス街は一大キャンペーンを行う。そこでは、「霧（ロンドン）に疲れたのではないか。蛙（パリ）を試してみよう」という呼びかけがなされたのである。

では、パリがロンドンに代わって欧州の最重要な金融センターになるかと言えば、それは疑わしい。

表 5－1　ロンドン以外の金融センターの長所と短所

金融センター	長所	短所
フランクフルト	・ECB の本拠。 ・空港がグローバル・ハブ。 ・ドイツ証券取引所とドイツ銀行の本拠。 ・米国投資銀行のユーロ圏ハブ。	・首都でなく地方都市。 ・文化程度はベルリンほど高くない。 ・イギリスより複雑で硬直的な労働市場。
パリ	・欧州のトップ 10 の銀行のうち 4 行の本拠。 ・ユーロネクストの本拠。 ・文化程度の高さ。 ・高度な教育システム。	・高くて予測できない税制。 ・硬直的な労働法。 ・金融に対する対立的姿勢。 ・テロの脅威の上昇。
ダブリン	・低い法人税。 ・英語圏。 ・アングロ・サクソンの法システム。	・アイルランド経済の打撃。 ・高い生活コスト。 ・公共輸送の乏しさ。

出所：FT Reporters, "Europe plots a bank hesit", *FT*, 1, July, 2016. より作成。

そもそもオランド政権は、金融取引税の強化を謳っている。この点を踏まえれば、高い課税制度が一挙になくなるとは考えにくい。また、フランスの労働コードは非常に硬直的である。この点から、スタッフの雇用コストが大きく下がると予想することは難しい。

一方、もう一つの有力な市場はフランクフルトである。かれらにとって、ＥＣＢの存立が最大の切り札となる。それは、ユーロ圏の金融政策をセットするだけでなく銀行監督も行うからである。また、証券取引所の合併に関して見られたように、ロンドンとの強い結びつきも考慮される。しかし、そこにもフランスと同じく労働コストの問題がある。ドイツの労働法が硬直的なためにスタッフの解雇が高くついてしまう。

このように、Ｂｒｅｘｉｔは確かに欧州金融機関の立地先としてロンドン以外のライヴァル市場を浮上させた。それらはいずれも、ロンドンに比べて見劣りしない、否、むしろより優れた様々な面を持つ。しかし同時に、そこには大きな難点も存在する。表5－1は、それらの市場の長所と短所を整理したものである。これを見るとやはり、ロンドンと同様の完全な金融センターは一体どこにあるかという点が問われるであろう。

しかし、そうとは言えＢｒｅｘｉｔによって、シティの機能の一部が直ちに崩壊することは間違いない。それによってイギリスの銀行が大きな被害を受けることも確かであろう。中でも、最大の被害者はバークレーズ（Barclays）とＨＳＢＣの二行と言われる。かれらは、シティで最大の投資銀行業務を行っていると共に、その顧客は欧州大陸出身だからである。ただし、シティの縮小は必ずしも悪いことではないとする議論もイギリスで見られる。と言うのも、これまでイギリスの金融サーヴィス業がロンドンに過度に集中してきたため、金融危機に際して大きな経済的・社会的ダメージが与えられてきたからである。それゆえ、他の金融センターにサーヴィスを再配分することはイギリスにとってディメリットにならない。我々は、こうした議論に耳を傾ける必要がある。

金融サーヴィス産業が、イギリスのグローバル支配が可能な数少ない産業の一つであることは疑いない。それだけに、一九八六年のビッグ・バンに始まる金融の自由化プログラムは、シティを成功に導いた最大の要因として賞賛された。しかし、そうしたプログラムがイギリスにプラスの効果のみをもたらした訳ではない。それは大きなコストも与えた。シティで現れた金融家の報酬の高騰や銀行の強欲に基づく不正な取引などはその典型であろう[51]。しかもそうしたシティでの取引のあり方は、他の産業セクター、ひいては市民生活の面にも定着した。市場にすべてを決定させるという呪文は、株主や企業に短期成果主義の文化を導いた。その結果、産業の投資水準は深刻なほどに低いままとなる。また、金融機関のリスク・マネジメントの不適切さも露呈された。

こうしてシティを軸とするビッグ・バン改革は、イギリス全体の経済と社会の仕組みを根本から変えてしまった。その結果として、一般市民が大金融危機を契機に負のダメージを受けたとすれば、シティのビジネスのさらなる大転換が求められるのは疑いない。Ｂｒｅｘｉｔはその意味で、まさにそうした機会を提供できる。

この状勢の中で、ロンドンに立地してビジネスを展開するイギリス内外の金融機関のうち、一部の機能をロンドンから切り離すことをすでに決定したものが現れる。その代表は、最大の米国投資銀行の一つであるゴールドマン・サックスであった。かれらは、イギリスに六千人ものスタッフを抱えている。それだけにかれらは、イギリスのＥＵ残留キャンペーンに最大の資金提供を行った。しかし離脱派が勝利し、Ｂｒｅｘｉｔ交渉で金融サーヴィスがトップ・プライオリティではないことがわかると、会長のＬ・ブランクファイン（Blankfein）は、イギリスに対する資金シフトの低下を決断したのである。また、やはり米国の大投資銀行であるＪ・Ｐ・モルガン・チェースやイギリスの大銀行であるＨＳＢＣとＵＢＳも、Ｂｒｅｘｉｔに備えてロンドンから何千ものジョブをなくすことを表明した。

このようにして見ると、Ｂｒｅｘｉｔによってイギリスの金融サーヴィス産業は、シティを中心に否が応でも再編せざるをえなくなるであろう。それはまた、これまで半世紀以上に渡って続けられてきたビッグ・バン改革に基づく金融取引とその他の経済取引のあり方を転換させるに違いない。そしてそのことが、一般市民の生活そのものを大きく変える転機にもなる。

その他の産業への影響　他方で、金融サーヴィス産業以外の産業に対し、Ｂｒｅｘｉｔの影響はいかに現れるか。ここでは、イギリスの基幹産業の一つである自動車産業と農業を取り上げて、その点を考えてみよう。

まず自動車産業についてはどうか。イギリスの自動車産業の将来を考える場合、ドイツの業界との関係を見ることは必要不可欠である。ドイツはこれまでイギリス自動車産業に大きな投資を行ってきた。それによってイギリスの同産業が大きく拡大したことは言うまでもない。例えばドイツのBMWは、イギリスで八千人を雇用し、二〇一五年に二〇万台以上の車（ミニ）を製造している。それは実に、イギリスの自動車生産の約一二％を占める。[52] そこで、もしイギリスがEU単一市場を離脱すれば、ドイツの自動車産業グループは生産拠点を確実に他に移すと警告した。かれらは、より労働コストの低い中欧・東欧・南欧諸国で生産すると宣言したのである。

これに対してメイ首相は、一方で単一市場と完全に分断することを主張しながら、他方ではイギリスにとって有利な産業をBrexitから保護したい。自動車産業は当然それに含まれる。つまり、彼女はテーラー型（注文型）の通商協定を模索する。しかしドイツのメルケル首相は、そうした都合のよい協定に反対する。ドイツの業界は、このスタンスを支持した。かれらは、EU市場はイギリスよりもはるかに重要であり、したがってかれらのプライオリティもEU二七ヵ国をキープすることにあるとみなしたのである。

他方でイギリスの業界は、単一市場へのアクセスが決定的であることを主張する。[53] 実際にかれらは、EUへの輸出に大きく依存している。トヨタや日産などの外国自動車メーカーがイギリスで工場経営を行うのも、欧州大陸に輸出するためである。例えば、イギリスで作られるトヨタの車の四分の三はEU向けに輸出される。それゆえトヨタも、EU単一市場なしでイギリスに生産拠点を留めることができるかを考える。

このようにして見ると、イギリスの自動車産業はBrexitに対していかに対応するべきかが、今後のイギリス政府にとって大きな課題になることは疑いない。Brexitによって外国の自動車メーカーが生産拠点を他にシフトすることで産業の空洞化が起きたとき、そこでの雇用喪失のカヴァーが求められるに違いないからである。

次に農業はどうか。ここにも大きな課題が待ち受けている。それはEUの共通農業政策（CAP）との関係で現れる。[54]イギリスの農業コミュニティはこれまで何十年もの間、CAPにより大きな補助金を受け取ってきた。二〇一五年のCAPによるイギリスへの支払いは約三〇億ポンドに上る。それは、イギリス農業における収入の実に五五％を成す。Brexitは、そうしたEUの支払いの終了を意味する。このことが、イギリス農業を潜在的にリスクに晒すことは目に見えている。

メイ政権も、この事態にもちろん気づいている。そこでハモンド財務相は、財務省がEUに代わってイギリス農業にファンディングを行うと宣言する。しかし彼は、同時に二〇二〇年までの短期のつなぎ融資しか提供しないことも明らかにする。これにより農場経営者が、二〇二〇年以後の見通しについて非常に不安を感じたのは間違いない。メイ政権は、ポストCAP時代にイギリス農業をいかにサポートするか。この点が問われるのである。

そうした中で、イギリスの自由主義者は農業にもその考えを適用する。かれらは、イギリスがCAPから離脱することは、農業規模を縮小すると共に農業補助金を完全撤廃する絶好の機会とみなす。そもそもCAP自体が農業市場を大きく歪めてきた。イギリス農業ビジネスは、これを機会に生産性の上昇に努める必要がある。かれらはこのように主張する。こうした見方は正当であろうか。

農業はもともと不確実性を強く伴う産業である。例えば気象の変化は、そうした点を如実に示す。

それだからEU内外のほとんどの先進諸国は、農業のための公的ファンディングを維持してきた。そこでもしイギリスがそれを停止すれば、食料の保証問題が表面化することは避けられない。そのリスクを解消するためにも、イギリスはBrexit後の農業の保護を第一に考えねばならない。

事実、農場経営者が明らかにするように、CAPがイギリス農業に与えたポジティヴ効果は実に大きいものであった。例えばかれらは、農場経営が困難な土地にもCAPの補助金のおかげで留まることができた。またCAPは、食料品価格を低く保つことができた。イギリスの一般市民の家計で、食料品支出の占める割合は決して小さくない。そこでCAPからの補助金が途断えてしまえばどうなるか。イギリスの消費者は、食料品に対してより高い代金を支払う必要が生じる。このことが、かれらに対して生活の痛みを引き起こすことは疑いない。農業問題はその意味で、まさに社会問題と化す。メイ政権は、すべての人のために努めることを誓った以上、人々により安価な食料品を提供できるシステムをBrexit後に、ファンディングと合わせて新たに築かなければならない。

(三) 経済政策問題

基本方針 メイ首相は二〇一六年一一月に、FT紙に自ら投稿し、イギリス経済の今後のあり方についてその基本方針を唱える。[55] 彼女は最初に次のように宣言する。「我々は、次のような世界すなわち、富裕国の中で中・低所得者が資本主義の力の下で取り残されていると感じていることを理解できる世界に導ける。……そこで我々は、すべての人が経済成長の恩恵を共有することを保証できる新たなアプローチを採る。」そのための具体的方策として彼女は次の三点を掲げる。第一に、政府の赤字削減に継続的に努めること、第二に、長期的な経済的成功を高めること、そして第三に、低い生産性を改善して生活に困窮する一般労働者を支援することである。

他方でメイは、ビジネス界との共同作業を求める。政府はそのために、追加的なR&D投資を年に二〇億ポンド行う。また、そうした研究・開発を支えるための「産業チャレンジ・ファンド」を設立する。このような新しいアプローチを提示する一方、彼女はビジネス界にも変化が必要なことを訴える。それは、ビジネスの社会的信頼の回復を図るためである。そのために政府とビジネスは、最善のコーポレート・ガヴァナンスを確立する。それは、被雇用者と消費者の声が企業に正しく伝わることを保証すると共に、執行部の報酬システムを改革することを示す。

以上が、メイの経済政策をめぐる基本方針の要点である。このアジェンダは、彼女の将来のイギリス経済に対する願望を表している。それは確かに、「すべての人のために努める政府」というスローガンの下で一般市民に寄り添った経済政策を意図している。ただし、そうした方針の実現はそれほど簡単ではない。

ここでは直ちに二つの大きな課題が思い浮かぶ。メイは一方で、資本主義社会の繁栄から取り残された人々の救出を謳う。この彼女の意思は絶対的に支持されねばならない。それは、前政権には見えなかっただけに余計に尊い。しかし他方で彼女は、政府の赤字を減少させることを続ける意向を表す。この点でメイ政権は前政権と全く変わらない。果して、この二つの方針は相容れるものであろうか。生活に困窮する人々を救うために必要な政策が、社会的支出の増大を意味することは言うまでもない。そして、それが政府の赤字削減策と抵触することも間違いない。このように、それらの方針はアンビヴァレントな様相を呈す。一体、彼女はこの相対立する方針をいかに実行するか。これが第一の課題である。もしこの課題に応えられなければ、前政権と同じく緊縮政策の負の効果が人々を襲い、それによってメイは民衆の反逆に会うに違いない。

もう一つの課題は、メイがほんとうにビジネス界を改革できるかという点にある。それはとくに、報酬システムの変更に関連する。彼女が、企業の執行部の報酬改革を提言したことは全く正しい。実際にFTSE100で示されるイギリスの主要企業における執行部の報酬は、この二〇年間で四倍にはね上がっている。また二〇一〇年以来のキャメロン政権の下で、かれらの報酬は三分の一も上昇した。そして今日、それは被雇用者の平均賃金の実に一四七倍以上に膨らんでいる。しかも銘記すべき点は、その上昇率が企業の収益性のそれをはるかに上回っている点であろう[56]。このようにして、イギリスの人々の間で報酬格差は巨大なものと化した。だからこそイギリスにおいて、報酬の不平等問題が経済的、社会的、並びに政治的に決定的な問題となったのである。

メイは、こうした所得格差を是正するためにいかなる具体策を打ち出したか。彼女は思慮を欠く報酬システムの打破を宣言した上で、民間企業に賃金の比較を公表させることを提言した。ところが実際には、それが有効であるとは必ずしも言えない。ゴールドマン・サックスのような企業は、ほぼすべての被雇用者に対してよい報酬を与えているからである。そこで問題とされるべきは、誰を報酬改革の対象にするかという点であろう。メイは、この点に一切言及していないのである。これでは、巨大投資銀行の与える超高額報酬と一般中小企業で支払われる報酬との間に生じる著しい格差はなくならないのではないか。それによって人々の不満と怒りの気持が募ることは決まっている。この点で、労働党党首のコービンが、報酬の上限規制を訴えたことは、民衆の眼にはより説得的なものとして映るに違いない。

さて、以上のような基本方針の下で、個別の政策がポスト・レファレンダムで提示された。

金融政策　まず、金融政策を見てみよう。ここではイングランド銀行の政策が注目されねばならない。同行は、Ｂｒｅｘｉｔによる経済的弊害を阻止するために金融的刺激を一層図る用意を示した。カーニー総裁は、成長をサポートするためにはいかなる手段も採ることを宣言する。[57]しかし他方で彼は、イングランド銀行ができることは限られていることも強調する。同時に、金融規制もレファレンダム後も変わることがないとされた。

こうしたカーニー総裁の表明を受けて、ハモンド財務相もＢｒｅｘｉｔ後のリセッションを防止するために、コーディネートされたプランを打ち出すことを誓う。[58]そこで問題とされるべきは、両者がほんとうにコーディネートされた政策を打ち出せるかという点である。カーニーは早々に、金融政策の限界を訴えながら財政政策とのコーディネーションを唱えた。これに対してハモンドは当初より、イングランド銀行の「金融政策委員会（Monetary Policy Committee：MPC）の考えを共有できるか疑問視していたのである。

現実にＭＰＣは、レファレンダム後のイギリス経済の思っていた以上の好調さにも拘らず、将来の厳しい局面を予想して経済的刺激を行うかどうかを決定しなければならない。それは、中期目標でインフレ率を二％に留めると同時に、生産をできるだけ持続可能なレヴェルに達成させるためである。しかしかれらは、あまりに大きな刺激を与えることが非常に早いインフレを生むことを案じる。事実、イングランド銀行はマイナス金利をためらった。かれらは、政策金利を〇・五％以上削減できないと判断する。[59]それゆえ同行は、量的緩和を再スタートすると共に、貸付スキームに対するファンディングを拡大する政策を採った。かれらは、追加的に七〇〇億ポンドの債券購入を行う一方で、政策金利を三〇〇年以上の歴史の中で最低レヴェル（〇・二五％）にまで低下させたのである。[60]

他方でイングランド銀行は、イギリスの銀行の資本が当面は十分であるとするメッセージを送る。しかしそれは、イギリス経済がこのまま順調に成長する場合であり、もし銀行が景気の下降で利潤をえられなければその限りでない。そのときには銀行システムは再び脆弱になる。ではイギリスの成長率は維持されるかと言えば、それは確かでない。[61] 同行は二〇一七年二月に、二〇一七年の成長率を二％に上方修正した。しかしかれらは同時に、それは二〇一八～二〇一九年に一％台に下落すると予想した。そこで問われるのは、成長率が下がる局面で、さらに利子率を低下させるかどうかであろう。MPCが唱えるように、将来のイギリスにおいてインフレ目標の維持と経済の刺激との間で、トレード・オフ（両立しえない関係）が現れることは疑いない。そうであれば、やはり金融政策のみでそれを解決できない。そこでは財政政策とのコーディネーションがどうしても必要になる。

財政政策　すでに示したように、イギリスの金利は今や歴史的な低レヴェルにある。イギリスは完全に流動性のワナにはまっている。そうだとすれば、FT紙の社説も力説するように、財政政策が経済を刺激する上でより大きな役割を担うことは疑いない。[62] イギリス政府はまずもって、このことを正しく認識する必要がある。

その点でメイが、二〇二〇年までに財政黒字を達成するという前政権の計画をいち早く放棄したことは正しい判断である。ハモンド財務相の最初の仕事はそれゆえ、イギリスの財政フレームワークを再考することにある。そこでは、財政的刺激の必要性がプラグマティックな観点から評価されねばならない。実際にそうした刺激策は、消費税の引下げや不動産税の変更などのように多岐に渡る。これらが、Brexitのイギリス経済に及ぼす長期的な不確実性の解消に役立つことは間違いない。

さらに考慮されるべき点は公共投資の増大である。メイがすべての人のために努めることを公約した以上、それは当然に求められる。そして、そのことを行う上で一つの最も良い方法は地方自治体をつうじて支出拡大を図ることにある。[63] 政府は、伝統的な一般的インフラへの投資だけでなく、地方の公共サーヴィスを高めるための社会的インフラの整備を行う必要がある。それはまた、イギリスの最貧地域における経済力の確立をもたらす。事実、例えば離脱派が勝利したシェフィールドでは、経済困難の問題が慢性化している。そこでは経済活動が不活発なままである。それによって多くの人々が社会に対して強い不満を抱いている。地方自治体に対する公共投資の拡大はそれゆえ、かれらの社会的排除を取り除く重要な手段となる。

こうした中で問われるのは、ハモンド財務相の姿勢であろう。彼は、メイの宣言を受けて当面の財政黒字目標の達成から解放された。したがって彼は、より柔軟な財政政策を遂行できるはずである。しかしそれにも拘らず、ハモンドにも財務省にも、思い切った財政刺激策を打ち出す気配がない。否、それどころか彼は、イギリスの財政赤字が将来累積することを非常に心配する。この点でハモンドは、前任者のオズボーンと何ら変わらない。[64] それはまた、保守党の基本的姿勢でもある。かれらはこれまで、公共投資とりわけ地方政府のそれに対して積極的ではなかった。

このようなハモンドと財務省の財政的刺激に対する慎重な姿勢は、二〇一七年に入って一層はっきりと現れた。[65] ハモンドは、追加的な政府支出の抑制に乗り出す。彼は、財政の統計をつねに頭に入れながら収支の改善を図るようにヴェクトルの向きを変えたのである。彼に「表計算（spread sheets）」というニックネームがついたのもその点でうなずける。

保守党はそもそもマニフェストの中で、所得税、国民保険料、並びにVAT（付加価値税）を引き上げないことを公約した。それを反故にしないのであれば、財政収支を改善する方法は政府支出の削減以外にない。しかしメイがソーシャル・ケアの向上というスローガンを掲げたからには、公共サーヴィスを悪化させる訳にはいかない。ハモンドは当面、このディレンマの中で財政政策を決定する必要がある。このことはまた、先に示したようにメイの基本方針そのものの矛盾を露呈していると言わねばならない。

他方でメイ政権は、二〇二一～二〇二二年に持続可能な財政赤字の達成を計画している。そうだとすれば、それは当然に新たな公共支出への圧力となる。このことが、イギリスの抱える医療ケアと年金の問題に大きな打撃を与えることは疑いない。それでなくても二〇二〇年代に入って、イギリスの高齢者の数は増大すると見込まれる。これは同時に、公共支出の対GDP比を一％押し上げると予想される。もし財務省がこれ以上の政府債務を避けるのであれば、税金を引き上げる以外にない。それは約一八〇億ポンドの増税を意味する。この分は、所得税のベーシック・レートの三％に当たる。ただし、そこには累進税を増大させる意向は全く見られない。ハモンドは、そうした課税の引上げに着手できるであろうか。もしできなければ、民衆の政府に対する非難と怒りが再び一挙に噴出するのは決まっている。

三．Brexitとイギリスの社会問題

それでは、以上に見たようなメイ政権の経済運営の下で、社会問題はどのような形で現れることに

なるか。最後にこの点を検討することにしたい。

(一) ソーシャル・ケアと医療の問題

まず、今日のイギリスの社会にとって最も切実な問題となっているソーシャル・ケアと医療の問題について見てみよう。

メイ首相はこれまで何度も述べたように、すべての人のために努める政府を目指す。そこで彼女は社会改革を決意する。社会的秩序の達成が経済成長より優先される。これが彼女の基本的視座であった。[66] 果して、彼女の意思に沿って社会改革は実現されるであろうか。

現在、イギリスのソーシャル・ケア・システムは脅かされつつある。そうした傾向はグローバル金融危機後にはっきりと現れた。先進国で高齢化が進んでいることは言うまでもない。もちろんイギリスもその例に入る。そこで高齢者のケアのために一層の公的資金が必要不可欠となる。ところがイギリスは、これまでこの問題に真正面から対処してこなかった。すでに明らかにしたように、グローバル金融危機以降イギリス政府は緊縮政策を続けて推進してきたからである。これにより政府は、最も脆弱な人々に対する責任をむしろ地方自治体の予算で果すように圧力をかけた。その結果、ケアを必要とする人が増えるのに対して、そのような人に対する支援はますます少なくなる。地方当局の予算でもってソーシャル・ケアのために十分な支出を行うことは本来的に不可能であったからである。[67]

ではどうすればよいか。地方政府は地方税を引き上げる以外にない。しかし、地方税は非常に逆進的である。その引上げは多くの貧しい人々に苦痛を与える。これはメイの基本方針と逆向きになる。さらに、地域間格差が生まれることも間違いない。より豊かな地域の人は、そうでない地域の人に比べてより多くの支援を受けられる。これでもって社会的秩序が保たれる訳がない。そうだとすれば方法は唯一つ、ソーシャル・ケアのための公共支出を増やすことに求められる。ところがメイは先に示したように、政府の赤字削減を目標に掲げているため、そうした支出向けの追加的ファンドを用意しないのである。

他方で、もう一つの深刻な危機が生じた。それは医療サーヴィスにおいてである。イギリスはこれまで、国民的医療サーヴィス（ＮＨＳ）の充実ぶりを誇ってきた。しかし、それは今日破綻しつつある。イギリスの病院は、患者のアポイントメントをすべて受け付けることができない。ＮＨＳトラストの約三分の一は、そうした状態にあると言われる。[68] それはまた、ソーシャル・ケアの不十分さと密接に結びつく。地方当局の予算削減によって十分なソーシャル・ケアができないため、脆弱な高齢者は病院に殺到するからである。

この事態にメイはいかに対処したか。彼女は医療危機の警告を無視すると共に、医療サーヴィス・ファンドの不足という指摘にも耳を貸さない。逆に彼女は、イギリスの医療は十分な資金の下で患者の面倒をよく見ていると主張したのである。こうした見解は、メイがいかに現実の社会と人々の生活状況をきちんと把握していないかを如実に示す。

実際にイギリスのＮＨＳは、歴史上最も厳しい事態にある。そこでの医療サーヴィスに必要な資金は巨大な規模で削減された。一方、ＮＨＳに対する需要は高齢化の下で増え続けている。この需給ギャップはいかにして埋められるか。それは、ＮＨＳのファンディングを増やして対処する他ない。このことは、医療サーヴィスを維持するために必要不可欠である。そもそもイギリスはＮＨＳをいち早く確立したにも拘らず、そのファンディングの対ＧＤＰ比は他の欧州諸国に比べて決して高くない。

こうした中でメイは、ＮＨＳのファンディング増を認めたくない。むしろ彼女は、ＮＨＳの改革で乗り切ろうとする。この点で彼女は、サッチャーと何ら変わらない。メイにとって最大のプライオリティはＢｒｅｘｉｔにある。彼女は、政策の焦点をそこに当てれば人々の不満は解消すると考える。ほんとうにそうであろうか。すでに示したように、イギリスの人々にとって最大の関心事はＮＨＳの充実であった。彼女はこの点を理解しているであろうか。また彼女は、ＢｒｅｘｉｔによってＥＵに対する支出の免除分を医療サーヴィスに向けることを約束したはずではないか。このことも彼女は反故にする気なのか。もしそうなれば、民衆の怒りが高まることは間違いない。

それでなくてもイギリスではキャメロン政権の下で、公共サーヴィスに対する支出は緊縮政策により大きく削減されてきた。メイ政権はこの傾向を断ち切るのか、あるいは助長するのか。もし後者の道を歩むのであれば、政権の維持は極めて危うくなるに違いない。賢明な人々は、公共サーヴィスをめぐる政策に関して両政権の間で差異はないと判断するに決まっているからである。

（二）住宅問題

メイは首相の就任時に、生活困難な人々を助けることを誓った。そうであれば、イギリスの社会にとって深刻な問題である住宅不足問題を解消する必要がある[69]。実際にイギリスの住宅供給は、需要に対して極めて不足している。これによって当然ながら住宅価格は上昇する。メイが助けたいとする低所得者層にとって、住宅購入コストはかれらの所得を一掃してしまう。このことが、一方で移民に対する怒りを引き起こすと同時に、社会的緊張と社会的不公正感を高めたのである。

この事態に対し、イギリス政府の住宅行政は非常にお粗末であった。住宅建設を促す具体策は一切打ち出されてこなかった。それどころか逆に、緊縮予算の下で地方当局も住宅供給を押し進めることができなかった。他方で民間デヴェロッパーも、需要を満たすための住宅を建設しなかった。それはかれらにとって関心がない。より低い価格の住宅供給でかれらの利潤は圧縮されてしまうからである。そうだとすれば、イギリスの住宅危機はやはり、公共支出に頼る他ない。それによって社会的な住宅建設を可能としなければならない。そしてその資金も、社会的住宅建設開発ファンドのような公的なものになる必要がある。

こうした中でコミュニティ担当相のS・ジャヴィド（Javid）は、住宅問題に取り組むためのブルー・プリントを提示した。[70] そこでは、民間デヴェロッパーに対抗するために、より小さな建設業へのサポートが謳われる。しかし問題となるのは、そのための公的資金である。メイ政権の下で、インフラ支援のファンディングが控え目なことは、社会的住宅建設に支出する資金を当然制約する。他方で政府は、不動産所有に対する課税システムを根本的に変えるつもりがない。ここにも、保守党の伝統的方針をはっきりと見ることができる。これでもって、イギリスの貧しい人々に対して十分な住宅を提供できないことは明らかである。

(三) 移民問題

FT紙の記者ラックマンは、Brexitと米国のトランプ現象の間にいくつかの類似点があることを指摘した。[71] その最大のものは、両者が移民問題を第一に取り上げ、そのコントロールを訴えて成功した点である。しかもその問題は、両国のエリートと労働者階級との間の深い亀裂を表していた。この後者の点が、移民のコントロールというスローガンの下に民衆の力を結集させた。我々は、彼のこの論点に注目する必要がある。

実際に両国では、ビッグ・ビジネスに代表されるエリート群から成る企業が、安い労働力を海外から導入することによって、労働者階級の生活水準を掘り崩してしまった。実は、こうした現象はすでに一九世紀末に米国で生じていた。皮肉にも、そのときに大量に流入した不熟練労働者はイギリスから送り出されたものであった*。

イギリスのEU離脱派はこのように、移民労働者によって社会的に排除された現地の労働者階級の支持をえることができた。事実、かつての工業地帯では何十年もの間経済的停滞が続いており、そこでの労働者の実質賃金はほとんど上昇していない。そうした労働者が反体制（anti-system）の姿勢を表して、かれらに身を寄せる政治家を信頼したのは当然であろう。

一方イギリスでは、政治的エリートは労働者階級の声に耳を傾けなかった。この点は労働党においてさえあてはまる。エリート達は、民衆のEU離脱を支持する動きに気づかなかったのである。なぜ突如としてUKIPの人気が高まったのか。かれらはファラージ党首の下で、当初より移民のコントロールを訴えた。それゆえUKIPは、労働者階級をベースとする地域で支持をえたのである[72]。かれらはまさに、労働党に置き換わるものとして、労働する人々の声になることを謳った。

これに対して、エリートから成るキャメロン政権はと言えば、単に言葉だけで労働者階級にアピールするだけであった。確かにかれらは、最低賃金の引上げを図った。しかし他方で、その分のコストを抑えるために、労働時間、ボーナス、並びに超過勤務の削減を合法化した。一般市民とりわけ労働者階級の人々が、この政府の偽善ぶりに怒りを強めたのは言うまでもない。それでなくてもイギリスでは、労働者にとって由々しき事態が続いていた。それは、とくにサッチャー元首相の自由化政策が始まる一九八〇年代以降に、大雇用主が労働力のアウト・ソーシング（社外調達）を展開したことに現れる。[73] それによって賃金は、競争的条件の下で決定された。安い移民労働力の導入ほど、その条件に適うものはなかったのである。

メイ政権はほんとうに労働者階級を救えるであろうか。彼女は不公平を正すことを誓い、一般労働者にサーヴィスすることを謳った。もし、それを真に実現するのであれば、労働者階級の実質的収入を引き上げる必要がある。しかしメイ政権の誕生から半年経っても、かれらの純収益は増えていない。その一つの要因は生活必需品の価格上昇にある。他方で、上流階級の人々に対する課税は削減されることにより、かれらの暮しはますます上向いている。[74] これでもって不公平は正されるであろうか。この状況に対して民衆は再び、前政権が表した同じ偽善を強く感じるに違いない。

他方で、移民のコントロールについてはどうか。メイ政権の下で、R・グッドウィル（Goodwill）移民担当相は、二〇一七年に入って新たな政策を打ち出した。[75] それは、「スキルを持った労働者」に対する課税を示す。政府はこれにより、EUの移民労働者とそれ以外の移民労働者を同列に扱う姿勢を表した。グッドウィルは、この課税が雇用主に対して現地の土着労働者の雇用を促すものと期待する。こうした新移民政策により、EUもイギリスのビジネスも大きなショックを受けたことは疑いない。

では、これでもって移民のコントロールが速やかに運ばれるかと言えば、それは決して確かでない。そのような新課税は、民間セクターではあるていど有効となるものの公共セクターでは効果的でない。

---

* この点について詳しくは拙著『イギリス資本輸出と帝国経済』ミネルヴァ書房、一九九六年、八三〜八四ページを参照されたい。

後者では、本質的に移民労働者を必要としているからである。しかも銘記されるべき点は、公共サーヴィスのセクターにおいてこそ、数多くの移民が雇われている点であろう。とくに教育とNHSにおいて、その点は顕著である。[76] 例えば、看護師の一〇％強、セカンド・スクールの教員の一〇％弱がイギリス生れでない。しかもこれらのセクターで、スキルを持った移民が雇われる割合は、需要の大きい大都市でより高くなる。なぜそうなるのか。理由は簡単である。そうした公共セクターに対し、政府は緊縮政策の下で支出を削減したため、より高い報酬を求める現地のスキル・ワーカーを雇えないからである。このようにして見れば、移民のコントロールは結局、政府の財政政策の大転換すなわち緊縮政策の放棄に基づくしかない。メイ政権は前政権と同じく、この点を理解していないのである。

以上に見られるように、Ｂｒｅｘｉｔによってイギリスが今後取り組む必要がある問題は数多くある。中でも、イギリスにとってＥＵとの交渉で第一にデリケートな問題となるのは、移民の市民権の問題であろう。

イギリスに移民した人々の側から見れば、Ｂｒｅｘｉｔ後に待ち受けている最大の問題は、イギリス市民としての権利の問題である。実際にＢｒｅｘｉｔが正式に行われた場合、かれらの社会的ステータスがどうなるかは全く明らかでない。メイは、イギリスに居住するＥＵの人々はイギリスの永住権を最終的にえられると宣言した。ただし、それには条件が付いている。彼女がポーランドに訪問したとき、それが可能となるのは、ＥＵがそこに居住するイギリス人に対して同じ保証を与えるときと語る。[77] このようにメイは、イギリス在住のＥＵ移民をＢｒｅｘｉｔ交渉の切り札に使おうとしている。この姿勢は責められねばならない。そもそも離脱派のキャンペーンで、イギリスに居住するＥＵ市民に対し、Ｂｒｅｘｉｔは法的には何の変化も引き起こさないことが強く唱えられた。イギリスに渡来した何百万人もの欧州人に対し、Ｂｒｅｘｉｔによる不安を取り除くことは人道的観点からも不可避である。

メイ政権の閣僚は、移民がコントロールされても、すでにイギリスに居住するＥＵ移民の長期的ステータスを守ると約束する。しかし実際には、それを守るためには数多くの障害がある。イギリスの移民監視局は、ある特定のグループすなわち学生、年金受給者、並びに経済的な非就業者は永住権を申請できないと警告する[78]。ところが、このグループに属する人は四七万人を超える。それは欧州国籍の移民の約一五％を占める。さらに、三〇万人以上と言われる欧州人の自営業者も、かれらがイギリスに長く滞在したことを示す書類をつくらなければ永住権の確保は難しい。一体、誰が永住の資格を持つのか。この点は依然としてはっきりしないのである。

こうした中で、メイが移民問題でまず表明すべきことは何か。それは、イギリスに居住するＥＵ市民の権利の保証以外にない。このことは、在ＥＵのイギリス市民の権利を守るために必要なだけではない。そうした保証を与えることはまた、それこそイギリス社会のひいては欧州社会の分断を食い止めることができるのである。

注

1 Parker, G.,"Former London mayor's prime ministerial ambitions in tatters after ally turns on him", *FT*, 1, July, 2016.

2 Barker,A.,"Candidates emerge amid day of drama and treachery", *FT*, 1, July, 2016: Allen, K., & Parker, G., "Leadership favourite offers steady hand with clear plan in uncertain times", *FT*, 1, July, 2016.

3 Parker, G., "May and Leadsom enter run-off to be UKpremier", *FT*, 8, July, 2016.

4 Ganesh, J., "Expect May to favour social order overfreedom", *FT*, 12, July, 2016: FT, Editorial, "A new prime

minister; now comes the hard part", *FT*, 12, July, 2016.

5 Parker, G., & Vina, G., "Great survivor May starts new challenge in Downing Street", *FT*, 13, July, 2016.

6 Ganesh,J.,"Europe will crowd out Britain's other business", FT, 4, October, 2016.

7 Giles, C., "Prime minister tell us what 'Brexit means Brexit' means", *FT*, 14, July, 2016.

8 FT, Editorial, "After the Brexit storm, a semblance of order", *FT*, 15, July, 2016.

9 Martin, I., "After Osborne, the return of the subservient chanceller", *FT*, 15, July, 2016.; Allen, K., "A leader who plays a long game to win", *FT*, 16, July, 2016.

10 Parker, G., & Pickard, J., "May calls Cameron's cabinet allies", *FT*, 15, July, 2016.

11 Weidenfeld, U., "Beware of imitating the German model, Mrs May", *FT*, 13, July, 2016.

12 Giles, C., *op.cit*.

13 Bogdanor, V., "Cameron is gone he leaves behind a happy ship", *FT*, 14, July, 2016.

14 Wolf, M., "Remainers'role is to act as the loyal opposition", *FT*, 28, October, 2016.; do., "Democrats demagogues and despots", *FT*, 21, December, 2016.; do., "Ageing Big Ben's timely remainder that our political system needs repair", *FT*, 23, December, 2016.

15 Stephens, P.,"How Brexit may not mean Brexit", *FT*, 16, December, 2016.

16 Anderson, B., "The Article 50 future and Britain's glorious constitution", *FT*, 5 November/ 6 November, 2016.

17 Wolf, M., "Appeals to the will of the people threaten parliamentary democracy", *FT*, 9, November, 2016.

18 FT, Editorial, "A Brexit thunderbolt from the High Court", *FT*, 4, November, 2016.; Parker, G., & Allen, K., "UK primer grapples with Brexit setback as protracted divorce struggle looms", *FT*,4, November, 2016.

19 Chaffin, J., "Ukip warns of upheaval", *FT*, 4, November, 2016.

20 FT, Editorial, "The UK supreme Court rules for democracy", *FT*, 25, January, 2017.

21 Clegg, N., "The Cameron paradox and the red rawing of British politics", *FT*, 21, July, 2016.

22 Parker, G., "Osborne lays out 5-point proposal for post-Brexit UK", *FT*, 4, July, 2016.

23 FT, Editorial, "May's balancing act and the neutering of Ukip", *FT*, 25 February/ 26 February, 2017.

24 Cruddas, J., "After Brexit, the Labour party pears over the edge", *FT*, 25, July, 2016.

25 Ganesh,J., "A labour split will win over dispossessed Remainers", *FT*, 5, July, 2016.

26 FT, Editorial, "Corbin should use his leadership or leave it", *FT*, 10, February, 2017.

27 Allen, K., "Blair calls for UK to fight Brexit as 'cliff edge' looms", *FT*, 18, February, 2017.

28 Stephens, P., "How Corbyn has remade politics", *FT*, 3, March, 2017.

29 Pickard, J., "Labour faces uphill fight to heal split", *FT*, 24, September/ 25, September, 2016.

30 Dickie, M., & Robinson, D., " 'We want to be Big Scotland' ", *FT*, 2 July/ 3 July, 2017.

31 Davidson, R., "Brexit is no excuse for Scotland to go it alone", *FT*, 17, October, 2016.

32 Gallagher, J., "Sturgeon is wrong to think May will listen to her on Brexit", *FT*, 16, January, 2017.

33 FT, Editorial, "Britain's economy is an enigma after Brexit vote", *FT*, 20, August, 2016.; Stephens, P., "Britain is fulling into denial about Brexit", *FT*, 9, September, 2016.

34 Pickard, J., & Cadman, E., "Surveys cited as proof of economic confiance", *FT*, 6, September, 2016.

35 FT, Editorial, "British economy sees off Brexit for another day", *FT*, 28, October, 2016.

36 Giles, C., "UK shopping splurge averts Brexit slump", *FT*, 24, December/ 25 December, 2016.; do., "Experts, confess to your errors and carry on", *FT*, 5, January, 2017.

37 FT, Editorial, "Uncertainty will shape the UK economy in 2017", *FT*, 30, December, 2016.

38 Chaffin, J., "Caution urged as buoyant British economy emboldens proponents of hard Brexit", *FT*, 13, January, 2017.

39 Blitz, R., "Weighing the cost of a lighter pound", *FT*, 9 July/ 10 July, 2016.

40 FT, Editorial, "The weaker pound offers could confront this time", *FT*, 9, July, 2016.

41 Pennant-Rea, R., "The sharp cost of Brexit will be felt soon enough", *FT*, 25, August, 2016.

42 Sandbu, H., "Flash crash reveals markets' sharper focus on bad UK–EU news", FT, 8 October/ 9 October, 2016.

43 Chaffin, J., & Sullivan, C., "Brexit currency jitters give Britons taste of inflation", *FT*, 15, October, 2016.; *FT*, Editorial, "The UK economy defies warning of Brexit storm", *FT*, 7, January, 2017.

44 Chaffin, J., *op.cit.*

45 Tetlow, G., "UK defies Brexit concerns and records fastest growth in G7", *FT*, 27, January, 2017.

46 FT, Editorial, "A solid UK economy in showing a few cracks", FT, 23, February, 2017.

47 Gordon, S., Martin, K., & Giles, C., "May warned over ' hard Brexit' as pound flash crash highlights fears", *FT*, 8 October/ 9 October, 2016.

48 Wolf, M., "The productivity challenge to the British economy", *FT*, 27, January, 2017.

49 FT reporters, "Europe plots a bank heist", *FT*, 1, July, 2016.

50 Stothard, M., "Brexit vote stems flow of French bankers heading for London", *FT*, 18, October, 2016.; do., "France sets up team in push to lure businesses from London", *FT*, 31, October, 2016.

51 Augar, P., "Brexit is an opportunity to do Big Bang better", *FT*, 29 October/ 30 October, 2016.

52 Chazan, G., & Campbell, P., "German car industry warns UK over Brexit", *FT*, 17, October, 2016.

53 Giles, C., & Campbell, P., "Toyota, HSBC and UBS warn of Brexit pain", *FT*, 19, January, 2017.

54 FT, Editorial, "Britain's farmers will need help after Brexit", *FT*, 22, August, 2016.; Baker, E., "The fate of British farming lies with the Treasury", *FT*, 24, August, 2016.

55 May, T., "The new role for business in a fairer Britain", *FT*, 21, November, 2016.

56 Gordon, S., "May's business changes are small bear", *FT*, 1, December, 2016.; *FT*, Editorial, "The complex politics of pay inequality in the UK", *FT*, 12, January, 2017.

57 Cadman, E., "Carney ready to act as UK suffers 'economic post-traumatic stress' ", *FT*, 1, July, 2016.; Giles, C.,

"Carney offers steady hand through tumult", *FT*, 2 July/ 3 July, 2016.

58 Giles, C., & Parker, G., "BOE works on plan to restore confidence", *FT*, 15, July, 2016.

59 Giles, C., "Brexit Britain needs a healthy dose of stimulus", *FT*, 28, July, 2016.

60 Moore, E., "Gilt complexities", *FT*, 15, September, 2016.

61 FT, Editorial, "British bank's capital is only half of the problem", *FT*, 1, December, 2016.; Tetlow, G., "Interest rate held after BOE growth upgrade", *FT*, 3, February, 2017.

62 FT, Editorial, "Britain needs a plan to mitigate the Brexit shock", *FT*, 20, July, 2016.

63 Flanders, S., "Britain's chance to show the world how to do stimulus", *FT*, 15, July, 2016.

64 FT, Editorial, "Britain's chancellor and the case for prudence", *FT*, 18, November, 2016.

65 Giles, C., "Hard truths lie hidden in the chancellor's spread sheets", *FT*, 3, March, 2017.

66 Ganesh, J., "May's indecision is a figment of the liberal imagination", *FT*, 10, January, 2017.

67 FT, Editorial, "UK's care crisis demands an all-party approach", *FT*, 28, December, 2016.

68 FT, Editorial, "May ignores warnings on the NHS at her peril", *FT*, 13, January, 2017.

69 FT, Editorial, "Housebuilding will be a test of May's resolve", *FT*, 6, January, 2017.

70 FT, Editorial, "A solid start to tackling Britin's housing crisis", *FT*, 8, February, 2017.

71 Rachman, G., "Trump and Brexit feed off the same anger", *FT*, 2, August, 2016.

72 FT, Editorial, "The fight for Britain's working-class voters", *FT*, 2, December, 2016.

73 O'Connor, S., "The striking effects of Britain's pay rise", *FT*, 3, August, 2016.

74 Wolf, M., "May's policies make a mockery of her rhetoric", *FT*, 10, February, 2017.

75 Warrell , H., & Parker, G., "UK plans down comments on plan to slap £1000 levy on EU workers", *FT*, 12, January, 2017.

76 Coyle, D., "The British economy can ill-afford to lose foreign workers", *FT*, 15, February, 2017.

77 FT, Editorial, “May must give more certainty to Europeans”, *FT*, 1, August, 2016.

78 Warrell, H., “Brexit threatens to spark rush for UK visas”, *FT*, 3, August, 2016.

第六章　Ｂｒｅｘｉｔとイギリスの対ＥＵ関係

本章は前章と同じく、イギリスが正式にＥＵ離脱を表明するまでの期間を対象として、Ｂｒｅｘｉｔがイギリスとヨーロッパとの関係にいかなる影響を及ぼすかについて検討する。そうした検討はまず、財政、金融、並びに産業を中心とする経済の側面に注目して行われる。イギリスとＥＵとの経済関係がＢｒｅｘｉｔ交渉の核になるのは間違いないからである。その分析を経て、イギリスはＥＵとのＢｒｅｘｉｔ交渉をどのような方法で進めるつもりなのか、また、それに対してＥＵはいかに応じようとするのか、などの点を以下で考察することにしたい。

一．Ｂｒｅｘｉｔとイギリスの対ＥＵ経済関係

（一）イギリスの対ＥＵ財政問題

イギリスはこれまで、ＥＵの共通予算への貢献に関してＥＵと対立する姿勢を示してきた。それは先に指摘したように、サッチャー元首相の払戻しの要求で代表される。この点はまた、イギリス国民の不満に応えるものであった。離脱派がそのキャンペーンで、ＢｒｅｘｉｔによりＥＵに支払われなくなる分を国内の支出に回せると主張したのもそのためである。

そうとは言え、ＥＵの共通予算に対するイギリスの貢献額は厳しく定められた[1]。それは二〇一四～二〇二〇年の期間に、全体で九六〇〇億ポンドに上る。この額はＢｒｅｘｉｔ後にどのように決定されるであろうか。そこには二つの問題がある。一つは、Ｂｒｅｘｉｔ後のイギリスの貢献額をいかに推計するかであり、もう一つは、それをイギリスはいかに支払うかという問題である。

ＥＵ側は当然、イギリスに対してＥＵ予算への貢献をオブリゲーションと考える。それは、Ｂｒｅｘｉｔ後のイギリスのＥＵとの関係を良好に保つための一つの条件とみなされる。これに対して、もしイギリスがその支払いを単純に拒否すれば、ＥＵ法のフレームワークを破ることになる。このことがイギリスの評判にダメージを与えることは疑いない。イギリスに求められることはやはり、ＥＵとの間に一定の妥協を果す以外にないであろう。この問題が、Ｂｒｅｘｉｔ交渉における一つの最大の課題になるに違いない。

（二）イギリスの対ＥＵ金融問題

パスポート権問題　ＥＵ離脱の投票結果によってロンドン・シティが最も不安に感じたのは、ＥＵのいわゆるパスポート権の喪失に伴うリスクであった。このパスポート権は、ＥＵ加盟国の銀行と保険業者、並びに資産管理業者が、汎ＥＵ的営業ライセンスを持つことで経営をスムーズに行える特権を指す。ところが、この特権はＢｒｅｘｉｔ後に消滅する可能性がある。

イギリスの金融庁（Finance Conduct Authority：FCA）によれば、イギリスに法人登録している約五五〇〇の企業が、ＥＵ市場にアクセスするためにこのパスポート権を使っている。[2] とくにロンドンを拠点とする金融機関に対して、このパスポート権が他のＥＵ諸国における金融商品販売を認めることは極めて重要な意味を持つ。

そして留意すべき点は、ロンドン市場がいわゆるウィンブルドン現象（主として外国の金融機関から成る現象）を示している点であろう。そこでパスポート権が維持されなければ、大きな米国の投資銀行は、かれらのビジネスを欧州大陸にシフトせざるをえないと考える。事実、Ｊ・Ｐ・モルガンの会長は、顧客は我々のパスポート権の必要性を前提にすると語る。

また、パスポート権の恩恵に授かるロンドン・ベースの金融機関は銀行に限らない。例えば保険業もパスポート権の最大の使用者である。米国のＡＩＧのような主導的保険グループは、ロンドンを欧州経営の拠点としている。かれらはそこから他の市場にアクセスするためにパスポート権を使う。さらにアセット・マネジメント（資産管理）も同じである。それゆえＢｒｅｘｉｔは、これらの企業の将来の可能性について疑問を投げかける。

こうした事態にＥＵのリーダーは、Ｂｒｅｘｉｔ後にイギリスに対してパスポート権を与える意思を何ら示していない。かれらが、そうした権利は単一市場のメンバーになることを条件とするとみなすからである。欧州の政治家はこのように、ルールを等しくすることを前提にする。そこで、もしBrexit後にパスポート権を失えば、シティをベースとする金融機関は、EUで金融サーヴィスを行うときに各国の是認を必要とする。それは、かれらの実質的コストを押し上げる。[3]

一方、こうした見解を真っ向から否定する考えもある。[4]それは次のように論じる。そもそもEUの金融サーヴィスには、有効な単一市場が存在しない。そこでは完全な銀行同盟もないし、統一された資本市場もない。また欧州証券取引所もない。さらにはEUレヴェルでの金融サーヴィス規制もない。要するに、EUの各国で金融サーヴィスを提供するには依然として資格が必要となる。そうであれば、パスポート権の有効性はどれほどのものか。実際にパスポート・システムは、EU内での金融サーヴィスにおける競争を促すと期待されたものの、それは起こらなかった。その中心となるリーテール業務は、依然として全く国民的なものである。

この議論は確かに説得力を持つ。これまでEUは、金融サーヴィスに対して一層緊密な統合を図ってこなかった。そうだとすれば、EUはパスポート権を盾にイギリスに対して条件をつけることはできない。同時にイギリス側でも、パスポート権の喪失はそれほど大きな脅威にならないかもしれない。

同等ルール問題　ところでシティ自身は、二〇一七年に入るとパスポート権の維持を主張しなくなる。かれらはその代わりに、「同等ルール」のヴァージョン・アップを唱える。[5]それは、EU外で規制されている金融機関に対してEU内で取引できるようにするものである。そこでは当然に、イギリスとEUの間で金融規制を一致させる作業が必要とされる。これがイギリスにストレスを与えることは疑いない。それでもイギリスがEUとの協力的な方法を見出すことは、双方にとってよい結果を生むに違いない。

これに対してBrexit派は、イギリスはあくまでもEUの金融規制から離れる一方、単一市場へのアクセスから利益をえるべきと論じる。[6] このような議論はEUにつうじるであろうか。欧州委員会はすでに、シティに対して金融ルールに関する厳しいスタンスを採ることを明らかにしている。金融サーヴィスの面で規制にミスが生じれば、EUの金融システムは重大なリスクに晒される。それだから欧州委員会は、金融サーヴィスに対して堅固な条件を設ける。かれらはこうして、Brexit後にEUの金融サーヴィスにおける同等システムをいかに管理するかを課題とした。

イギリスはこれにどう対処すべきか。かれらは言うまでもなく、金融サーヴィスに関する同等な制度をEUと交渉しなければならない。EUは、ロンドンが最大のトレーディング・ハブであることを前提として、その厳しい監視を強調する。そして、イギリスはそのためにルールを設ける必要がある。[7] もちろんそこには、そうした制度を設立するための共通の根拠がある。それは、両者がロンドン市場をめぐって深い利害を持っているという点である。

他方でEU当局は、シティのビジネスをEUのチャンネルをつうじて行わせることを想定する。同時にかれらは、厳しいルールの均等化も強調する。欧州金融規制の主導者であるM・バルニエ（Barnier）は、比較可能で常設のルールがつくられる必要があるとする。そうしたルールの下で金融規制が義務づけられねばならない。彼はこう唱える。そこで問われるのは、イギリスとEUがBrexit後に金融規制の同等ルールについていかに合意するかという点であろう。そこにはシティの抵抗の可能性がある。マネーが民間セクターで管理される以上、市場の権益をどのように抑えるかという課題が金融規制にはつねにつきまとう。

ユーロ建て決済問題　ところで、イギリスとEUの金融関係をめぐり、もう一つの懸案事項がある。それは、ユーロ建て取引の決済をどこで行うかという問題である。これは否が応でも、Brexit後めぐる一つの重要な争点になる。ECBのドラギ総裁は、ユーロ建て証券取引の決済がBrexit後にロンドンで続けられるかを議論すべきといち早く表明した。[8] フランスのオランド大統領も、ユーロ建て決済の場はBrexitに応じて再配置されるように求めた。

このユーロ建て決済の場に関する議論は、その監視をどこで行い、またいかに行うかという問題に帰着する。つまり、これまでロンドンで集中的に行われてきたユーロ建て決済が、Brexitによってどのように監視されるかが最大の課題となる。もしもこの点でイギリスとEUの間で食い違いが生じれば、EU側はそうした決済をイギリスで行うべきかを問うに違いない。ECBの執行部にいるB・クーレ（Couré）は、イギリス・ベースの決済機関が、ユーロ建て取引を行い続けるための十分な信頼をえなければならないと唱える。[9] それゆえイギリスでユーロ建て決済を行うことは、そこでの新たな規制がEU基準に見合うほど十分に強いかどうかにかかっている。

クーレに言わせれば、現在のロンドンがユーロ建てデリヴァティヴ取引の世界最大のセンターであるのは、それがEU法のベースを共有すると同時に、欧州司法裁判所の認可によるからに他ならない。そこでもしそれらが消滅すれば、そうした取引がユーロ圏の金融安定を保証するかどうかを問う心要がある。ドラギ総裁は、EUの金融規制がイギリスの決済機関を監視し、そこにECBも加わるべきと主張する。そのためには、現行の監視レヴェルを高めることが重要になる。

ECBはよく知られているように、長い間ユーロ建て取引の決済をユーロ圏外で行うことに不安を抱いていた。かれらは、欧州司法裁判所にそのことを訴える。しかし、その訴えは二〇一五年に却下された。そこでECBは、イングランド銀行と通貨交換協定を結ぶことで、流動性不足のときにスターリングとユーロの交換を保証したのである。

一方、欧州委員会もEUのユーロ建てデリヴァティヴ取引に関する法制の変更を示唆する。それは、ロンドンの決済機関の倒産によるダメージを考慮したためである。決済が金融トレーディングのキーとなることは間違いない。この点を踏まえると、確かにロンドン・ベースのユーロ建てデリヴァティヴ取引の決済額が、一日平均で五七三〇億ドルにも上ることはユーロ圏から見れば気が気でならないであろう。

欧州大陸にとって最大の経済問題は、無秩序なBrexitがEUの金融安定を打ち壊すことにある。そして、この心配はイギリスにもそのままあてはまる。Brexitで市場アクセスの協定がなければ、欧州の銀行とビジネスがシティを利用することは難しい。イングランド銀行総裁のカーニーは、この点を非常に恐れている。[10] また、無秩序なBrexitはクロス・ボーダー契約の信憑性を失わせかねない。これにより、EU全体の金融システムがリスクに晒されることは疑いない。

ところが実際には、他のEU諸国にそうした危機感は見られない。かれらは意外に冷静である。それは、EUがいざとなれば、いつでも規制のレヴァーを引くことができると自負しているからに他ならない。またBrexitのリスクが大きくなれば、EUはルールさえも変えることができる。それゆえBrexit効果はECBが描くほど大きくない。かれらはこうみなす。ほんとうにそうであろうか。金融危機はこれまでにも、しばしば想定レヴェルを超えて到来した。もしEUがそうした自信の下にBrexit交渉に臨むのであれば、それこそ危険なケースが待ち受けているであろう。

と原子力産業である。

(三) イギリスの対EU産業問題

最後に、Brexitが EU産業に及ぼす影響について検討してみたい。ここで取り上げるのは漁業と原子力産業である。

漁業権問題　欧州の漁船は本来、EU水域のどこでも魚を獲ることができる。しかしイギリスの漁民は、Brexit後にイギリスの水域にアクセスする外国船を阻止することを要求した。[11] かれらはそれによって、今までの三倍の漁獲量を確保できるからである。果して、この要求はすんなりと認められるであろうか。

第一に問題となるのは、そうしたイギリス水域の漁業権の主張によって、他のEU諸国の漁民が大きなダメージを受けるという点である。この点は、とくにフランスとの間で引き起こされる。フランスのブルターニュの漁民は、イギリスの水域で全体の八〇%の漁業を行っている。それを失えばブルターニュ漁業は崩壊してしまう。また、もしイギリスがその漁場への外国船のアクセスを禁止すれば、欧州の漁業の競争は激しさを増す。そこでは、より大きな漁船での漁業が強いられる。まさに欧州水域で漁業戦争が繰り広げられる。その結果、小規模漁業を営む漁民は敗退する。この事態は避けられねばならない。

実際にイギリスはBrexit後に、その水域からすべての外国船を締め出せるであろうか。それは確かでない。他のEU加盟国の漁民は、イギリス企業からすでに漁船を購入しているからである。それを受けてEUの交渉者は、イギリスに対してその水域へのアクセスの継続を求めている。これによりイギリスの漁民が、Ｂｒｅｘｉｔによって水域上の漁業権の優位性を確保することは難しい。

ユーラトム問題　もう一つの原子力産業の問題はさらに厄介かつ重要な、そして意外に気づかれない問題である。それは、欧州における原子力利用の安全性確保という問題として浮上する。

北西イングランドの海岸にあるセラフィールド（Sellafield）原子力発電所は、欧州で最も危険な建物と言われる。そこでは、約二千個の原爆をつくるのに十分なプルトニウムが保蔵されている。[12]セラフィールドはまさに何十年もの核燃料の累積によって、地球上で最も有害な物質の一つであるプルトニウムを世界で最も多く貯えたのである。実はこの危険な事態を、原子力エネルギーの使用規制を図る汎欧州機関のユーラトム（Euratom）も見過している。こうした中でＢｒｅｘｉｔが起こればどうなるか。もちろんイギリスはユーラトムから撤退を余儀なくされる。もしそうなれば、イギリスは独自に原子力利用の規制を設けることで、その安全性を保たなければならない。かれらは、原子力に関する安全保障システムのための新たな法を作成する必要がある。

イギリスはこれまで、電力の二〇％を原子力発電所から供給してきた。かれらはさらに、ドイツなどの国がそうした電力供給から撤退しようとしているとき、原子力発電所を一層拡大する計画を立てている。メイ首相は二〇一六年九月に、一八〇億ポンドもかけて新たな原子力発電所を建設することを容認した。このようにイギリスは、電力供給を相変わらず原子力エネルギーに依存する。それであればなおのこと、その安全性の保障が求められる。

この事態に、ＥＵはいかなる姿勢を示しているか。まずフランスは、イギリスとの協力で大きな利害を持つ。フランスの電力会社ＥＤＦが、唯一イギリスの原子力発電所のデヴェロッパーだからである。一方、ＥＵのリーダーも、イギリスの原子力産業を崩壊させるつもりはない。しかし、Ｂｒｅｘｉｔが原子力利用の面で何の協定もなしに起これば大きな問題が生じる。ＥＵの権限の及ばない機関に、原子力関係の物質を届けるリスクを誰も負わない。かれらはこのように警告する。

これに対してイギリスのエネルギー担当相であるＪ・ノーマン（Norman）は、Ｂｒｅｘｉｔによるユーラトムからの撤退は、残念な必然性と語る。同時に彼は、原子力利用に関する新たな規制体制の道が開かれることを強調する。ユーラトムは今まで、確かにイギリスの原子力セクターに対する制約を設けてきた。そこでイギリスは、ユーラトムから離脱することにより原子力産業の拡大に対する自由な裁量権を握ることができる。しかし、それによる利益はあくまでも、安全保障体制の確立によって条件づけられる。イギリス政府はこの点を銘記する必要がある。

二．Ｂｒｅｘｉｔの方法問題

では、イギリスはどのようにしてＥＵを離脱するか。この問題を考えることは、イギリスとＥＵの将来の関係を占うことになる。

(一) ＥＵ離脱の基本的方向

イギリスがＥＵを離脱する上で選択する道は、基本的に二つしかない。第一の道は、イギリスとＥＵが和解する道、第二の道は、イギリスとＥＵとの対立が深まる道である。[13] もちろん、第一の道が両者にとって最も望ましい。ただし、ここで留意すべき点は、Ｂｒｅｘｉｔの与える感情的インパクトであろう。イギリスとＥＵの双方の人々が、互いに横暴さを感じて憤りの気持を露呈すれば、第二の道の可能性が高まる。さらに、両者がレファレンダム後にＢｒｅｘｉｔのあり方について明白なヴィジョンを示していない点も大きな問題である。

ＦＴ紙の記者Ａ・バーカー（Barker）は、Ｂｒｅｘｉｔのシナリオを四つに分けて描いた[14]。表６－１は、それらを総括的に示す。見られるように、「敵対的な離脱」と「Ｂｒｅｘｉｔの回避」が両極端のケースである。しかし、それらはいずれも現実的でない。そうなると、残るは「クリーンな分断」か「友好な移行」の二つのモデルしかない。前者は「ハードＢｒｅｘｉｔ」、後者は「ソフトＢｒｅｘｉｔ」とみなされる。その際に、単一市場へのアクセスと移民のコントロールが基本的論点になる。そして、これらの二つの問題はアンビヴァレントな関係にある。ハードＢｒｅｘｉｔは移民のコントロールを優先し、ソフトＢｒｅｘｉｔは単一市場へのアクセスを第一に考える。ここに、Ｂｒｅｘｉｔの方法をめぐる根本的な難しさが潜むと言わねばならない。

ＦＴ紙の記者ミュンショーは、単一市場へのアクセスと移民のコントロールの対立的関係を念頭に入れながら、Ｂｒｅｘｉｔの方法について一連の議論を行っている[15]。彼は、最も簡単で理解しやすいオプションとして、欧州経済圏（ＥＥＡ）のメンバーシップを考える。これにより単一市場へのアクセスが可能となる。しかし、そこには難点もある。それは、人々の自由移動を条件とするからである。そこでイギリス政府はＥＥＡ「マイナス」を示唆する。これは、ＥＥＡに加わるものの移民に対するコントロールを保つ。このような姿勢をＥＵはすんなりと受け入れるであろうか。このアイデアは、それこそ「いいとこ取り」の謗《そし》りを免れない。

ミュンショーは、単一市場へのアクセスを最優先するものの、それが移民の受入れを条件とする以

表6－1　イギリスのEU離脱の道

離脱の道	シナリオ	前提	結果
敵対的な離脱	・両者の話合いは決裂。 ・イギリスは単一市場へのアクセスを失う。	・イギリスは低税率のハブとして独自の道を歩む。	・シティにのみよく機能する。 ・EU は貿易に関して譲歩する。
クリーンな分断	・両者の関係は緊張。 ・関税と貿易に関して移行期を編成。	・イギリスの金融機関はEUパスポート権を失う。	・イギリスの移民コントロール。
友好な移行	・両者の話合いは友好的。 ・イギリスは条件付きでEU単一市場に残留。	・農業のような特定領域でコントロール。 ・EU が移民労働者流入に緊急中断を容認。 ・イギリスはEUルールを受入れ。 ・イギリスは金融サーヴィスのパスポート権を維持。 ・イギリスはEU予算に貢献。	・イギリスのビッグ・ビジネスとシティの権益を保持。 ・人々の自由移動に対する制限が困難。 ・イギリスはEUルールにしたがうがルールの権利を失う。
離脱の回避	・離脱条項が完了される前にEUのフルメンバーに留まる。	・再レファレンダムか総選挙で離脱の是認が失敗。 ・Brexit 後のイギリス経済の困難。	・長くて認可が難しい。

出所：Barker, A., "Brexit: Whitehall and Brussels hunt for 'British model' ", *FT*, 20, July, 2016. より作成。

上は、Ｂｒｅｘｉｔの方法がストレートに決まらないことを認める。そこで彼が最重視する点はやはり、レファレンダム結果の尊重である。ＥＥＡのメンバーシップになることはレファレンダムの精神を蔑ろにすることから、彼は必ずしもそのオプションに拘泥しない。したがって彼は、イギリス政府が移民のコントロールにプライオリティを与えるのであれば、自由貿易協定に基づく方法を採らざるをえないと説く。それがハードＢｒｅｘｉｔを可能とすることは言うまでもない。このようなミョンショーの見解は正当であろう。ＥＵ離脱の仕方を考える際に、まずはレファレンダムで現れた人々の心情を最重視する必要がある。

一方、イギリス政府の意向はどうか。国際貿易相のフォックスは当初より、世界との新たな貿易のリンクを想定していた[16]。それはもちろん、単一市場と関税同盟からの離脱という考えに基づく。彼は、イギリスはＥＵの関税同盟から逃れたい旨を語る。それは、グローバルな通商政策を発展させるためである。

このフォックスの意向に対し、メイは必ずしも賛同した訳ではない。彼女は、イギリスの対ＥＵ関係の話をリードするのはフォックスではないことを明らかにする。その仕事は、ＥＵ離脱担当相のデイヴィスに委ねられた。それはイギリスの通商関係の決定も含む。実際にイギリスは、ＥＵを離脱するまで他国と自由貿易協定を交渉することはできない。そしてメイ自身は当初、単一市場へのアクセスを可能な限り保持することを語る。

このようにして、フォックスとメイの間に意見の対立が見られた。それはとくに、イギリスがＥＵの関税同盟に留まるかどうかをめぐって表面化した。なぜ関税同盟への参加が問題になるかと言えば、それは単一市場のメンバーシップと切り離されているからである。例えば、ＥＥＡに属するノルウェーは、単一市場のメンバーであるものの関税同盟の一員ではない。それは、ノルウェーの輸出品が主に原油のような一次産品で占められるため、関税同盟への不参加が大きな問題とならないからである。ところが、イギリスでは事情が異なる。その輸出品はより複雑であると共に、それは輸入財の使用を含む。そこで、もしイギリスがEUの関税同盟に留まり、EUと同じ関税を強いられれば、それはイギリスのEU以外の国に対する通商協定を排除させかねない。フォックスが、関税同盟はイギリスが非EU諸国との二国間交渉に入る前に解決されるべきと主張したのはそのためである。

そこで問われるのは、メイ政権がBrexitの方法についてどれほど厳しいものにするかという点であろう。イギリス政府は一体、EEAに入ることで単一市場に加わるのか、そのためには移民のコントロールを放棄するのか、あるいは単一市場にも関税同盟にも参加しないのか、その代わりに移民を完全にコントロールするのか。これらについて、メイ政権は決断しなければならない。

メイは確かに、政府の重要な閣僚ポストに党内のBrexit派を据えた。彼女はそれにより、離脱派にBrexitの方法に対する共同責任をとらせるように考えた。しかし、そのことがスムーズに展開される保証はない。国際貿易相とEU離脱担当相との関係をいかに調整するか。この問題は、フォックスとメイとの対立で直ちに現れた。このようにメイ政権は、閣僚内の調整だけでも極めて困難な問題を抱える。そうした中で、Brexitの方法はいかなる方向に収斂されるであろうか。

(二) メイ政権のEU離脱の基本方針

メイの基本方針　最初に、メイ自身のBrexitの方法をめぐる基本方針を見ておこう。ここで確認すべき点は、イギリスの有権者がレファレンダムで表した心情に対する彼女の認識である。彼女は、かれらがＥＵ移民にうんざりすると共に、グローバル化の恩恵を授かっていないと考える。[17] 多くの有権者は、ゲームのルールが少数の特権階級に有利に働いているため日々の生活のコントロールを失っている。そこで、彼女が第一に採るべき手段として考えたのが移民のコントロールであった。なぜオズボーンを閣僚から外したのか。その理由も、反移民という視点に立つと理解できる。彼女は内相時代に、プロ移民派のオズボーンとしばしば対立した。それゆえオズボーンを解任することにより、政府からプロ移民派を外すことができる。彼女はこうみなしたのである。

では、そうした移民のコントロールと単一市場へのアクセスとをいかに結びつけたらよいか。実はこの点について、メイは明確な方針を欠いていた。彼女は、二〇一六年九月早々のＧ２０参加の段階では、強硬なＢｒｅｘｉｔ派の好む移民規制モデル（単一市場からの離脱）を拒絶した。[18] メイはこの段階で、単一市場へのアクセスを念頭に入れながらＥＵ移民のコントロールを考えた。一方、ＥＵ側もイギリスに対して強硬な姿勢を採るつもりがなかった。ユンケル委員長は、「我々は報復ではなくパートナーシップに鼓舞された関係を設けたい」と述べる。

ところがＧ２０後に、イギリスとＥＵは双方で態度を硬化させた。欧州委員会は、イギリスをできるだけ早く離脱させたいと願う一方、イギリス政府の強硬なＢｒｅｘｉｔ派は、ＥＵとのクリーンな分断すなわちハードＢｒｅｘｉｔを望む。[19] 両者は交渉のスタート前から、すでに危険な関係を示し始めたのである。

この事態にメイは、改めて移民のコントロールを決して諦めないと同時に、欧州司法裁判所の指令にも従わないことを謳う。彼女は、イギリスが完全な主権国家になることを宣言したのである。[20] 彼女はまた、ＥＵ離脱条項である第五〇条を二〇一七年三月に発動させるプランを明らかにする。それは、保守党内のユーロ懐疑派が求めるEUとのクリーンな分断を図るためであった。

しかし他方でメイは、ハードBrexitにこだわるつもりがないことも強調した。彼女は、ハードBrexitとソフトBrexitとの区別は誤った二分法であると認識する。それゆえ彼女は、イギリスにとってEUとの固有の協定がありえることを唱える。しかし、そのような特別な協定が結ばれる可能性があるかと問えば、それは決して確かでない。むしろ、そうした交渉で両者の関係は悪化する恐れがある。それによってイギリスの無秩序な離脱が引き起こされるかもしれない。EU側もこの点を脅威と感じていたことは疑いない。

ハードBrexit論の展開

ところで、メイが主権国家の確立とクリーンな分断を宣言した以上、それは一般にハードBrexitを意味するとみなされた。この点はとくに、プロBrexit派の保守党議員の間ではっきりと意識された。フォックスは、それを代表する人物であった。フォックスは、イギリスの通商面からEUを忘れるべきであると訴える。[21] 彼はそこで、二〇一九年にEUとクリーンな分断を果して後に、他の世界との通商交渉を行うと宣言する。この考えはまさに、グローバルな自由貿易のユートピアニズムである。彼の意向はストレートに実現されるであろうか。

メイの見解はフォックスのそれと異なる。彼女は当初、イギリスはEUから穏やかに離脱すべきと唱えた。実際に彼女には二つのオプションがある。一つは、フォックスの主張する非常にハードなBrexitである。これは、イギリスが二〇一九年にWTOのステータスに戻ることを意味する。もう一つは、単一市場と関税同盟に留まるための中間的な協定を結ぶことである。メイは、どちらを選択するか。一つはっきりとしていることは、メイは移民のコントロールにプライオリティを与えるため、単一市場と切断するという点であろう。[22]

そこで問題となるのは、関税同盟に対するイギリスのスタンスである。もし関税同盟を離脱すれば、イギリスの製造業とりわけ自動車産業が大きな影響を受けることは疑いない。かれらは、車の輸入部品のかなりをEUからの輸入に依存しているため、それらに対する関税は大きな痛手になる。しかしハードBrexit派は、ここでも心配無用と主張する。イギリスは、ドイツのBMWやフォルクスワーゲンのような自動車メーカーにとって最大の輸出市場となっているからである。

このようにイギリスのハードBrexitの方向が定まりつつある中で、外国の自動車メーカーは、イギリスが単一市場と関税同盟に留まらなければ車をイギリスでつくる意味はないと考える。[23] 一方EUは、イギリスに対して産業セクターごとの特別な関税同盟を提供するつもりがない。他方でかれらは、イギリスが求めれば人々の自由移動を条件として確実に単一市場を提供する用意がある。メイにとって最も考えるべき点は、移民のコントロールと単一市場・関税同盟のメンバーシップとの連関であろう。これらを結びつけることができるのか。この点が問われるに違いない。

(三) Brexitの方法をめぐる論争

ハードBrexit論批判　ところで、単一市場と関税同盟から離脱するハードBrexit論に対して様々な議論が展開された。例えばFT紙の論説委員のウルフは早くから、それを真っ向から否定する。[24] ハードBrexitに対する唯一のオールタナティヴはEUに留まることである。それはイギリスの議会で決定できる。議会はレファレンダムの結果を無視できることを憲法で認められているからである。もしハードBrexitを行えば、イギリスはより縮小すると共により貧しくなる。彼はこのように唱える。

こうしたウルフの考えは、レファレンダム以降一貫して表明されてきた。そこでは明らかに、議会制民主主義の直接民主制に対する優位性が謳われる。しかし、そもそも有権者がレファレンダムで意思表示したことは、政党政治とそれを支える政治家に対する批判であったはずである。そうだとすれば、ウルフの言うように、もし議会でレファレンダムの結果を逆転させれば、それこそイギリスの民主的な政治体制は完全に崩壊するであろう。

一方、より現実的な側面からハードBrexit論を批判する声もある。[25] ハードBrexitの考えは基本的に、イギリスがEUの税制と規制から完全に自由になることを示す。ジョンソンに代表される保守党の自由主義的離脱派は、当初より主権国家であるイギリスの自由主義という姿勢を前面に打ち出してきた。しかし、そのことがイギリスにとって有効かどうかが問われねばならない。例えば、ある産業では自由化を貫くことができない。その代表が農業である。貿易の自由化で農産物価格が低下すれば、農業補助金が必要となることは間違いない。このことからもわかるように、保守党のハードBrexit派の考えが自由主義をベースにすることには無理がある。そもそも完全な自由化などはありえないのではないか。

フォックス国際貿易相は、自由貿易と経済自由主義を結びつけることで、イギリスがシンガポールのようになることを唱える。しかし、レファレンダムの結果はレッセ・フェール（自由放任主義）に有権者が賛同したことを表すものではない。[26] むしろ逆に、イギリス市民は移民のコントロールを訴える経済ナショナリズムの方向を支持したのである。この点でメイが、移民のコントロールにプライオリティを与えたことは正しい。また、そのことを起点として逆算的にハードBrexitの考えが現れることも確かであろう。ただし、それだからと言って極端な経済自由化論が妥当であることは疑わしい。

他方で保守党内のＢｒｅｘｉｔ派閥でも、ハードＢｒｅｘｉｔを否定する考えが表された。その代表的論者がＥＵ離脱担当相のデイヴィスである。彼は、イギリスが単一市場にアクセスできることを前提とする。[27]そのためには、イギリスはＥＵ予算に貢献し続ける必要がある。また、移民のコントロールにしても、それはイギリスの労働力不足を回避するように計画されねばならない。彼はこう主張する。

Ｂｒｅｘｉｔの方法をめぐって最も発言力のあるはずの人物がそのような姿勢を示したことは、政府内での意向の変化が現れたことを意味する。メイ政権のティームは、ハードＢｒｅｘｉｔではない方向を示し始めた。それは、よりソフトなＢｒｅｘｉｔのタイプである。この方法を望むのはデイヴィスだけでない。ハモンド財務相もそうであった。[28]彼はやはり単一市場へのアクセスにプライオリティを与える。そして、イングランド銀行総裁のカーニーもこの考えを支持する。こうして、ソフトＢｒｅｘｉｔを推進するティームがつくり上げられたのである。

そこで問われるのはメイの姿勢であろう。彼女とハモンドの関係はフォーマルな関係にすぎない。この点はまた、他の閣僚に対しても同じであった。メイは、デイヴィスとハモンドを尊重する一方で、ジョンソンとフォックスにも同様の態度を表す。そうだとすれば、Ｂｒｅｘｉｔの方法をめぐる意見の統一を図ることは難しい。デイヴィスとハモンドが移行協定を含めたソフトＢｒｅｘｉｔを強調するのに対し、ジョンソンとフォックスはハードＢｒｅｘｉｔを訴えるからである。

メイはまた、イギリス内での意見の統一も目指す必要がある。スコットランド初の首相であるスタージョンは、自らＦＴ紙に投稿してハードＢｒｅｘｉｔは受け入れられないことを主張する。彼女は、ハードとソフトのＢｒｅｘｉｔに代わって「フレキシブルＢｒｅｘｉｔ」を掲げる。[29]それは、イギリス内の異なるセクターが、ＥＵの単一市場と貿易パートナーとの連合から優位性をえられるとするものである。彼女はこうして、スコットランドをあくまでも単一市場にキープするための特別な提案を進める。メイ政権は、この考えに対応する必要がある。それはまた、スコットランドの独立問題と深く関連する。

一方ＥＵ側が、人々の自由移動を認めることなしに単一市場にアクセスすることは非現実的であるとみなしていることは疑いない。かれらが、コストのかからないＢｒｅｘｉｔの方法が他の加盟国に広がることを恐れるからである。[30]

メイのハードＢｒｅｘｉｔの方針

メイは、二〇一七年に入り改めてハードＢｒｅｘｉｔの考えを前面に出す。イギリスは国境と法のコントロールを行うがゆえに単一市場を去らねばならない。それは不可避である。彼女はこのように訴えた。[31]ところが彼女は、そのための明確なプランを持っている訳ではなかった。市場がそれを不安視してスターリングの対ドル相場を激しく下落させたのもそのためであった。

メイは確かに、移民の厳しいコントロールを謳う一方、ＥＵに対してはテーラー・メイド型（注文型）の通商協定を望んでいる。しかし、この両者をいっしょに実現する可能性は低い。ドイツが真っ向から反対するからである。メルケルは再三に渡り、イギリスに対して「いいとこ取り」を認めない旨の警告を発している。そればかりでない。二〇一七年に入るとドイツ産業界も、Ｂｒｅｘｉｔの方法に厳しいスタンスで臨むことを露にした。[32]かれらは、欧州はイギリスの移民コントロール案に屈してはならないとする見解を示したのである。

このようなドイツの政界と産業界の姿勢を踏まえると、イギリスにとって単一市場へのアクセスと移民のコントロールが両立しないことはますます明らかになった。これに対してメイ自身は、自動車産業や宇宙産業のような特定の産業に関して単一市場へのアクセスを強く求める。また関税同盟についても彼女は、イギリスはそこから離脱するものの、関税を取り除くための協定を保ちたい。EUの関税同盟のフル・メンバーになることは、ポストBrexitのイギリスに対して世界中の国を相手とする通商協定の交渉を妨げてしまうからである。[33]しかし、実際にメイの意向が実現されることは法制的にも政治的にも難しい。とくに、部分的な関税同盟が政治的な反対に直面することは間違いない。

メイはこのようにして、一方で保守党内の強硬なハードBrexit論に対処しながら他方では、極めて困難なBrexit交渉をEUと進めなければならない。そうした交渉にはいかなる問題が潜んでいるであろうか。

三　イギリスのEU離脱交渉問題

(一) 第五〇条をめぐる諸問題

イギリスがEUを正式に離脱するためには、まずEUの定めた離脱条項を発動しなければならない。この条項は、実は二〇〇三年に、当時のイギリスの外交官であったJ・カー (Kerr) が、イギリス自身のEU離脱のために二六二語でつくったことに由来すると言われる。[34]EUは当初、それを無視したものの、最終的にリスボン条約で第五〇条として成立させる。ただし、この条項をめぐる交渉は世界

表6－2　第50条をめぐる諸問題

問題	議論の内容
離脱通知の時期	・EU はイギリスのより早い行動を要求。
EU 離脱の規定	・第 50 条で最もわかりにくい。 ・離脱の協定は異なるルールとスピードで交渉。
話し合いのデッド・ライン	・最初の 2 年間から大きく延長されることは考えられない。 ・すべて合意されるまで協定はない。
EU の投票ルール	・離脱決定のルールでイギリスは不参加。 ・EU リーダーはイギリス抜きに Brexit を議論。 ・イギリスは離脱の当日までフル・メンバー。
EU への再参加	・第 50 条の発動後にそれをストップできるか定かでない。 ・第 50 条の発動は法的行為であり、それを撤回することはできない。

出所：Barker, A., "The Brexit divorce paper", *FT*, 21, July, 2016. より作成。

で最も複雑なものの一つとみなされた。それゆえキャメロンは、第五〇条を発動するのは「世紀のギャンブル」と語る。しかしメイは、それを行うようにＥＵから圧力をかけられた。ＥＵはイギリスに対し、ルールの下に二年間の猶予で離脱することを求めたのである。

では、第五〇条の交渉をめぐっていかなる問題が存在するか。表６－２は、その際に最も議論されるべき問題を五点に渡って整理したものである。そこには、今後イギリスとＥＵが話し合わなければならない様々な問題が潜む。それらを解決することが、これまで第五〇条を用いた前例がないだけに極めて困難な作業になることは疑いない。事実、半世紀に及ぶ欧州プロジェクトに関し、加盟諸国はＥＵから離脱する公式ルールを持っていない。フランスがそのことを初めてローマ条約に含ませることを示唆したものの、それは拒絶された経緯がある。まさに結婚式（ローマ条約）のときに離婚の話（離脱条項）が語られることはなかった。

ところで第五〇条の成立は、欧州委員会の副委員長であるティンメルマンスが指摘するように、ＥＵに対する一つのブラック・メールになりえる。そこでは、ＥＵの同意なしに離脱することが可能となるからである。他方で、離脱告知後の二年間でＥＵと互いに満足する話し合いを行うことは、離脱国にとっても非常に大きなハードルとなるに違いない。また、第五〇条の発動を逆転させる要求も極めて難しくなることは言うまでもない。

一方、イギリスが第五〇条を発動したからと言って、Ｂｒｅｘｉｔ交渉がスムーズに展開される保証はない。欧州委員会やいくつかのユーロ圏諸国は、その発動に対してすでに批判を強めている[35]。また、Ｂｒｅｘｉｔをめぐるいかなる話し合いにも抵抗する国がある。こうした中で、メイ政権は交渉をいかに進めるつもりであるか。次にこの点を見てみよう。

（二）メイ政権の交渉スタンス

まず、交渉の主役となる離脱担当相のデイヴィスの見解を見てみよう。彼は二〇一六年九月早々、ＥＵとの交渉に関してかなり楽観的な展望を示した。イギリスは移民を新たにコントロールすると共に、ＥＵ以外の国と自由貿易を行う権利を確保する。両者の間にトレード・オフはない。彼はこう唱える[36]。その通りに交渉は進められるであろうか。

実際には、Ｂｒｅｘｉｔにおける問題のほとんどがトレード・オフの関係を示している。移民問題がまさにそうである。イギリスがいくら移民のコントロールを望んでも、ＥＵルールが変わらない限り、それで単一市場に留まることはありえない。メイ政権はそこで直ちにディレンマに陥ってしまう。

メイ首相はこうした中で、二〇一六年一〇月早々にイギリスの離脱交渉を二〇一七年三月にスタートさせることを表明する[37]。このことはまた、第五〇条を発動させることの声明でもあった。この意思表示が、Ｂｒｅｘｉｔ交渉におけるイギリスのリスクを伴うことは否定できない。ＥＵは第五〇条の発動に合わせて、イギリスに対し単純な時間制限をかけることができる。これによってイギリスが、次第に難しい状況に追い込まれることは疑いない。イギリスが、投資家に対する不確実性を最小限にするため、素早い協定を必要とする一方、ＥＵはそれを引き延ばすことができるからである。それにも拘らずメイがそうした意思を表したのは、やはり政治的な理由からであった。もしそれを行わなければ、彼女は保守党内のＢｒｅｘｉｔ派から痛烈に非難されるに違いない。

他方でメイは、テーラー・メイド型すなわちセクターごとの交渉による協定を目標とする。[38]それは言ってみれば第三の道を意味する。これによりイギリスは、法制的に独立する一方、決定的なビジネス・セクターをＥＵ内で存続させる。政府のアイデアは、車、薬品、並びに金融のような特定のセクターに対して、より完全な市場協定を結ぶことにある。それは、単一市場から生まれる利益を国家主権の全般的譲歩なしに維持させることである。しかし、ＥＵはその可能性を疑う。もしイギリスが協定の「いいとこ取り」を想定しているのであれば、かれらは夢を見ているに過ぎない。ＥＵ側はこのように判断する。

メイはこうした事情の下で、次第に交渉スタンスを変えていく。彼女は、イギリスは早ければ二〇一九年にＥＵを非妥協的な仕方で離脱することを表明した。[39]それはまた、保守党のプロＢｒｅｘｉｔ派議員の考えに後押しされたものであった。かれらは、イギリスが単一市場と関税同盟から離脱することを疑っていない。そしてメイ自身も、イギリスを根本的に変えることの決意を表明したのである。

メイにとって幸いなことは、野党の力が弱まったことであろう。労働党にしてもＵＫＩＰにしても内紛が激しさを増していた。これに対して保守党は、一見すると統一しているかのように見える。しかし、問題はそれほど単純ではない。彼女の統治力の持続可能性がすでに問われていたからである。その際の争点は、やはり移民問題であった。内相のA・ラッド（Rudd）は、イギリスの企業に対して外国人労働者の数を発表させるアイデアを打ち出す。ビジネス・グループやEUの他の外国政府がこれに猛反発したのは言うまでもない。そしてもちろん、オズボーンを中心とするプロ移民派もメイ政権の案を批判した。ただし、イギリスの労働者はこのラッド案を当然支持する。世論調査によれば、応答者の実に六〇％がイギリスの労働者を外国人労働者より優遇すべきと答えていたことがわかる。これらの点を踏まえると、メイは二つのトレード・オフに直面せざるをえない。一つは、移民のコントロールと単一市場へのアクセスのトレード・オフであり、もう一つは、保守党内の反移民派とプロ移民派のトレード・オフである。彼女はこの中でBrexitの道を決める必要がある。

一方デイヴィス離脱担当相は、第五〇条の離脱プロセスは不可逆的であるとする考えを表す。彼は、イギリス政府がレファレンダムの結果を逆転するつもりがないことを強調した。そしてメイ首相も、Brexitが引き起こされることは決定的であることを明らかにした[40]。ところがレファレンダムから半年経っても、Brexitが一体何を意味するかはわからない。メイは決意表明をしながらも、それを果すための計画について説明を欠く。彼女は、保守党内の不一致を避けるために明言しないのである。ただし彼女が、単一市場に依拠するイギリスのビジネスに選択権を与えていないことは疑いない。この点で彼女は、ハモンド財務相と異なる。彼はシティの権益を最優先するため、単一市場へのアクセスに第一のプライオリティを与えるからである。

他方でメイは、Brexitのための移行措置が必要であることを示す。それは、Brexitに伴う

表6－3　Brexitの移行措置をめぐる諸問題

問題	議論の内容
移行の可能性	・イギリスとEUの合意の下で法的に再編。
移行の形態	・1つは旧EUの権利を段階的にはずす形。 ・もう1つは新貿易条件に段階的に応じる形。
移行の進度	・イギリスの撤退条件と新貿易協定の双方に合意することは不可能。 ・EUはイギリスとの貿易協定でゆっくり進む。
移行の条件	・移行の条件が最後の決め手。 ・移行の条件の不明確さはビジネスの脱出リスク。 ・いかなる移行も貿易協定よりも単純である必要。

出所：Barker, A., "Anatomy of Brexit: Transition deal looks set to become crunch issue", *FT*, 6, January, 2017. より作成。

リスクを極力無くすためである。確かに移行措置は、EUとの話し合いの中で最も大きな重みを持つ。そこでは、秩序ある移行を進めるための条件をいかにコーディネートするかという点が問われるに違いない。この点は、Brexitの話合いの中での争点になる。FT紙は、移行措置をめぐっていかなる問題が生じるかについて表6－3のようにまとめている。見られるように、そこには多くの困難な問題が立ちはだかる。ここでとくに確認しておくべき点は、移行措置が合意に達するための条件について、やはりEUが現行システムを盾に交渉に臨むという点であろう。

　イギリス政府はこうした中で、EUとますますプラグマティックな交渉を行うことを明らかにする。[41] ハモンド財務相は、もしイギリスが単一市場にアクセスできなければ低税率国の競争国になるとしてEUに警告を発した。他方で彼は、あくまでもイギリスがBrexit後も欧州の本流に留まると唱える。一方メイ首相も、イギリスがEUに対して敵対的なアプローチを採ることはないと主張する。彼女はダボス会議で「真にグローバルなイギリス」というメッセージを送った。このことは、イギリスが単一市場と関税同盟から離れることを意味する。それゆえ保守党内のプロＢｒｅｘｉｔ派は、この交渉スタンスを支持した。ジョンソン外相の経済アドヴァイザーはメイに対し、「不利な点なしに有利な点を求める（have our cake and eat it)」アプローチを採るべきでないと忠告する。要するに、ＥＵとのクリーンな分断を図るからには、イギリスはそれに伴うデメリットを受け入れねばならない。メイ政権はこのように判断した。

　以上のことを踏まえながらメイ首相は、二〇一七年一月にＢｒｅｘｉｔに関して初めての包括的なスピーチを行った。そこではまず、四つの基本原則が謳われた。それらは第一に、単一市場からの離脱、第二に、関税同盟からの離脱、第三に、新たな関税協定の締結、そして第四に、ＥＵ予算への適切な寄与である。これにより彼女は、欧州プロジェクトへの支援とイギリスのＥＵによる懲罰に対する抵抗とを結びつけようとした。

　このメイのスピーチに対し、ユーロ懐疑派が歓迎したことは言うまでもない。かれらはそもそも、ＥＵとのクリーンな分断を熱望する。一方プロＥＵ派も、彼女がＥＵにアプローチする道を残していることに安心感を覚えた。彼女は、新たな関税協定をつうじてＥＵに対し非関税のアクセスを持つという考えを提示したからである。こうしてメイはひとまず、Ｂｒｅｘｉｔの交渉に対する手がかりを与えた。

　Ｂｒｅｘｉｔ交渉は、このメイのスピーチに沿いながらスムーズに展開されるであろうか。そこには数多くの難問が控えている。この点についてＦＴ紙の著名な記者バーカーは、彼女のスピーチの直後に二本の長い論稿を同紙に寄せた。[42] 以下では、彼の行論《こうろん》を整理しながらこの問題を考えることにしたい。

　今回メイは、確かにＥＵとのクリーンな分断という意向をはっきりと打ち出した。国家主権を取り戻すためには単一市場から離脱する以外にない。単一市場へのアクセスは、人々の自由移動を条件とするからである。しかし他方で彼女は、Ｂｒｅｘｉｔの移行期間を設けることを提示する。そこで、その期間がイギリスの法で治められるのか、あるいはＥＵのルールと司法裁判所で治められるのかが最大の問題となる。一時的なＥＵ権利の拡張が、イギリスに対して様々な自由移動を求めることは間違いない。

一方、もう一つの大きな問題がある。それは、ＥＵとの自由貿易協定に関連する。メイは単一市場を去るものの、ＥＵに対して「大胆で野心的な」自由貿易協定を求める。それは非関税のアクセスを含む。そこで、もしＥＵがこの協定を受け入れなければ、イギリスはＥＵと対立したまま離脱する。彼女はこのような脅威を与えた。この点でメイは、サッチャーと並び称される。彼女が「新たな鉄の女（new Iron Lady）」と呼ばれるゆえんである。

果して、そうした協定が短期間で結ばれるであろうか。あるいはまた、もし協定が成立しなければ、それに代わるプランＢをイギリス政府は用意しているであろうか。これらの疑問が直ちに浮かんでくる。ここでとくにプランＢが問題である。メイはそれを明らかにしていない。しかし多くの人は、それが「シンガポール・モデル」であると考える。実際にイギリス政府は、法人税を二〇二〇年にシンガポールと同じの一七％に引き下げるプランを打ち出している。しかし、それによって政府の税収ベースが崩されることは疑いない。もし他の財源がえられなければ、そのことは当然に社会的支出の削減につながる。

さらに、シンガポール・モデルの採用で由々しき問題が生じる。それは、金融セクターでの規制緩和の徹底という問題である。それでなくてもイギリスは、すでにＥＵの金融規制基準を外している。

この点は銀行セクターで現れる。事実、イギリスで金融規制のルール・ブックが薄くなる見通しがある。そこで、もしイギリスの金融機関が、ボーナスの上限規制のようなファンド・マネージャーに対するEUルールを逃れられれば、かれらはヘッジファンド業界で主導的ポジションを強めるに違いない。それによって、イギリスの最も強みのある金融サーヴィス・センターに優位性が与えられることも確かであろう。しかしそこには、イギリス社会の将来にとって考えねばならない重要問題が潜む。

そもそも、サッチャー政権下で始まったシティの規制緩和こそが金融危機を引き起こし、それを救済するために公的赤字が膨らみ、その結果赤字削減のための緊縮政策が一般市民を痛めつけた。この一連の流れを決して忘れてはならない。だからこそメイは、すべての人々のために努める政府というスローガンを掲げたのではないか。シティがプランBの下にさらなる自由化を行えば、彼女の目標が達成できなくなることは間違いない。そこには、次のような図式が描けるからである。金融の自由化→シティの競争力増大→外国金融機関の参入激増→過剰な貸付による金融危機→公的資金の注入による金融機関の救済→財政赤字の拡大→財政緊縮策の推進→社会的支出の大幅削減と課税（消費税）の引上げ。これによって、イギリスの民衆は再び政府に裏切られる。メイは、特権的な少数者から労働者階級の人々へ利益を移すと約束したからである。

このようにして見ると、イギリスがEUとの間でよい協定をえられなければ対立したまま離脱するという「崖っ縁外交」は、仮に明快なプランBを持っていたとしても内外で通用しにくい。そうしたアプローチは、EUに対するブラック・メールにはならないであろう。そうだとすれば、メイは最終的に手間のかかる妥協の道を選ぶ他ない[43]。

メイはいかに妥協点を見出せるであろうか。彼女の提示する案が、EU側に「いいとこ取り」とみなされればその実現は遠い。彼女は先のスピーチで、関税同盟の連合的メンバーシップを要求した。それは、特定の財や金融サーヴィスに適用される。また、セクターごとの新たな通商協定も提案された。しかし、これらはすべてEUにとってはまさに「いいとこ取り」と考えられる。[44]

イギリス政府は、そもそもどのような形の協定であれ、それを達成する上で厄介な挑戦に直面せざるをえない。FT紙でウルフは、それらを五つに整理する。[45]第一に時間の不足。第五〇条の発動から二年以内に協定に達するチャンスはわずかしかない。第二に多様な利害。交渉相手のEU二七ヵ国と欧州委員会のすべては異なるレッド・ライン（越えてはならない一線）を持つ。第三に交渉の多様なプライオリティ。欧州委員会は、移行の問題を話し合う前に離脱の条件について協議したい。一方イギリスは、すべてが同意されるまでは何も用意するつもりがない。第四にマネー。欧州委員会の請求する離脱清算金とイギリスの想定するそれとに大きな差がある。そして第五に複雑さ。離脱協定は、科学研究へのコミットメントや市民の権利などの複雑な問題をカヴァーする。また、イギリスの主張する注文型（セクター別）の自由貿易協定は最も複雑な貿易再編を意味する。

結局のところ、これらの問題を第五〇条の発動からたった二年間で解決できるかが最大の不安材料となる。EUはなぜそうした短期間の制約を設けたのか。もともとEUが離脱条項の要求を渋々認めたことを考えれば、簡単に離脱の決定ができないように仕向けられたことは納得できる。そうである以上、第五〇条の発動には相当の覚悟が必要とされる。

そうした中でイギリスの下院は二〇一七年二月に、メイの提案する第五〇条の発動を圧倒的多数で認めた。[46]下院議員の七五％ほどがレファレンダムでEU残留に投票したことを踏まえると、この下院での決定は想定外の出来事であった。かれらは、イギリスの人々の意思を尊重した。レファレンダムの結果に反対することは、議会と人民の間の対立というリスクを犯す。それはまた、すでに疎外されていると感じる人々をさらに疎外する。プロ残留派の主導者であったあのオズボーンでさえ、このように語ってメイの提案を容認したのである。あれほど議会制民主主義を誇ってきたイギリスの政治家も、ついに直接民主制の持つ重みを意識せざるをえなかった。この点で下院のそうした決定は、イギリスの政治史上画期的であったと言ってよい。

メイは、この決定を受けて三月に第五〇条を発動できる。問題はその後であろう。そこには数多くの難問が待ち受けている。イギリスがＥＵと現実に交渉できる唯一のものは、移行期の設定かもしれない。[47]しかしそれは、両者の関係の現状維持を意味する。そこには現行のＥＵルールの遵守が含まれる。彼女は、そうした移行期を設けることができるであろうか。メイは今後、ＥＵとの交渉結果に自らを晒すことになる。

(三) ＥＵの交渉姿勢

一方、以上のようなイギリス政府のスタンスに対し、ＥＵ側はどのような姿勢を示したか。欧州委員会のＢｒｅｘｉｔ交渉のチーフは、フランスの元外相バルニエである。実は彼は、イギリスの交渉リーダーのデイヴィスと二〇年以上も前から対立的関係にあった。[48]サッチャリストでユーロ懐疑派のデイヴィスは、一九九〇年代に「ムッシュ・ノン」と称され、ＥＵの提案に悉《ことごと》く反対した。それは、加盟国の権限がＥＵ本部に移行することを阻止するためであった。彼のそうした姿勢は、保守党の右派に大いに歓迎された。一方バルニエは、二〇〇九～二〇一四年にＥＵの金融規制を主導したことで名声をえた。このため彼は、ロンドン・シティにとって厄介な人物とみなされた。このようにしてバルニエとデイヴィスは、長い間闘いを繰り広げてきた。それはまた、プラグマティズムと妥協の展開を示すものであった。ただ、ここで留意すべき点は、バルニエがこれまでつねに親英派の側面を打ち出すことに努めてきたことである。そこでむしろ問題は、EU本部が交渉の主導権をバルニエに全面的に与えるかどうかにある。

バルニエは、イギリスがEUとの新通商協定について現実的になるべきことを訴える。彼はそのために、イギリスとEUが新しいパートナーシップのためのフレームワークを議論する必要があると主張する。[49]そこで、イギリスとEUが異なる法制度を理解しながら、いかに合意に達するかが重要となる。EU側はあくまで、イギリスの「いいとこ取り」を認めない。かれらの基本認識はこの点で一致している。

バルニエにとって最大のプライオリティは、協定を成立させる前に様々な離脱の条件をイギリスに認めさせることにある。そこには、EU市民のイギリスでの居住権の保持や離脱清算金（当初六〇〇億ユーロを想定）の支払いなどが含まれる。[50]EU側は、これらの条件について合意が遅れれば、EU企業はハードBrexitに対処するため、一部のビジネスをEUにシフトするとみなす。

バルニエはあくまでも、秩序ある離脱の合意こそが将来のパートナーシップであるとする姿勢を崩さない。[51]その上で彼は、イギリスとの通商協定に関する話し合いは離脱の仕方に依存すると警告した。その際の最大の争点となるのは、やはり離脱清算金の問題である。

一方フランスとドイツは、先に見たメイのスピーチで表された脅威、すなわち通商協定が結ばれなければイギリスは低率課税モデルを遂行するという表明に対して不穏さを強く感じた。それゆえかれらは、EUのプライオリティは、新たな通商関係をつくることよりも、バルニエのスタンスと同じく、

Ｂｒｅｘｉｔの条件を確立することにある点を再確認した。それはまた、イギリスの「いいとこ取り」がないことを明らかにするものであった。

以上、我々はＢｒｅｘｉｔの決定から半年以上を経て、イギリスがＥＵとの経済関係でどのような問題を抱えるか、またＥＵに対していかに離脱交渉を進めるかについて検討を重ねてきた。最後に、そうした離脱交渉の今後の課題を探ることにしたい。

バルニエの念頭にあることは、Ｂｒｅｘｉｔのための移行期間を設けることにある。彼は、そのための準備を二〇一七年一二月までに済ます意向を示した。[52] そこで彼は、清算金やＥＵ市民の権利の取得についていち早く話し合うべきであると訴える。こうしたバルニエのプランに対し、ＥＵ諸国はどのように反応したか。

ドイツとイタリーはこのプランを支持する。フランスも、とくに清算金について一切妥協しないことを明らかにした。[53] このようなＥＵの枢軸国の反応は、当然イギリスに大きな打撃を与えた。離脱担当相のデイヴィスは、通商の話し合いを離脱条件の議論と平行して進める決意を表していたからである。一方ＥＵのリーダーも、イギリスに対して厳しい姿勢を示した。ユンケル委員長は、イギリスはＥＵ予算に関してその財政的負担分を支払う必要があることを強調した。ドイツのメルケル首相も、プライオリティはＥＵ二七ヵ国の統一であり、したがってイギリスの離脱条件はかなり厳しいと説く。

このようにしてイギリスを除くＥＵ諸国は一様に、バルニエの示すＢｒｅｘｉｔの条件案を強く支持する。これに対してイギリスは、レファレンダムから半年以上経っても、清算金やＥＵ市民権について依然と明快なヴィジョンを表明していない。これでもってイギリスとＥＵは、Ｂｒｅｘｉｔ交渉をスムーズに進められるのか。誰しも疑うであろう。

注

1 Brunsden, J., & Robinson, D.,"EU budget: British breakaway to spark wider disputes on financing", *FT*, 5, July, 2016.

2 Noonan, L., & Brunsden, J., "Finance and politics on Brexit collision course", *FT*, 21, September, 2016.

3 Moghadam, R., "The City's passport to a bright future outside the bloc", FT, 20, September, 2016.

4 Yassukovtch, S., "The City has nothing to fear from Brexit", *FT*, 12, January, 2017.

5 FT, Editorial, "The City sets plausible goals for life after Brexit", *FT*, 14, January, 2017.

6 Brunsden, J., & Fortado, L., "City of London faces blow on EU access", *FT*, 27, February, 2017.

7 FT, Editorial, "Equivalence makes sense for the City and Europe", *FT*, 28, February, 2017.

8 Brunsden, J., "EU rules vital to keep role, City of London warned", *FT*, 30, November, 2016.

9 Brunsden, J., "ECB step up warning on UK-based Euro clearing after Brexit", *FT*, 23, January, 2017.

10 Brunsden, J., Barker, A., & Jones, C., "Central bankers go head to head over Brexit stability risk", *FT*, 9, February, 2017.

11 Macclean, P., "French fishermen fear post-Brexit 'war on the world'", *FT*, 1, March, 2017.

12 Ward, A., & Barker, A., "Brexit's nuclear fallout", *FT*, 3, March, 2017.

13 Rahcman, G., "Brexit leaders Europe at a Fork in the road", *FT*, 5, July, 2016.

14 Barker, A., "Brexit: Whitehall and Brussels hunt for 'British model' ", *FT*, 20, July, 2016.

15 Münchau, W., "Britain must pursue its exit options", *FT*, 4, July, 2016.; do., "A win-win deal for the UK is wishful thinking", *FT*, 11, July, 2016.; do., "Remainers fighting the wrong battle will harden Brexit", *FT*, 29, August, 2016.

16 FT, Editorial, "Britain's premature bid for global trade deals", *FT*, 28, July, 2016.; Parker, G., & Chassany, A-S.,

"UK trade secretary faces queries over post", *FT*, 29, July, 2016.

17 Parker, G., Barker, A., & Allen, K., "Taking control", *FT*, 30, September, 2016.

18 Parker, G., "May's balancing act on Brexit at heart of trade talks", *FT*, 6, September, 2016.

19 Mandelson, P., "A hard Brexit is far from inevitable", *FT*, 26, September, 2016.

20 Parker, G., & Barker, A., "May sets dead line for decisive break with EU", *FT*, 3, October, 2016.; Allen, K., Parker, G., & Barker, A., "May sets Brexit course with hint of clean break from single market 2", *FT*, 3, October, 2016.

21 Grapper, J., "Leave gently to protect the British worker", *FT*, 6, October, 2016.

22 FT, Editorial, "May taught a hard lesson by the financial markets", *FT*, 8, October, 2016.

23 Münchau, W., "The Nissan deal hint at a route for Brexit Britain", *FT*, 31, October, 2016.

24 Wolf, M., "May limbers up for a hard Brexit", *FT*, 22, September, 2016.

25 Beaty, A., " 'Hard Brexit' will come up against the harsh realities of world trade", *FT*, 19, October, 2016.

26 Stephens, P., "A hard Brexit heralds a closed Britain", *FT*, 21, October, 2016.

27 Parker, G., "British Eurosceptive Conservatives endure bad week", *FT*, 3, December/ 4, December, 2016.

28 Parker, G., "UK chancellor becomes standard-beaver of 'soft' Brexit as May deploys vague sound bites", *FT*, 14, December, 2016.

29 Sturgeon, N., "A 'flexible' Brexit will protect Scotland's interests", *FT*, 24, October, 2016.

30 FT, Editorial, "A smooth path to Brexit is necessity, not betrayal", *FT*, 5, December, 2016.

31 Parker, G., Blitz, R., & Wagstyl, S., "Pound falls as May denies 'hard Brexit' is unevitable", *FT*, 10, January, 2017.

32 Wagstyl, S., "German industry hardens line on Brexit", *FT*, 11, January, 2017.

33 Beesley, A., "Customs union hybrid creates political and technical problems", *FT*, 18, January, 2017.; Beattie, A., "May's vision of EU trade deal puzzles experts", *FT*, 24, January, 2017.

34 Barker, A., "The Brexit divorce paper", *FT*, 21, July, 2016.

35 Barker, A., "Officials eye 'code of conduct' to pave way for divorce talks", *FT*, 21, July, 2016.

36 Blitz, J., & Worrell, H., "UK negotiating stance remains unclear", *FT*, 6, September, 2016.

37 Rachman, G., "May walks into a Brexit trap", *FT*, 4, October, 2016.

38 Barker, A., & Brunsden, J., "UK to seek sector-by-sector Brexit trade accords", *FT*, 4, October, 2016.

39 Mance, H., "Pounding home her message", *FT*, 8, October/ 9 October, 2016.

40 Parker, G., & Binham, C., "UK minister unsure on halting Brexit process", *FT*, 15, December, 2016.; FT, Editorial, "The clock is ticking for Britain to produce a plan", *FT*, 17, December, 2016.

41 Mance, H., "UK begins to reveal stance for Brexit talks", *FT*, 16, January, 2017.

42 Barker, A., "Early skirmishes will shape UK's departure", *FT*, 19, January, 2017.; do., "Plan B: May's elaborate bluff ? ", *FT*, 20, January, 2017.

43 FT, Editorial, "The prime minister's transparent Brexit bluff", *FT*, 28, January, 2017.

44 Kerr, J., "The tortuous business of negotiating Brexit", *FT*, 26, January, 2017.

45 Wolf, M., "Britain's leap into the unknown", *FT*, 8, February, 2017.

46 FT, Editorial, "May's race against the clock for a Brexit deal", *FT*, 3, February, 2017.; Parker, G., "Pro-Europe MPs foiled as UK votes to invoke exit", *FT*, 9, February, 2017.

47 Ganesh, J., "May will rue her failure to lover expectations", *FT*, 14, February, 2017.

48 Barker, A., & Parker, G., "Brexit bout reunites sparring partners", *FT*, 29, July, 2016.

49 Barker, A., Brunsden, J., & Parker, G., "Barnier calls for UK realism on Brexit", *FT*, 7, December, 2016.

50 Parker, G., "Fears EU delays on Brexit talks will spur exodus of banks to Eurozone", *FT*, 19, December, 2016.

51 Barker, A., & Chazan, G., "Barnier says trade talks can come only after divorce", *FT*, 18, January, 2017.

52 Barker, A., "Brussels wants to tie down UK's €60bn exit bill before beginning trade talks", *FT*, 20, February,

2017.

53 Wagstyl, S., Politi, J., & Barker, A., "Rome and Berlin back Brussels on Brexit", *FT*, 25, February/ 26, February, 2017.

第七章　Ｂｒｅｘｉｔの交渉と総選挙

　メイ首相は二〇一七年三月末に、ついに第五〇条の離脱条項を発動し、イギリスは正式にＢｒｅｘｉｔのプロセスに突入した。そこには、イギリスとＥＵの双方で解決すべき数多くの難問が待ち受けている。その中でメイは、Ｂｒｅｘｉｔの交渉を彼女の意向に沿うように行うため、離脱告知から三ヵ月も経たない内に早期の総選挙を行うという手段に訴えた。しかし、それは裏目に出てしまった。これによりイギリスの事態が一層混迷したことは言うまでもない。一体、どうしてそうなってしまったのか。また、そこから脱け出るにはどうすればよいのか。本章の目的は、第五〇条の発動から総選挙に至る過程を詳細に辿りながら、それらの問題を追求することである。

一．第五〇条発動の決定

（一）第五〇条発動の用意

メイはこれまで、「Ｂｒｅｘｉｔは Ｂｒｅｘｉｔを意味する他はない」という姿勢を保ってきた。それはまた、保守党内の強硬派のハードＢｒｅｘｉｔ論者にしたがうものであった。この基本的視点に立ちながら彼女は、プロＥＵの議員の反対を斥けて二年間の離脱プロセスに入る権限をえた。メイはこうして、二〇一七年三月末に第五〇条を発動する用意を示した。[1] しかし、その後のプランが明確に打ち出されている訳ではない。メイはＢｒｅｘｉｔで何が最も重要なのかを表していないのである。[2] 彼女は確かに、交渉が決裂することを決して望んでいない。他方で彼女は、すでにハードＢｒｅｘｉｔの方向を指示している。同時に彼女は、イギリスとＥＵとの間で最も自由な貿易を行うことも約束する。ところが、そのことを勝ちとるためにメイは何を提供しようとするのか。この点が定かでない。

メイは、Ｂｒｅｘｉｔは最終的に国民的規模のクールな計算で決定されると考える。それは、外交的な非公式の友好な話し合い（schmoozing）ではない。それゆえ彼女は、ＥＵの交渉相手から硬直的な人物とみなされた。例えばメイは、ＥＵの要求する莫大な清算金を払うつもりがない。また、単一市場へのアクセスを促す寛大な移民制度は彼女の意向と完全に反する。彼女は、経済的利益と国境のコントロールとを取引したくない。こうしてメイは、「悪い協定なら協定なし（ノー・ディール）の方がよい」というタフな姿勢を表したのである。

しかし現実には、もしイギリスがＥＵとの協定達成に失敗すれば、それこそ両者は不確実性の世界に突入してしまう。それに伴うリスクは極めて大きい。それは、イギリスの清算金、ＥＵ市民の権利、さらには北アイルランドーアイルランド間の関税などのすべてで生じる。とくに「ノー・ディール」によって、イギリスのビジネス界が困惑することは疑いない。[3] かれらはすでに、サプライ・チェーン、規制基準、並びに労働力などでEUと統合しているからである。

こうした中で保守党のハードBrexit論は、過度に楽観的であった。[4] デイヴィス離脱担当相やジョンソン外相らはそもそも有権者に対し、Brexit後もイギリスは何の負担もなく単一市場に残れると語っていた。しかし、それが真実でないとわかると、かれらは市場へのアクセスに対する障壁はないと主張する。これらはすべて行き過ぎた約束にすぎない。

もちろんイギリスもEUも、ノー・ディールの離脱という最悪のシナリオを考えていない。それは貿易や金融の安定、並びに地政学の上で両者に大きなダメージを与えるからである。この点はとくに、EU側の交渉チーフであるバルニエにより明言される。彼は、自らFT紙に投稿してイギリスとEUが協定に達することを信じると述べる。[5] そのことが唯一、EU市民の権利を保護する。同時に、離脱のためにカネを支払う必要はないが、これまでの勘定は清算されねばならない。彼はこのように唱える。そして大事な点は、バルニエが両者は共通の価値と利害を分かち合うことを確信している点であろう。

他方で、バルニエと共にもう一人の重要な交渉者であるドイツのメルケル首相は、離脱清算金の問題に対して厳しい姿勢を崩さない。この点は、ショイブレ財務相の立場と同じである。彼はFT紙とのインタヴィウで、Brexitをめぐって欧州統合を危険に晒すことはないと答える。[6] こうしたドイツの厳しい姿勢は、イギリスの思惑と逆であった。かれらは、ドイツはより穏やかな戦略を採るものと考えていたからである。

表7－1　第50条発動後のタイム・スケジュール

スケジュール	合意内容
2018年3月	イギリスが移行協定に合意するデッド・ライン(1)。
2018年10月	バルニエが離脱協定を達成させるデッド・ライン。
2019年3～4月	離脱協定がEU加盟国と欧州議会により批准(2)。

注：(1)航空券販売の観点から航空会社が要請。
(2)イギリスのEU離脱協定は2019年4月までに完成される必要。
出所：Chaffin, J., "Remaines: resilient core insists the fight is not yet lost", *FT*, 30, March, 2017より作成。

(二) 第五〇条の発動

このように、イギリスとEUの間に様々な思惑が絡む中で、メイ首相はついに欧州大統領のトゥスク宛に第五〇条を発動する書簡を送った。それは二〇一七年三月末の出来事であった。これによりイギリスは、それから二年の間にEUを離脱することが決定された。表7－1は、その後のタイム・スケジュールを示している。そこには計り知れない難問が待ち受けていると言わねばならない。

そもそも第五〇条は、EUが加盟国を簡単には離脱させないことを意図して設けられたものである。したがって、離脱のための条件設定の権利はEUにより握られている。それだからかれらは、イギリスが財政上の清算をするつもりがなければ将来のパートナーシップについて話し合わない姿勢を保つ。[7] メイは一体、その中でどのように交渉を進めるのであろうか。

彼女は、トゥスク宛書簡で一つの脅威をEUに与えた。それは、イギリスとEUの将来の通商協定と安全保障の関係についてである。前者が成立しなければ後者は弱まる。彼女はこのように警告した。しかし、EU側はこれを大した脅威と見ない。もともとイギリスの交渉力は弱いと考えられるからである。[8] また、ノー・ディールのBrexitによるダメージは、EUよりもイギリスに対してはるかに大きい。かれらはこう捉える。

　メイ自身も、イギリスが単一市場から去ることの経済コストが大きいことを認める。他方で彼女は、「いいとこ取り」を行わないと語る。とは言えメイは、単一市場へのアクセスの条件である人々の自由移動や欧州司法裁判所の権限に対して明確に答えていない。これに対してEUは、離脱協定の原則とルールの遵守を前面に打ち出す。果して両者は、いかなる点で妥協できるであろうか。

　メイは一方で、ノー・ディールによる離脱があることを明らかにする。しかし他方で彼女は、EUと妥協する姿勢を捨てていない。[9]例えば彼女は、新たなEU市民の権利はBrexitが完成されるまで守られるとする。また、欧州司法裁判所の指令についても交渉の余地を残す。さらに離脱清算金（exit bill）についても、彼女は一定の譲歩を示す。ユーロ懐疑派がこの清算金に敵対的である一方、彼女は負債残高に対する一回限りの支払いを認める。このようにメイ自身は、EU側が思うほど硬直的ではない。しかし保守党内には、ジョンソン外相に代表されるように、非常に強硬なBrexit派がいる。かれらは、ノー・ディールのケースを完全に受け入れるのである。

　他方で、EU残留派の批判が依然と根強くあることも忘れてはならない。それは、第五〇条の発動で一層高まる恐れがある。残留派のコアは、Brexitはまだストップできると宣言する。残留派（Remainer）は実に不平家（Remoauer）としての声を発しているのである。[10]ただし、かれらは政治的に分断されており、そうした考えを統一するリーダーが不在であることも指摘しておかねばならない。

　一方、EU側も離脱交渉が極めて複雑な交渉になることを覚悟している。そこでかれらは、リーダーのバルニエのプランにしたがいながらBrexitの話し合いを三段階のアプローチで行うことを想定する。[11]バルニエは、二〇一七年六月から二〇一八年一〇月までの約一八ヵ月間に三つのトピックを扱うつもりでいる。それらは第一に、過去の結びつきや約束からの解放、第二に、将来の関係のためのゴールの設定、そして第三に、移行条件の編成である。こうしたバルニエのステップ・バイ・ステップのアプローチは、ドイツとフランスから強く支持された。そこで彼の三段階に渡る交渉方法について、いかなる問題が現れるかを見ておきたい。

第一段階（二〇一七年六月～一二月）。ここで離脱のための話し合いが行われる。そこには三つの大きな争点がある。第一に清算金問題。EUは、イギリスには六〇〇億ユーロの債務があることを主張する。これに対してイギリスは、それは完全に不合理とみなす。第二に市民権問題。EUもイギリスも、双方の移民の権利を保証したい。しかし、その条件は複雑である。EUの権利を保証するかどうか、また一〇～一五年先に移民の特別なステータスを終らせるかどうかなどがキーの問題となる。第三にアイルランド問題。EUはこの段階で北アイルランドを含めるかについて議論する。それはEUとイギリスの間の関税問題に帰着する。

第二段階（二〇一八年一月～六月）。ここで将来の関係のための話し合いが行われる。交渉者にとって、これは最も複雑で不一致を引き起こすものとなる。バルニエは、ポストBrexitの自由貿易協定（FTA）を描くものの、次のような諸問題を指摘する。第一に貿易再編問題。この再編はコントロールを伴うものの収斂ではない。EUは、イギリスに拒否権を与えたくない。第二に同一基準問題。バルニエは社会的ダンピング*を制限したい。それは、労働者の権利から反トラストに対する規制、並びに補助金のルールにまで及ぶ。第三に市場アクセス問題。EUは、イギリスがアクセスの条件とし

＊社会的ダンピングは一応、合法的な社会的権利を抑制したり回避したりする実践を意味する。この点について詳しくは前掲拙著『ギリシャ危機と揺らぐ欧州民主主義』明石書店、二〇一七年、三〇一～三〇二ページを参照されたい。

てルールに従うことを前提とする。第四に金融サーヴィス問題。ロンドン金融センターに対していかなるコントロールを課すかが問題となる。

そして第三段階（二〇一八年七月～一〇月）。ここで移行の話し合いが行われる。そこには次の問題がある。第一に欧州司法問題。EUはイギリスに欧州司法の権限の維持を求める。第二に自由移動と財政貢献の問題。イギリスは移民のコントロールを行うつもりであるのに対し、EUは労働の自由移動をオブリゲーションとする。同時にEUは、イギリスの財政貢献を求める。

以上がバルニエの三段階アプローチと、そこに現れる諸問題である。Brexitは、それらの問題を解消していかなる形のものとなるか。そこには、二つのシナリオが描ける。[12] 一つは協定に基づくソフト・ランディングであり、もう一つは協定なしのハード・ランディングである。前者が成立するためには、言うまでもなく両者の間で妥協が必要となる。一方後者は、クラッシュ型の離脱を意味する。Brexitの抱える政治的かつ法的な困難を踏まえると、その可能性は否定できない。そもそも強硬なイギリスのユーロ懐疑派は、EU法による規制の大撤廃を想定する。[13] それは、雇用法を初めとしたすべての法を対象とする。しかし、これに対してEUはもちろん、イギリスの首相や財務相も異議を唱える。かれらは、EUの同一基準原則と規制システムに賛同するからである。

(三) 第五〇条発動後のBrexit交渉問題

メイ首相は第五〇条の発動後直ちに、EUのリーダーに対して妥協する用意があることを伝えた。そこでは唯一、「大望を抱いた自由貿易協定（Big Ambitious Free Trade Agreement：BAFTA）」が謳われる。[14] 同時に、そうした貿易協定と安全保障との結びつきは決して脅威を与えるものでないことも強調された。

このようにメイは、従来の硬直的な姿勢を少し和らげることを明らかにした。それゆえ彼女は、イギリスが公式にEUを離脱するまでは通商協定にサインできないことを受け入れる。また、離脱協定の批准までの間で移行措置が必要なことも彼女は認める。[15] そこで問題となるのは、そうした移行措置の下でのEU原則の適用であろう。もしイギリスが単一市場にアクセスするのであれば、かれらは人々の自由移動ルールや欧州司法裁判所の指令に従わざるをえない。これは、保守党内の強硬なBrexit派のロジックを壊してしまう。そこでメイは、かれらを押え込む必要がある。

メイはこうして、EUと外交的な話し合いを行う意向を示す。[16] もちろんこの段階で、イギリスが依然として単一市場と関税同盟から立ち去るつもりであることに変わりはない。しかし彼女は、より建設的な姿勢を示すことでBrexitによる経済的利害を理解する。この点は、離脱担当相のデイヴィスにもつうじる。両者の思惑は一致したのである。メイはその結果、次第にBrexit派の信頼を勝ちとるようになる。

一方EU側は、第五〇条発動後直ぐに、交渉のガイドラインを作成する。[17] そこでは三つのゴールが見込まれる。第一に、非現実的なBrexit派の考えを受け入れないこと、第二に、特定の加盟国が抱く不安を告知すること、そして第三に、離脱協定への道を開き続けることである。他方でかれらは、次の諸点も再確認する。第一に通商協定について。それは、単一市場へのアクセスを早期に認めるものではない。第二に移行措置について。それはEUのオブリゲーションを求める。第三にイギリスの懲罰について。Brexit自体がすでに懲罰であるのでその必要はない。

EUはこのようなガイドラインの下に、Brexitの話し合いに対して厳しく応じることを確認する。それは欧州委員会で非公式に表された。[18] その基本的姿勢は言うまでもなくＥＵモデルの維持である。このモデルは、イギリスへの移民労働者の永続性を謳う。バルニエは、Ｂｒｅｘｉｔ後もイギリスが欧州の社会と雇用に関するルールをイギリスに居住する外国人労働者に適用することを求める。この要求はイギリスに対し、他国に住む外国人労働者の子供達に利益を供与するルールを認めさせる。また、ＥＵ法に対するイギリスのコンプライアンスも監視される。欧州委員会がその監視の役割を担う。このことが、Ｂｒｅｘｉｔ後のイギリスに対するＥＵ法の適用を継続させることは疑いない。

以上がＥＵの交渉スタンスである。それは、かなり厳しいものと言わねばならない。そして、そうした強硬な姿勢を後押ししているのがドイツであった。メルケル首相は第五〇条発動後直ちに、ＢｒｅｘｉｔがＥＵのアジェンダをすり抜けることを阻止すると表明した。[19] 同時に彼女は、清算金も含めてＢｒｅｘｉｔの条件を明らかにする必要があると主張した。こうした発言の背後には、ドイツの不安感がある。それは、プロＢｒｅｘｉｔ派が反ＥＵ感情を煽るという心配であった。

他方で、ドイツの懸念する要因がもう一つある。それは、ＢｒｅｘｉｔによってＥＵの経済議論がフランスを中心とする南欧諸国に有利に働くのではないかという不安である。[20] 南欧諸国はこれまで、自由市場や規制緩和に重点を置かなかった。長い間かれらは、それに代わって国家主導のアプローチを採った。それは、より大きな公共支出と結びついた。メルケルは、このことがＥＵの競争力を掘り崩すのではないかと恐れたのである。彼女はＥＵの中道右派の会議で、自身の考えを次のように述べる。「我々は公共支出政策に反対する。それは短期で成長を高めるが、長期ではインフレ、競争力の喪失、失業、並びに貧困を生む。」

しかし現実には、そうした反公共支出論の下でＥＵ経済が低迷し、失業率が高まっている事態を踏まえれば、メルケルの方針が正当性を持つとは到底言えない。むしろイギリスを含めたEUの市民が今日憤りを感じていることは、公共支出の削減に見られる緊縮政策の弊害をEUはどうして早くなくそうとしないのかという点であろう。為政者がそのことに気づかなければ、いずれEUでBrexitのドミノ現象は否《いや》が応《おう》でも引き起こされるに違いない。

二．総選挙の決定と選挙キャンペーン

（一）総選挙の告知

メイ首相は以上に見たような状況の中で、二〇一七年六月八日に総選挙を行うことを国民に突如告知した[21]。それは、第五〇条の発動から一ヵ月も経たない内（四月一八日付）に発表された。この告知はまさに電撃的であった。と言うのも、メイは首相就任時からくり返して早期に総選挙を行わないと言明したからである。この姿勢は三月の段階でも変らなかった。彼女は、早期の総選挙は「自分だけ利益をえる（self-serving）」ものであると同時に、不確実性を伴うと語っていた。ここでメイは気持を一変させたのである。どうしてであろうか。

そこには様々な理由が考えられる。最大のねらいはやはり、メイが総選挙に勝利することでBrexit交渉について直接的な指令を下すことができる点にある。これまで下院の野党と上院は政府を批判してきた。このことは政府の交渉力を弱めると共に、Brexitの成功を危険に晒す。彼女はこのように考えた。

しかし、そうしたメイの考えは正当とは言えない。第五〇条の発動に際し、野党は決して反対し

なかったからである。そうだとすれば、むしろ彼女の真のねらいは別のところにあるのではないか。それは、与党内の過激なハードBrexit派に圧力をかけることにより、かれらから独立してBrexit交渉を進めることである。事実、過激派はクラッシュ型の離脱を辞さない。これに対してメイは、四月に入り移行期間を設けることを宣言した。したがってその間に、EU市民の自由移動を受け入れざるをえない。この点を過激派が最も嫌うのは明らかであった。

一方、もし総選挙を本来予定される二〇二〇年まで待てばどうなるか。そこには大きな不確実性がある。なぜなら、Brexitは二〇一九年三月末に正式にスタートし、その見通しを予想することは難しいからである。それはまた、保守党の政権維持に対するリスクを生むことになる。そして幸いなことに、メイの支持率は急上昇していた。総選挙告知後まもなくの世論調査によれば、保守党の支持が四四％であるのに対し労働党のそれは二三％にすぎない。両者の間に二〇％以上の支持率の差がある。実際に労働党は党内統一を著しく欠いていた。したがって、かれらが総選挙で大きく敗北することは目に見えていた。そうであれば、ここで素早く労働党を叩く方が好ましかった。

他方でメイは、総選挙の決定を行うことで、自身の決断力の大きさを国民にアピールしたかったのではないか。メイ（May）は二〇一七年に入ると、「メイビー（Maybe、かもしれない）」な人物と揶揄されたのである。では、彼女の決断は正しかったのか。早期の総選挙は「不注意で準備不足（snap）」にならずに済むのか。これらの点が問われるに違いない。

世論調査に従えば、保守党は地すべり的勝利を果す。[22] それによってメイは、残留派の干渉と極右派のプロBrexit派の主張を免れることができる。彼女はフレキシビリティをもってEUとパートナーシップを築ける。さらに次の総選挙（二〇二二年）まで彼女はよいポジションをえられる。これが、メイとその仲間が描いた理想のシナリオであった。メイは二〇一七年六月九日に、戦後最強の首相になる。彼女の力はサッチャーやブレアのそれの比ではない。そのようにみなされたのである[23]。ほんとうにそうなるであろうか。

実は、このような素早い決断による総選挙は悪い結果を生むことがある。それは、一九七四年に元首相のE・ヒース（Heath）が行ったことで証明されている[24]。彼は労働組合との争いの中で、労働党を打ち破るために総選挙を早期に実施した。結果は逆に、労働党党首のH・ウィルソン（Wilson）が選ばれた。もちろん、当時と今日で状況は全く異なる。ウィルソンとコービンの違いもある。ただ、ここで問題となるのはそうした早期の総選挙を行う動機であろう。ヒースのそれは実に明快であった。しかしメイの動機ははっきりしない。彼女が総選挙の決定を野党のせいにすることを有権者は納得するであろうか。その動機の根底に保守党自身の内紛があるとすれば、有権者のメイに対する信頼は薄らぐに違いない。結局メイはキャメロンと全く変わらないのではないか。こう判断されても何ら不思議ではない。

そこで注目すべきは労働党の姿勢である。かれらは、メイの決定にいかなる反応を示したか。党首のコービンは大敗北の予想にも拘らず、この選挙をサポートする[25]。しかし多くの労働党議員は、党首とは異なる思いを抱いた。かれらは党の崩壊を予期した。当時の世論調査は、労働党の支持率は保守党のそれに大きく引き離されていたからである。ただしコービン自身は、依然として草の根の労働党メンバーによって賞賛された。かれらは、コービンの社会的支出削減に対する反論に賛意を表した[26]。この点を忘れてはならない。

労働党は確かに分裂状態にある。それは、ハード・レフトとソフト・レフトの対立を表す。この間に労働党が敗北したことの責任は、果してコービンのみに負わせられるか。ブレアの率いる中道左派に責任はないのか。これらの問いこそが発せられて然るべきであろう[27]。労働党は敗れてはいるものの、依然として主たる野党の地位を失ってはいない。かれらは、今後いかに二大政党の一翼となるか。この総選挙がその試金石になることは間違いない。

(二) 選挙キャンペーンの展開

では、総選挙に向けて保守党と労働党はいかなる点を国民にアピールしたか。

保守党のキャンペーン　まず保守党の運動について見てみよう。かれらにとって、最初に勢いを増す効果を生んだのは、五月早々に行われた地方選挙での勝利であった[28]。それは、これまで勝ったことのないイングランド北東部やグラスゴーでも示された。また、労働党の強い地盤である西部ミッドランドでも保守党は勝利した。まさにかれらは、イギリス全体で力を発揮したのである。

従来、労働党を支持していた労働者はどうして保守党に票を投じたのか。かれらは、労働党のEUに対する見解すなわち残留の考えを共有しなかった。本来、所得の低い人々に寄り添うべき労働党はその努力を怠った。そうした有権者にとって、イデオロギーはもはや問題ではなかった。かれらにとって重要なのは、仕事をつくり、賃金を上げ、生活費を下げる手段を政府が提供できるかどうかであった。それゆえかれらは、労働党に代わって保守党がその役割を担うと期待したのである。

一方、保守党もそのような有権者の要望に気づいていた。そこでメイ政権は、経済と社会の双方に対してより介入主義的なアプローチを採ることを決める。このことは、サッチャー主義として表された完全な自由主義との決別を意味した。それはまた、イギリスの社会的分断とレファレンダムで露呈された有権者の政治家に対する不信感への対応を表した。

メイはこうして、正統的な保守党の考えを一掃することを明らかにした。彼女は総選挙で、労働党の牙城であるミッドランドとイングランド北東部で議席を勝ちとりたかった。それゆえメイは、労働者階級へのアピールを拡大しながら闘いの場として労働党の支持が過半数を占める地域を敢えて選んだのである。[29] しかし、この戦略が功を奏すためには大胆な政策の提示が必要とされる。そのため彼女は、保守党の富裕な支持者に不人気な政策を示さなければならない。また、人々のBrexitの指令が反移民であることに彼女は気づいているため、移民コントロールの策を変える訳にはいかない。このことは当然に、サッチャー主義に基づくグローバル・ハブとしてのイギリスの役割と抵触する。

これらのことを踏まえると、仮に保守党が勝利したとしても、それからの五年間が政府にとって容易《たやす》い期間になるとは到底考えられない。メイは一方で、低所得者や社会から排除された人々を助ける姿勢を表している。しかし他方で彼女は、キャメロン政権の示した政策を基本的に受け継ぐ。彼女はマニフェストで、イギリスの財政赤字の削減を進めることによって次の一〇年間に財政均衡を達成させると謳う。そうした政策の下で、労働者階級に寄り添う方針を打ち出せるであろうか。また財政の均衡化が、メイとハモンドが当初に公約した緊縮政策の緩和と相容れないことは明白でないか。さらにメイは、ビッグ・ビジネスを評価する。彼女は、かれらの株価の回復を宣言する。これでもって、大企業と脆弱な中小企業との間の格差は縮小するであろうか。以上のような疑問が直ちに浮かんでくる。

実は、このようなメイ政権の抱える諸問題を露呈させる事件が総選挙を決定する以前にすでに起きていた。ハモンド財務相は、キャメロン政権のマニフェストで示した反増税という公約を反故にしたのである。[30]それは、自営業者に対する国民保険料の増大となって現れた。この宣言は、保守党内でさえ驚きをもって迎えられた。メイ政権はなぜ党の公約を破ったのか。また、どうして生活に困難な人々に増税しようとしたのか。これは明らかに、かれらの失政であった。民衆がそれに猛反発したのは言うまでもない。かれらは、人々の怒りに直面してその政策をUターン（撤回）したのである。ここに、先に見たメイ政権の基本的矛盾がはっきりと表されている。かれらは社会的支出の拡大を試みるものの、財政均衡を目標に掲げると共に富裕者とビッグ・ビジネスを支えるため、一般の人々とりわけ困窮している人々に対してさえ増税を試みたのである。イギリスの人々が、この矛盾に気がつかないはずはない。メイとハモンドは、キャメロンとオズボーンの犯した過ちを再現したと言わねばならない。

では、総選挙に向けてメイはいかなる社会政策を打ち出したか。彼女はまず、エリート対民衆という対立構図を解消するために、社会的流動性の高まりを考える。それはグラマー・スクール（選別スクール）の復興という案で現れた。[31]彼女はこれによって、一般の家庭からラッキーな若者が生まれると主張した。ほんとうにそうなるであろうか。そもそもエリートを増やすことはエリート対民衆の対立をなくすかどうかが問題となる。むしろそれで両者の間の格差はますます拡大するのではないか。

他方でメイは、イギリスの一般家庭で最も深刻な住宅問題について何も言及しない。イギリスの住宅価格は、人々の収入水準に比べて極度に高額である。とくにロンドンでそれがはっきりと表される。そこでの住宅価格は、一般市民の平均年収の一八倍にまで跳ね上がった。こうなると、住宅の取得者と非取得者との間で生活水準の差が著しく拡大することは決まっている。しかも、住宅に対する需要はますます高まっている。そうであれば住宅価格は永続的に上昇するかもしれない。メイが真に労働者階級を助けたいのであれば、住宅政策を抜本的に見直すことは不可避であろう。そこには当然、新規の大規模な住宅建設と既存の不動産保有者に対する課税の増大が考えられる。

一方、ソーシャル・ケアの政策はどうか。これこそメイが今回、大問題を投げかけた政策であった。それは、高齢者に対する長期ケアのものである。[32] その政策は、高齢者のケアを自身の不動産から支払うものとする。その上限は一〇万ポンドに設定された。メイはこれにより、ソーシャル・ケアのファンディング危機に対処しようとした。しかもこのことを、彼女は選挙向けマニフェストの中心に据えたのである。彼女は、そうした政策が人々にとって何を意味するか理解していたであろうか。

高齢者のケアは確かに、複雑で厄介な問題である。とは言え、そのための政策は財政的に維持可能であると同時に公正なものでなければならない。今回のメイの政策はその点で、明らかに失政であった。それは、両親の健康状態の難しい予想に対して家族が支払うことを意味する。そのために人々は、保有する資産を売却して一〇万ポンドまで払い続ける必要がある。これはまた、両親の健康に対する賭けでもあった。長期ケアを要する病人を抱える家族は、早期に死亡した病人を持つ家族よりも苦しむことは明らかである。メイの提案が「認知症税（dementia tax）」と称されたのはそのためであった。

このソーシャル・ケア策に対し、民衆は再び猛烈に反発した。メイは、高齢者ほど自分の資産を重視していることに気づいていないのである。有権者のメイ政権に反対する意思は、世論調査に即反映された。保守党の労働党に対する支持率のリードは、総選挙告知時の二〇％から一挙に一〇％にまで下落した。するとメイは、先のハモンド宣言のときと同じようにに直ぐにUターンした。彼女は、キャメロンの行ったケア・コストの絶対的制限（七万二千ポンド）の策に戻ったのである。

このようなメイの度重なるUターンは、彼女が選挙キャンペーンで第一に掲げた「強くて安定した」リーダーシップを無効にしてしまう。逆に彼女は、「弱くて不安定」なリーダーとみなされるに違いない。この点でメイは、絶対にUターンしない女性として名を成したサッチャーと対照的であった。一体、どちらがほんとうのメイなのか。この問いは同時に、メイ政権でよいのかどうかを問うことにもなる。こうした政策の方向転換が続く限り、有権者の彼女に対する信頼が失われるのは疑いない。

ところで、イギリスの社会福祉システムはこれまで、国家がリスクをプールするための最良の機関という考えの下に構築されてきた。そうだとすれば、高齢者の長期ケアの負担を家族に求めるメイの案は、この原則に反する。もしソーシャル・ケアのファンディング危機に真に対処するのであれば、他の手段を採らねばならない。それは、不動産をめぐる相続税のシステムや付加価値税（VAT）システムの見直しを含む。メイがこの点に全く言及しないのは、彼女がやはり大きな不動産を所有する富裕者に支えられる保守党の伝統的枠組から逃れられないためではないか。そう思わざるをえない。

労働党のキャンペーン　一方、保守党と全面対決する労働党はいかなるキャンペーンを展開したか。党首のコービンは総選挙告知の直後に、保守党の大勝利という大方の予想を覆す、と宣言する。彼は富裕者とビッグ・ビジネスをターゲットとし、かれらにより高い税金を課す一方で反緊縮政策を行う旨のメッセージを送った。[33] 彼はこうした基本的姿勢の下に、二万語から成る政策ドキュメントを作成する。その中には鉄道の国有化、大学授業料の無料化、一〇〇万戸の住宅建設、医療と学校への追加的投資が含まれる。そして、そのためのファンドは、大企業と高所得者に対するより高い税金で賄われる。

労働党の提案はこのように、イギリスの有権者に人気のある政策を多く含む。それらは人々の生活を改善すると考えられる。かれらの選挙キャンペーンは、社会政策をつうじて一般市民の社会福祉を向上させることに主眼を置く。それゆえコービンは、労働党のキャンペーンをポピュリスト（人民第一主義）の運動と捉える。それは人民のためであってエリートのためではない。こうして彼は、勝利のチャンスがほとんどないとする世論調査を完全に無視したのである。

では、労働党はBrexitについてはどのようなスタンスをとるか。この点を押えておくことは重要になる。なぜなら、保守党はBrexitに信頼を寄せるかどうかに焦点を当てたからである。実は労働党は、この点についてはっきりとした見解を示していない[34]。第二回目のレファレンダムを行うかどうかについても、労働党は、それは党の政策でないとして打ち消したものの党内では混乱が見られる。かれらは、先のレファレンダムで表した残留派と離脱派の対立を引きずったままでいる。

Brexitに対して労働党が統一見解を打ち出せないことはそれゆえ、保守党の格好の批判対象となった。この点はまた、労働党内でも問題とされた。ブレアを中心とする反コービン派は、彼のマニフェストは現代では廃れたものであるとして絶望感を表した。また、そうした批判は、イギリス政治の専門家の間でも見られた。ノッティンガム大学教授のS・フィールディング（Fielding）は、労働党のマニフェストは有権者の気持を変えるものではなく、たんにコービン派を勢いづけるだけであり選挙には最小限のインパクトしか与えないと断じる[35]。実は彼のみならず、ほとんどの政治専門家は労働党の大敗を確実視したのである。ほんとうにそうであろうか。

少なくとも労働党のメンバーの間で、むしろコービンの人気は高まっていた。そこでは、強欲な銀行家や脱税者を批判し、すべての人々に対してより多くのファンドとヘルス・ケアを提供するという彼の主張は、それこそ労働党本来の姿とみなされた[36]。これまでの中道寄りの党首に対し、コービンは初めて真のオールタナティヴを提示した。メンバーはこう判断したのである。実際にイギリスの民衆は、社会の不平等にうんざりしていた。それゆえ、医療サーヴィスの改善や最低賃金の引上げのような政策は、多くの有権者にアピールするに違いない。そうだとすれば総選挙の結果は、多くの人が予測するほど労働党にとってひどいものとはならないのではないか。こう考えても何らおかしくない。

実際に、コービンの率いる労働党の人気は選挙が近づくにつれて高まる一方であった。それは、少し前に彼が無能な過激派であるがゆえに労働党議員はこの選挙で大虐殺されると思われたことと全く逆の動きを表した[37]。コービンは一貫して、緊縮政策によりつらい目を見たイギリス社会を転換させる、そしてそのために汚いエリートにカネを支払わせるとする考えを示した。このメッセージは、確実に不遇な有権者に活力を与えた。草の根運動を展開する活動家は、「ノー・モア緊縮」を旗印に掲げて彼を支持したのである。こうした動きはまさに、ブレアのつくり出した「ニュー・レーバー」の主張と正反対であった。ブレアは、ビッグ・ビジネスと友好関係を築きながら、富裕者への課税と大きな社会的支出という古いスタイルの労働党の政策を斥けたからである。

コービンは、かつての労働党の有名な闘士であったT・ベンを信奉する。そのため彼は、これまで風変わりなアウトサイダーとみなされてきた。今回、コービンは信じられないほどの勢いをもって急激に勃興した。それはまた、ブレア時代に行われた公共サーヴィスの民営化のような中道派の政策に対する反動でもあった。ブレア時代に疎外された左派の人々や若い巨大な数の理想主義者が、コービンを圧倒的に支持したのである。こうした彼の非常に高い人気は、イギリスのみならず世界を驚かし

表7-2　イギリスの保守党と労働党の政策の相違

テーマ	保守党の政策	労働党の政策
課税	・税金の削減ではなく個人手当の増大。	・協力精神に基づく著しく再配分的なものにする。
政府支出	・圧縮を続行。 ・高齢者ケアとNHSへの支出を厳しくコントロール。	・協力税の下に新たな社会的支出を考案。
Brexit	・秩序ある離脱を行う。 ・EUと深くて特別な関係を築く。	・統一した政策はない。 ・欧州の貢献を認める一方、離脱の約束を果す。

出所：Harford, J., "The menu of politicians and policies is inedible", *FT*, 3 June/ 4 June, 2017. より作成。

た。このことは他方で、中道左派の抱える全世界的問題を浮彫りにさせたと言ってよい。

以上、我々は総選挙に向けた保守党と労働党の二大政党によるキャンペーンについて検討を重ねた。最後に、中心的な三つのテーマ、すなわち課税、政府支出、並びにBrexitに関する両党の方針の相違を押えておきたい。[38] 表7－2は、それらをまとめたものである。見られるように、両党の主張点には大きな違いがある。保守党がBrexitのテーマにプライオリティを与えたのに対し、労働党は社会政策を第一にアピールした。それゆえ両党の選挙キャンペーンの対立構図は、Brexit対社会政策として描ける。同時に両党の政策の対立は、緊縮対反緊縮という姿もとる。有権者は果してどちらを選択するであろうか。

（三）有権者の意向の変化

まず留意すべき点は、有権者の政治に対する関心が急速に薄らいでいるという点である。[39] この点は、政治がますます機能しなくなっていることを映し出している。イギリスの政治はまさしく危機的状態にある。与党の保守党が繰り返し国民を裏切ってきた一方で、野党の労働党もこれまで確固とした存在感を示せなかったからである。

世論調査によれば、投票日の三週間ほど前に保守党は大勝利すると予想された。しかし、それは次第に変化を見せ始める。[40] このことは、とくにロンドンで現れた。そこでは、メイの支持に流れる全般的傾向に抵抗する動きが表された。五月末の世論調査によれば、ロンドンは保守党にとって最悪の成果を生むと予想された。保守党の提案が、ロンドンの人々の意向に沿わないと判断されたからである。この点はとくに、学校のファンディングや住宅供給の面で現れた。

一方、全体としてはどうであったか。実は、メイは六月に入って急速に人気を失ったことが判明した。[41] それに伴って保守党の支持率も低下した。FT紙の調査によれば、四月半ばにかれらの労働党に対する支持率のリードが二〇ポイントであったのに対し、それは六月初めに九ポイントにまで下がる。ほとんどの世論調査は、保守党は依然として勝利するものの、それはほんのわずかな差によると予想する。有権者の三分の一以上（三七％）が、メイに対してネガティヴな姿勢を表した。他方で、ライヴァルのコービンと労働党の人気は急激に高まった。

この情勢の中でメイは、キャンペーンで巻き返しを図る。彼女は、新たなソーシャル・ケアのアイデアを撤回した後に、選挙のテーマを本来のＢｒｅｘｉｔに絞り込む。そこで彼女は、労働党の強い地盤であり多くの離脱票を投じた地域、例えばイングランド北東部やミッドランドでキャンペーンを推進した。ところがメイは、Ｂｒｅｘｉｔや移民に関する詳細な質問に一切答えなかった。有権者は、そうした姿勢に対して次第に彼女に対する不信感を持ち始めたのである。

これに対して労働党は、人々の生活水準とソーシャル・ケアの向上にキャンペーンの的を絞る。かれらは、Ｂｒｅｘｉｔが有権者の最大の関心であることを疑った。人々はむしろ、仕事や生活がリスクに晒されることに不安を抱いている。労働党はこう判断した。他方でかれらは、レファレンダムの結果を受け入れると共に、イギリスに居住するEU市民の権利を保証する。同時に、イギリスの財が無関税でEU市場にアクセスできることも謳う。要するにかれらは、Ｂｒｅｘｉｔに関して単一市場と関税同盟への参入を容認する。

では、両党は有権者の心情を正しく汲み取って最後のキャンペーンを行ったであろうか。保守党は、ソーシャル・ケアに代わってＢｒｅｘｉｔをメイン・テーマに掲げた。しかし、民衆がEU離脱の意思を示したのは、移民の流入による生活権の侵害に対する恐れのためである。日々の生活保障こそが、かれらの最大の関心事であった。それゆえソーシャル・ケアとＢｒｅｘｉｔは、かれらにとって二者択一的なものでは全くない。ソーシャル・ケアを無視したＢｒｅｘｉｔなどは到底ありえない。メイも保守党も、このことに気づいていないのではないか。

他方で労働党は、確かに仕事や生活水準などの問題を前面に出すことで、一般市民の支持を一挙に得ることができた。このこと自体は賞賛されて然るべきである。しかし、かれらの方針にも大きな問題が潜む。それは、労働党のＢｒｅｘｉｔに対する認識の仕方にある。もしかれらが、単一市場と関税同盟を受け入れる姿勢を示すのであれば、移民のコントロールを諦めなければならない。このことは、民衆の反移民＝反EUという意思を無視することになる。同時にそれは、生活権の保証という労働党の約束を反故にする。結局労働党も、労働者の置かれている状況を真に理解していないのではないか。

こうした事情の中で、保守党にとってはさらに支持率を下げる可能性のある事件が六月に入って飛び込む。それは、ロンドンでのテロであった。これに関してロンドン市長で労働党員のＳ・カーン（Kahn）は、大都市に十分な安全保障のファンディングを行っていないとしてメイを強く批判した[42]。

メイはキャメロン政権下の内相時代に、警察官をすでに約二万人削減した。これが保守党の緊縮政策の一環であったことは言うまでもない。そして首相になって後に彼女は、一〇年間でロンドンの警察に関する予算を一七億ポンドも減らす計画を打ち出す。メイはテロ後のスピーチで、反テロリズムにプライオリティを置くと宣言したものの、警察への支出は縮小させることを改めて謳った。この発言が、公共サーヴィスの拡大によってすべての人のために努めるという彼女の方針に齟齬《そご》をきたすことは言うまでもない。結局メイは、緊縮政策の維持という方向に再びUターンしてしまった。これにより、人々の彼女に対する信頼がますます薄れることは間違いない。

ところが、この深刻な事態にも拘らず、保守党の選挙対策者は依然としてかれらの大勝利を確信した。しかもそうした勝利は、離脱の意思が表された労働者階級の支配する地域で労働党を打ち破って収められるとみなされた[43]。かれらが、井の中の蛙にすぎないことは全く認識されていない。選挙直前のFT紙の調査によれば、保守党の労働党に対する支持率のリードはさらに縮まっていたのである。

三．総選挙の結果と社会問題

(一) 総選挙の結果

表7－3は、二〇一七年六月八日に行われたイギリス総選挙の結果を示している。見られるように、保守党は一応勝利したものの、労働党との得票率の差はごくわずかであった。保守党の獲得した議席数は三一八で、前回に比べ一三議席減らした。それは、六五〇の総議席数の過半数に到底及ばない。保守党が当初予定していた絶対的な過半数の議席確保というねらいは、これで外れてしまった。かれ

表7－3　イギリスの総選挙の結果（2017年）

政党	議席数（増減数）		得票率（%、カッコ内は増減）	
保守党	318	(-13)	42.4	(+5.5)
労働党	262	(+30)	40	(+9.5)
スコットランド民族党 (SNP)	35	(-21)	3	(-1.7)
自由民主党	12	(+4)	7.4	(-0.5)
民主統一党 (DUP)	10	(+2)	0.9	(+0.3)
シン・フェイン	7	(+3)	0.7	(+0.2)
緑の党	1	(0)	1.6	(-2.1)
UKIP	0	(-1)	1.8	(-10.8)

出所：http:// www. bbc. Com/ news/ election/ 2017/ results.（2017年7月27日アクセス）より作成。

らはその意味で完全に敗北したのである。

これに対して最大野党の労働党は前回に比べて三〇議席も増やし、全部で二六二議席を獲得した。得票率も一〇％弱伸ばして保守党のそれに近づく勢いを示した。かれらは著しく躍進した。一方、前回よりも大きく議席を減少させたのはSNPであった。この敗北が、今後のスコットランドの独立問題に影響を及ぼすのは必至であろう。また、レファレンダム以降にUKIPの支持が低迷・後退している点は、この選挙でも明確に現れた。

以上に見たように、メイの率いる保守党は勢力の後退を余儀なくされた。総選挙の告知時点で表された、保守党が圧勝して彼女は独裁的な首相になるという予想は見事に覆された。一体、メイはどうしてこれほどまでに敗北したのであろうか。

保守党の選挙キャンペーンのメイン・テーマは、先に指摘したようにBrexitであった。かれらにとって、今回の選挙はBrexit選挙であった。レファレンダムでBrexit派が勝利した以上、Brexit問題を前面に出すことが最も有利な戦略になる。かれらはこうみな

表７－４　イングランドの中部と北東部の選挙結果

（得票率、％）

選挙区	労働党	保守党	自由民主党
マンチェスター・セントラル	77.4	14.2	3.4
シェフィールド・ハラム	38.4	23.8	34.6
ロザラム	56.4	26.4	4.6
ダラム・ノース・ウェスト	52.8	34.5	7.1
ミドルスブロー	65.7	26.7	1

出所：http://www.bbc.com/news/politics/constituencies（2017年7月27日にアクセス）より作成。

した。それゆえ保守党は、労働党の支持基盤であるイングランド北東部やミッドランドに焦点を当て、そこでの議席を奪うことに躍起となった。それらの地域の人々は最もＥＵ離脱を支持したため、かれらの票を勝ちとれると判断したからである。そしてメイ自身も、この戦略に対して終始楽観的な姿勢を崩さなかった。果してそのとおりになったであろうか。

表７－４は、イングランドのミッドランドと北東部の主な選挙区における選挙結果を表したものである。見られるように、いずれの地域でも労働党が勝利した。とくにマンチェスターとミドルスブローでのかれらの勝利は圧倒的であった。また、自由民主党の支持が強いシェフィールドでも労働党が第一党になり、保守党は第三位に甘んじた。こうしてメイの楽観的な予想は完全に外れてしまった。保守党が現地の白人労働者の支持をえることはできなかったのである。

なぜこのような結果が生まれたのか。保守党のＢｒｅｘｉｔを主テーマとする戦略が誤っていたのか。必ずしもそうとは言えない。メイ首相が第五〇条を発動した以上、Ｂｒｅｘｉｔ問題に有権者の関心を引き付けることは政権政党として当然の政治的作業であろう。むしろ問題は、Ｂｒｅｘｉｔ選挙と称しながら、ＥＵと交渉すべき協定の内容についてきちんとした公の説明が一切なかったという点にこそある。実際にこの間、メイはたんに形式的応答を繰り返すだけであった。それだから彼女は、「The Maybot（ロボットのメイ）」というニック・ネームを与えられた。[44] イギリス政府は、Ｂｒｅｘｉｔに対して真にヴィジョンを持っているのか。人々とりわけ労働者達は、疑いなくこの点を不安視した。

他方で、イギリスの有権者はほんとうにＢｒｅｘｉｔそのものに最大の関心を寄せているのか。この点も問われて然るべきであろう。むしろかれらは、移民、仕事、生活水準、並びに国民的医療システム（ＮＨＳ）をより注視したのではないか。Ｂｒｅｘｉｔがそもそも支持されたのは、それがそうした関心事にポジティヴな効果をもたらすと判断されたからに他ならない。保守党のＢｒｅｘｉｔ派は結局、イギリスの民衆の意向に注意を払っていない。したがってある論者は選挙直前に、この選挙は結果がどうであれＢｒｅｘｉｔ選挙ではないと断じたのである。[45]

一方、メイの選挙キャンペーンは、有権者の望みよりもむしろ彼女の願いを前面に出すものであった。[46] ソーシャル・ケア・システムの改革案はその典型である。それが不人気なことがわかると彼女は即座にＵターンし、ソーシャル・ケアの対策は何も変わっていないと居直る。彼女はそこで、改革案の問題点について何も語らない。またメイは確かに、労働者階級の支援を盛んにアピールした。しかし彼女はスローガンを掲げるのみで、かれらの抱える社会問題を解消するためのファンディングや公共サーヴィスについて一切言及しない。労働者は、そうしたアピールが欺瞞であることを理解できないほど愚かではない。その中で、マンチェスターとロンドンの二大都市でテロが起こったことは、有権者の保守党に対する不満を高めるばかりであった。マンチェスターでの労働党の圧勝は、この点を象徴的に物語っている。

このようにして見ると、今回の総選挙の結果はメイの基本方針の限界を露呈するものであった。彼女は、北アイルランドの民主統一党（Democratic Unionist Party : DUP）の助けを借りることで、かろうじて議会を治めることができるかもしれない。しかし、それでもって彼女の政治力が復活される訳では決してない[47]。彼女が選挙前に掲げた「強くて安定した政府」は、それによっては到底達成できないからである。

こうしたメイの力の凋落と正反対に、今回、コービンの政治的地位は大いに引き上げられた。彼は、労働党のリーダーとしての地位を固めることができた[48]。イギリスの有権者は、繰り返し述べるようにこれまでの緊縮政策で疲れ果てている。その中でコービンが、年金、学校、NHS、ソーシャル・ケア、並びに大学授業料などに対する社会的支出の拡大を表明したことは、有権者に非常に強くアピールした。かれらは彼を誠実な人物と判断した。しかも労働党は、そのためのファンディングを、ビッグ・ビジネスや富裕者に対する大きな課税に求めた。この点も民衆に心よく受け入れられたことは間違いない。かれらは、収入の停滞・減少と公共サーヴィスの劣化にうんざりしていた。有権者はこうして、その責任者である与党を懲罰し、社会的支出を進める野党に一票を投じたのである。

（二）緊縮政策と社会問題

実際に、イギリスの一般市民にとって切実となる生活条件の問題はどのように現れていたであろうか。

まず年金問題について見てみよう。二〇一〇〜二〇一五年のキャメロン連立政権は、いわゆるトリプル・ロック（平均収入の上昇、消費者物価の上昇、あるいは二・五%のいずれか最も高い指標の下で年金を毎年増大）の下で年金受給者を保護しようとした。この公約はどこまで守られるのか。それがメイ政権の一つの大きな課題になりつつある。ソーシャル・ケアの危機が深まる中で、トリプル・ロックによる年々の超過的な年金支払いのファンディングをどこに求めるか。社会的支出の拡大と年金受給の増大は両立できるのか。これらの点が問われるのは疑いない。

　ハモンド財務相はいち早く、それらのファンディング手段として増税案を打ち出した。しかもそれは、生活の困難をきたしている人々に対する課税であった。そのためかれらの猛反発に会い、増税案が直ちに撤回されたことはすでに見たとおりである。他方でメイは、ひとまずソーシャル・ケアのための支出削減に着手した。しかし、この案も人々の圧倒的反対からやはり撤回された。要するに、年金受給の引下げ、社会的支出の減少、並びに課税の増大のいずれもが、一般市民の生活条件を悪化させるがゆえに人々の間で極めて不人気となる。

　そこで問題となるのは、人々の生活条件の維持と改善のためのファンディングをいかに行うかであろう。保守党はこれに対して旧態依然の如く、ビッグ・ビジネスと富裕者への負担増という考えを一切示していない。それに代わってかれらは、マニフェストに反してまでも一般市民の負担を増す増税案を提示した。そこには、資金の社会的移転という発想は全く見られない。労働党は今回、この点に切り口を見出して保守党を強く批判した。労働党にとって、そうしたファンディングの源はあくまでビッグ・ビジネスと富裕者に求められる。ここにイギリスの有権者は共鳴した。メイ政権は結局、キャメロン政権と同じく人々の心情を理解しようとしないのである。

　また、そのような社会的支出のためのファンディングに関してもう一つの大きな問題がある。それは公立学校のファンディングである。(49) 公立学校に対する政府支出は、二〇年以上にわたって財政的観点から圧力を受けてきた。キャメロン連立政権のときに、学校は一旦緊縮政策から保護されたものの、生徒一人当りの支出は二〇二〇年まで凍結されてしまった。年金と国民保険のコストが急上昇しているため、教育支出は二〇一五～二〇二〇年の五年間に約八％削減される。この支出の減少は、とくにロンドンで顕著であった。緊縮政策の社会に及ぼす歪みが義務教育の場面に現れたのである。

メイは首相就任の当初から、社会システムから生じる特有の不平等を終らせることを謳った。そこでは、子供達の受ける教育の質が問題とされる。それはしばしば両親の収入に依存する。この事態に彼女は、誰でも質の高い教育を受けられるという観点から選別スクールとしてのグラマー・スクールの復興を宣言した。しかし、学校へのファンディングの問題を解決しない限りは、そうしたスクールは却って教育の質的格差を拡げる恐れがある。ファンディングが政府支出に代わって両親の寄付に依存すれば、学校の両極分解が進むのは避けられない。富裕な両親が多い地域とそうでない地域との間で、ファンディングの大きさは全く異なるからである。

教育の質の向上が熟練労働者の養成に必要不可欠なことは言うまでもない。そしてイギリスが、そうした労働者をとくに必要としていることも疑いない。メイが移民のコントロールを公約するからには、それに代わるべき熟練労働者を自身で生み出す必要がある。そのための社会的支出が民間の手に委ねられるのであれば、そのプロジェクトが成功する可能性は低い。それが緊縮政策の下で達成されることは決してない。

さらに、イギリス社会にとって一層重大な問題がある。それは、積年の課題としての住宅問題である。現在、イギリスは明白に住宅危機の状況にある。この点はロンドンで著しい。しかもそこでは、政治家・官僚の汚職と不法な民間ファンドが深く係わっている。[50]ロンドンで四〇億ポンド以上の不動産が、不法なファンドを通してイギリスの政治家や官僚により購入される。それらは怪しい資産である。かれらは、そうした不動産を海外に転売してしまう。その転売先の四分の三は海外企業と言われる。しかし、実際の所有者は明らかにされていない。そして何千もの不動産が使用されないままとなる。ロンドンの中心部はこうしてゴースト・タウンと化す。他方で不動産価格はオーヴァー・ヒートする。

一方、ロンドン以外でも深刻な住宅問題が生じている。そこでは住宅関連の信用バブルが起こりかねない[51]。イギリスの地方自治体は現在、確かに商業向け及び住宅向けの不動産開発を進めている。問題はそのファンディングの仕方である。かれらはヘッジファンドと同じく、低利で借り入れて不動産を購入し、それを転売する。そこでは、安くてフレキシブルなファンディングが可能なイギリスの伝統的な「公共事業ローン」が用いられる。その利子は極めて低い。しかし、かれらはそれによって信用リスクに晒される。不動産収入は不確実であると共に、住宅市場には本来的に様々なリスクが伴うからである。

では、どうして地方自治体はそうしたリスクのあるローンを利用するのか。それは実は財務省の方針と深く関連する。ハモンド財務相はキャメロン政権下で行われたことと同じく、地方当局を緊縮政策にコミットさせた。その代わりに、かれらに公共事業ローンを通して安価な公的資金の利用を促した。その結果、イギリスの不動産市場で深刻なシステミック・リスク（システム全体のリスク）の引き起こされる可能性が生じた。ところが、財務相もイングランド銀行もそのことに目をつぶっている。

以上が、イギリス社会に潜む住宅危機のメカニズムである。メイはそれを打破できるであろうか。これまでのところ彼女は、不動産の取得税や相続税の改革案を全然示していない。また、イギリスの不動産の海外所有者に関して透明性が求められるにも拘らず、そのための具体案は何ら出されていない。

これらにより、イギリスの民衆が不満と怒りの声を上げるのは目に見えている。ロンドン市民が、教育問題と住宅問題でメイに対する不支持の意思を示したのは、それを象徴していた。その中で、総選挙直後に人々の憤りを爆発させる一大事件が起こった。それは、ロンドンの社会的住宅のシンボルとされたグレンフェル（Grenfell）高層ビルの巨大な火災であった。[52] この大火災はそもそも人災ではないか。イギリスの一般市民はそう信じた。同ビルは、前年にドイツや米国で禁じられた外装工事を行うと共に、これまで四〇年以上にわたってスプリンクラー・システムを設けてこなかったからである。しかもその間に、同ビルの居住者は行政当局に繰り返し安全性に対する不安を訴えていた。当局はかれらの声に耳を傾けようとしなかった。これでもって政府は、その責任を免れられるであろうか。

イギリスの民衆は、この火災で大量の死者と焼け出されてホーム・レスになる人々を見たとき、悲しみと怒りに満ちた。グレンフェル・ビルの黒こげの姿は、まさにイギリス社会の分断を如実に物語る。それは社会の失敗を意味した。人々の激しい怒りの的は再び、ロンドンの強欲な金融家と緊縮政策を続ける政治家に向けられた。こうしてグレンフェル・ビルは二度火災を起こした。一度目はビル自体に、そして二度目は人々とりわけ貧困者の憤る心情に火を付けたのである。まさしくメイは、総選挙での敗北とこの火災による一般市民の猛反発というダブル・パンチを食らったと言ってよい。

もともとグレンフェル・ビルの建つ地区は、一九世紀から貧民街であった。[53] ところが今日、同ビルが建つ街の隣にはケンジントンの裕福な人々が住む街がある。そこの富裕者の眼には、同ビルの火災は遠い出来事として映ったに違いない。道路をはさんで高所得者と低所得者の住居が存在する。これがロンドンの住宅事情であった。

　この大事件を総括すれば、それはサッチャー元首相が開始して以来のイギリスの住宅政策の帰結である。その政策はひと言で言えば自由化であった。政府は地方自治体への財政資金移転を抑制する一方、「住宅を購入する権利」という方針を打ち出した。そのため政府は、住宅建設を民間デヴェロッパーに委ねた。これにより住宅建設は確実に沈滞した。二〇一五年につくられた一七万一千軒の住宅のうち、地方当局が建てたのはたった二七〇〇軒にすぎない。民間デヴェロッパーは、社会的住宅建設の理念とは全く逆に最小の住宅で最大の価格をつける。そこには、より多くのロー・コストの住宅を建設するインセンティヴは当然ない。[54] こうしてかれらは、裕福な外国人投資家にますます依存する。住宅価格がこれによって一層上昇したことは言うまでもない。そこで、もし不動産税が不動産価格に比例すれば、不動産コストは上がるはずである。しかし、保守党政権は歴代に渡ってそれを行ったことがない。その結果、サッチャーの宣言とは裏腹に、イギリスの低所得者は「住宅を購入する権利」を行使できなかったのである。

　以上を振り返れば直ちにわかるように、イギリス社会にとって今ほど質の高い社会的住宅の供給増大が求められるときはない。同時に、政府は地方自治体の住宅建設計画に対してファンディングをしっかりと行う必要がある。それはまた、緊縮政策の見直しを意味する。

　実際にイギリスの人々は、これまでの緊縮政策で痛め続けられてきた。かれらは今も、その状態から全く解放されていない。[55] 例えば公共セクターの労働者の平均賃金は、二〇一〇年以来実質で四・五％下落した。その他、輸送向け予算は半減すると共に、社会的住宅や環境などの予算もすべて著しく削減された。一方、医療と教育の予算は一応増えたものの、それは需要のスピードに全く追いつけない。他方で緊縮政策は、地方自治体に対しても高齢者と障害者のケアに関して恐ろしいほどの緊張感を与えたのである。

ところで現在のイギリスの緊縮ラウンドは、二〇〇八年の金融危機の終息に合わせて開始された。当時、政府の赤字はＧＤＰの一〇％を示し、それは持続不可能とみなされた。そこで赤字を削減するために、その赤字分の八〇％が収入増ではなく支出減で解消されると計られた。一方、政府の対民間債務もＧＤＰの八五％を占めたままであり、それはあまりに大きい。それゆえ、そうした債務のレヴェルがさらなる借入れの余地を与えないのであれば、オプションは一つしかない。それは税金の引上げである。仮にそれを認めたとしても、最重要な問題はその仕方にある。

イギリス政府の収入のほとんどは、四つの資金源から成る。それらは所得税、ＶＡＴ、国民保険料、並びに法人税である。この中でどれを引き上げるべきか。ＶＡＴや国民保険料を引き上げれば、それは逆進税となって人々の生活水準を押し下げてしまう。そうであれば所得税と法人税の引上げしかない。ただし所得税について言えば、それは累進的でなければならない。この点は実は、労働党政権も含めたイギリスの歴代の政権の中で一切言及されてこなかった。それゆえ一般市民が、そうした課税政策に強い不満を抱いたのは当然である。また法人税については、大企業と中小企業を分けて考えねばならない。一律の引上げで中小企業が苦しむのは決まっている。今回、労働党は選挙キャンペーンで、これらの課税について弱い立場にある人々や企業に有利な方針を示した。このことが、かれらの支持を飛躍的に高めたのは間違いない。イギリスの民衆は、そうしたファンディングの下に社会的支出が拡大することを切に願っているからである。

そこで、メイ政権の姿勢が問われる。ハモンド財務相は一方で、イギリスの有権者がこの七年間に渡る緊縮政策で疲れ果てていることを認める。しかし、そうだからと言って彼は、緊縮のコースを変更するつもりがない。この点は、総選挙から一ヵ月以上経って明らかにされた[56]。他方で彼は、保守党内から緊縮政策を放棄するように圧力をかけられた。かれらは、労働党の人気の高まりを恐れたのである。

ところがハモンドは、そうした圧力をはねのける。彼は、公共サーヴィスのファンディングには三つの方法、すなわち、より高い税金、より大きな借入れ、並びにより強い経済成長しかないことを指摘する。そこで彼は、より高い税金は成長を鈍化させるため、できるだけ低いままに留めたい。また、より大きな借入れは次世代に負担をかける。となれば残るは強い経済成長である。ハモンドは、成長と緊縮の本来的に矛盾するはずの二つの方向を、一体どのように整合させるつもりなのか。それに対する彼自身の説明は一切ない。税収の増大を考えないのであれば、緊縮政策は支出の削減による他ない。それは消費、政府、並びに投資の各支出と関連する。そうなれば経済成長は、外需すなわち輸出に依存せざるをえない。彼はそれをスターリングの切下げで達成しようとするのであろうか。通貨切下げがストレートに輸出競争力の強化に結びつかない点を考慮すれば、そうした方針の妥当性が問われるに違いない。

このようにして見ると、メイ政権が発足した時点で首相と財務相がいっしょに緊縮政策の緩和を公約した姿勢はもはや見られない。それどころかハモンドは、緊縮策の続行を宣言した。しかもそのことが、総選挙における保守党の事実上の敗北にも拘らず示されたことは驚くべきことである。かれらは再び、民衆とのコミュニケーションを欠いた。メイ政権は、キャメロン政権下の方針に得意のUターンを行った。一体、これでもって保守党はイギリスの有権者の支持をえられるのか。甚だ疑わしいと言わざるをえない。

四．総選挙後のＢｒｅｘｉｔ交渉問題

（一）Ｂｒｅｘｉｔ交渉の準備と政治問題

メイが早期の総選挙を行ったのはそもそも、過半数の議席を握ることにより彼女の意思に沿ってＢｒｅｘｉｔ交渉をスムーズに運ばせるためであった。その企てが崩れた以上、彼女は他のいかなる手段に訴えてもＢｒｅｘｉｔ交渉の準備を進める必要がある。こうした事態の変化に対し、ＥＵ側も不安を覚えたことは疑いない。[57] ＥＵの交渉チーフであるバルニエは、イギリスの総選挙がＢｒｅｘｉｔ交渉を複雑にすることを認める。事実、ＥＵは政治的に不安定なパートナーを交渉相手にせざるをえない。しかしかれらは、交渉戦略に変更はないこと、また二年間の交渉期間を引き延ばすつもりもないことを明らかにする。同時にＥＵは、ノー・ディールになることを極力避ける方針もはっきりと示した。

一方メイはまず、少なくとも下院の議会で過半数の賛同をえられるように試みる。それは、北アイルランドの地域政党である民主統一党（ＤＵＰ）と連立することであった。[58] かれらはプロＢｒｅｘｉｔであり今回の総選挙で一〇議席を獲得したため、保守党と合わせてかろうじて過半数に達するからである。しかし、数合わせのように見られる保守党とＤＵＰの連合は、様々なリスクを伴うものとして当初より不安視された。[59] ＤＵＰがＢｒｅｘｉｔをサポートすることは確かである。ただし、かれらは同時に北アイルランドとアイルランドへのインパクトを最小限に留めたい。実際に当時のアイルランド首相ケニーは、イギリスの北アイルランドとの政治的調停がＤＵＰによって妥協されることを強く懸

念した。DUPによるイギリス政府のサポートの仕方次第で、北アイルランドの政治は大きな影響を受けるに違いないからである。

このように、北アイルランドの一政党がイギリス政府に加わることは大きなリスクを伴う。一九九八年にイギリスと北アイルランドの平和協定を締結させたメイジャー元首相は、そのリスクをとくに強調する。彼は、保守党がDUPと連合を組むことで、イギリス政府が北アイルランドとの話し合いにおける仲介能力を発揮できるかを心配した。一方、DUPと並んで北アイルランド最大の政党であるシン・フェイン（Sinn Fein）は、当然にそうした連合に反対した。

DUPの党首であるフォスターはこうして、突如イギリス政治に非常に大きな影響力を持つ人物として現れた。[60] 彼女はメイと同じく、かなりプラグマティックな方向を示す政治家として知られる。事実、彼女はシン・フェインと共に運動する意向を示す。保守党をサポートするのも、北アイルランドへの大きな投資を期待したからに他ならない。また彼女はBrexitの方法についても、北アイルランド全体がEU残留を決定したことを配慮して従来のハードBrexitからソフトBrexitに転換することを表明したのである。

メイはこうした中で、最終的にDUPと協定を結ぶ。[61] それは、財政、安全保障、並びにBrexitに関する法制を下院で可決させるためであった。しかし、この協定は他方で、高い政治的コストを課すものであった。北アイルランドに対し、新たに一〇億ポンドの投資が保証されたのである。その見返りに、メイは「強くて安定した」政府をつくれるとみなした。ほんとうにそうした政府が到来するであろうか。

この協定には、イギリスの政治を不安定に追い込む様々な要因が潜む。第一に、保守党はこれでもって安定政権を維持できない。確かに下院で過半数の議席は確保されるものの、それはほんのわずかである。これで安定した議会運営ができるとは到底考えられない。第二に、イギリスの人々のメイに対する不信感は一層強まる。それでなくてもメイ政権は、総選挙後に緊縮政策を再び宣言したことから有権者の反感を買った。そして今回、その方針と抵触することが北アイルランドに対して行われた。これは、メイの得意とするUターンである。一体、どちらがほんとうのメイなのか。民衆は疑い始めるに違いない。第三に、北アイルランド以外の地域すなわちスコットランドとウェールズで人々の不満が高まる。かれらは同様のファンディングを政府に強く要求するであろう。そして第四に、政府はBrexitの方法の変更を余儀なくされる。DUPはプロBrexitであるものの、シン・フェインの動きを考慮してすでにソフトBrexitを強調しているからである。

このようにして見ると、メイが言わば苦肉の策として講じたDUPとの協定も、政府の運営とBrexit交渉に対して明るい展望を示すものではない。それどころか、この協定は今後様々な混乱を生み出しかねない。

(二) Brexit交渉の諸問題

以上よりメイ政権は、取り敢えずBrexit交渉に臨む体制を整えることができた。そこで次にかれらが直面するのは、実際にEUとの交渉で解決されねばならない諸問題である。清算金問題とEU市民権問題がそれらを代表する。EU側は、これらの問題の解消なしにイギリスと通商交渉を行うつもりがない。これに対してイギリス側は、それらの問題に関する話し合いと平行して通商交渉を進めたい。両者はすでに初めから、Brexit交渉をめぐって異なるアプローチを採る。[62] どうしてそうなるのか。この点について、それらの問題の中味を見ながら考えることにしたい。

清算金問題　ＥＵは総選挙後に、イギリスに対する離脱の清算金を上乗せした。[63]それは、バルニエが当初提示した六〇〇億ユーロから一〇〇〇億ユーロに大幅に引き上げられた。なぜかれらは、清算金を引き上げたのか。その理由を考えるためには、イギリスのＥＵ予算に対する支払いの仕方を歴史的に振り返ってみる必要がある。

イギリスは今から三〇年以上も前に、サッチャー元首相がＥＵ予算への貢献に対して払戻しを請求し、その権利を獲得した。* それは、とくにＥＵの農業補助金に関してイギリスが払い過ぎていることに対する抗議の結果であった。これによりイギリスは、貢献額の六〇％以上も減額された。ところが、このサッチャーの断行した「イギリスの是正（The UK correction）」と称する政策が、今回の清算金をめぐって仇となったのである。

欧州委員会は当初、イギリスの清算金について農業補助金への支払いを考慮しなかった。しかし、それはフランスとポーランドの要求により変更された。ＥＵは、イギリスへの払戻しは、農業補助金への支払いと結びつけられねばならないと主張したのである。[64]そこでもしイギリスが、二〇一九～二〇二〇年にこの農業補助金を支払わないのであれば、かれらへの払戻しは当然に清算金の計算には含まれなくなる。これによってイギリスの貢献額のシェアは当初の一三％から一五％に引き上げられる。その結果、イギリスの清算金はＦＴ紙の推計で約一〇〇億ユーロ追加される。こうした上乗せを

* このイギリスの払戻し問題について詳しくは前掲拙著『欧州財政統合論』ミネルヴァ書房、二〇一四年、二一一～二一六ページを参照されたい。

下に、ＥＵは今回イギリスに対して一〇〇〇億ユーロの清算金を提示したのである。イギリスの清算金問題は選挙前からＥＵでかなり議論され、その額も一〇〇〇億ユーロで確定していた。[65]それはまた、ドイツとフランスがイギリスに対してより厳しいスタンスをとることを意味した。しかし、この清算金の引上げは、Ｂｒｅｘｉｔ交渉の中で最も政治的リスクに晒されると言ってよい。バルニエはこの問題の解決なしに通商交渉を開始するつもりはないし、メイはこの莫大な清算金を支払いたくないからである。これによってノー・ディールに至ることも十分にありえる。

ＥＵ市民権問題　もう一つの大きな基本的問題はＥＵ市民権の問題である。Ｂｒｅｘｉｔ後に、イギリスに居住する他のＥＵ加盟国の市民と、逆に他のＥＵ加盟国に居住するイギリス市民に何が起きるか。これは、潜在的に非常に難しい問題となる。

とくにイギリス在住のＥＵ市民の不安感が強い。その証拠にかれらは、レファレンダム後にフランス人とドイツ人を中心に一挙にパスポートの申請をイギリスに対して行った。[66]二〇一六年の申請ラッシュは、前年の二倍に膨れ上がる。こうした申請ラッシュは当然、かれらの市民権が抑制される恐れがあったためである。

メイは総選挙後に、イギリスに居住する欧州市民に寛大な措置を提供することで、何百万人のＥＵ市民の保護を確約した。[67]しかしそこには、イギリスとＥＵとの間で大きな認識のズレがある。ＥＵは、すべての域内市民はＥＵ法の下で治められることを望む。そこでかれらは、欧州司法裁判所によって保護される。他方でイギリスは、このＥＵの要求を受け入れない。Ｂｒｅｘｉｔ後にすべての移民はイギリス法の下に入る。イギリスはこう主張する。

メイはEUリーダーに対し、イギリスに合法的に居住するEU市民が二〇一九年三月の正式なBrexitの決定時に、イギリス離脱を求められることはないと通知する。[68] イギリスに五年間住んでいる人々は、EUルールにしたがって居住権を持つ。かれらは、イギリス人と同じ医療ケア、年金、恩恵、並びに教育権を取得できる。彼女はこのように謳った。しかしEUリーダーは、彼女の意向を一〇〇%信用していない。かれらは、彼女の決意の変更を不安視する。EUとイギリスの間で、市民権の取得に対する要求があまりに異なるため、この点に関する交渉が難航すると予想されるからである。

以上、我々はBrexit交渉における最も基本的な二つの問題、すなわち清算金とEU市民権の問題についていかなる点が困難であるかを見た。実際にこれらの問題が解決されない限り、両者の通商交渉は始まりそうにない。その最終的なシナリオがクラッシュ型の離脱であることは言うまでもない。

(三) Brexitの方法をめぐる問題

メイが総選挙で思わぬ敗北を喫したことは、彼女がこれまで唱えてきたBrexitの方法に対し、様々な疑問を投げかけた。まず、ハードBrexitの方法は今後議会で承認されるのかが問われるのは疑いない。さらに、彼女がBrexit選挙と銘打って敗けたのは、そもそもハードBrexitに対する有権者の不信感があるためではないか。そうであれば、今後Brexitの方法は変更されるべきではないか。これらの問いが選挙直後に噴出したのである。

例えばFT紙の社説は、総選挙直後から三回に渡りメイの方針に対して見直しが必要とされる旨の論評を表した。[69] 彼女が第五〇条を発動した以上、交渉期間の引延ばしはイギリス経済に一層ダメージを与えるだけであり、それはありえない。そうだとすれば彼女は、ＥＵが同意しイギリス議会が承認するような協定案をいち早く策定する必要がある。そのためには、これまでの厳しい要求から離れて妥協を議論しながらイギリスの交渉ポジションを定めなければならない。そこでは、メイのＢｒｅｘｉｔに対するスタンスの再検討が必要不可欠となる。今度の選挙結果は、彼女のアプローチを困難にした。彼女には、より広いコンセンサスをえることが求められる。それゆえ彼女は、様々な意見に耳を傾けなければならない。こうしてＦＴ紙はメイに対し、これまでのハードＢｒｅｘｉｔ論一辺倒という姿勢から脱皮することを促す。

以上のように、メイがＥＵと必要な妥協を図るべきとする考えはさらに、彼女はソフトＢｒｅｘｉｔに方針をシフトすべきとする主張に展開される。ＦＴ紙の代表的論評者であるスティーヴンスは、この点を次のように表明する。[70] メイの敗北は、彼女をＢｒｅｘｉｔ交渉でレーム・ダック（政治的影響力を失った政治家）に陥らせた。ハードＢｒｅｘｉｔを望むことはもはやできない。彼女に残された一つのチャンスは、ソフトＢｒｅｘｉｔに向けて起党派的コンセンサスをえることである。それはまた、移行期間の設定を含む。その期間にイギリスは、単一市場と関税同盟に残る一方で、ＥＵ予算に貢献する必要がある。彼はこのように唱えてメイに方針転換の必要性を説く。

こうしたソフトＢｒｅｘｉｔ論はまた、与党内やビジネス界でも強まった。[71] それはメイの「ノー・ディールはバッド・ディールよりよい」とする考えを斥ける形となって現れた。ここにきて、イギリス政府のＢｒｅｘｉｔの方法をめぐるバランス・オヴ・パワーは確実に変化した。実際にＥＵ残留派の政治家は、息を吹き返したかのように、ソフトＢｒｅｘｉｔ論を唱えて彼女に圧力をかけた。その代表は言うまでもなく、前首相のキャメロンであった。[72] メイはこうして様々な要求を受けることになる。

その中には、関税同盟への参加の延長あるいは欧州司法裁判所の指令拒否の緩和などが含まれる。そして最大の問題は、彼女が単一市場からの離脱というアイデアを放棄できるかにある。

一方、メイはそうした要請を受けてすんなりとソフトＢｒｅｘｉｔ派に転向すればよいかと言えば、話はそれほど単純ではない。彼女がＢｒｅｘｉｔの方法をめぐるトーンを和らげれば和らげるほど、保守党の強硬なハード離脱派は一層抵抗するに決まっている。もしそうなれば、保守党はレファレンダムで生じた分裂の姿を再び露呈するに違いない。

他方で、イギリスの有権者は総選挙後のＢｒｅｘｉｔ交渉に対してどのように考えているか。ある世論調査によれば、Ｂｒｅｘｉｔのプロセスが続くと考える人々の三分の一は、メイ政権が今までよりもより緩やかな方向に向かうことを望む。[73] また応答者の六〇％が、単一市場と関税同盟から離れるプランに反対する。ただ、レファレンダムのときと同じように、見解が人々の間で両極化していることに変わりはない。その中で一つだけ一致している見方がある。それは、イギリスが今後メイのセットしたコースに留まれるかを疑っている点である。かれらは、メイの責任を果す能力を心配する。

以上に見たように、イギリス政府が今後、Ｂｒｅｘｉｔの方法をめぐって様々な調整を強いられることは間違いない。ただし、ここで一つだけ銘記すべき点がある。それは、イギリスがＢｒｅｘｉｔに関していかなる選択を採ったとしても、そのことが一方的に定まることは決してないという点である。要するに、ハードＢｒｅｘｉｔであれソフトＢｒｅｘｉｔであれ、そのことはイギリスだけで決められるものではない。[74] Ｂｒｅｘｉｔの仕方に関する最終決定権は、あくまでもＥＵ側にある。さらに言えば、その中軸にあるドイツとフランスの意向がかなり重要な決め手となる。この点で例えばフランスは、マクロン大統領が明らかにしているように、むしろハードＢｒｅｘｉｔを望む。イギリスの単一市

表７－５　Brexit 協定のメニュー

	内容と実旋時期＊	勝者	敗者	評価
ノー・ディール	・イギリスはＥＵの条約から解放される。 ・数多くの国際協定を置き換えなくてもよい。 ＊２０１９年３月。	・クリーンな分断派。 ・イギリスの国家主権でＥＵ及び他国との関係を交渉できる。	・イギリスのビジネス。 ・イギリスの原子力関連産業。 ・ＥＵも貿易と現行予算で損失。	・非常に悪い結果。 ・勝者は誰もいない。
離脱のみの協定	・依然として非常にハードなＢｒｅｘｉｔ。 ・ＥＵメンバーシップに取って代わる協定はない。 ＊２０１９年３月。	・イギリス製造業に対する国内供給量は競争に晒されない。	・イギリスとＥＵの双方で貿易子会社は関税で打撃。	・最も保護主義的なステップ。 ・ＥＵとの貿易障壁がイギリスを孤立。
制限されたタクス・フリー協定	・イギリスはＥＵと制限された自由貿易協定を結ぶ。 ・財の非関税貿易の維持。 ・イギリスは他国と自由貿易協定を結べる。 ・単一市場利用の保証はない。 ＊確実に２０１９年以降。	・ＥＵの製造業者は非関税でイギリスに製品を販売できる。 ・イギリスの製造業者（とくに自動車部門）はＷＴＯルールの下で利益。	・サーヴィス部門は協定から排除。 ・金融サーヴィスはパスポート権を喪失。 ・その他のサーヴィス部門も打撃。	・財の自由貿易協定を選好する。 ・イギリスのサーヴィス志向的経済を何ら助けない。 ・非ＥＵ諸国との貿易関係の再編が巨大。

一層広範な貿易協定	・イギリスはＥＵと広範な貿易協定を結ぶ。 ・協定の範囲の広さに応じてイギリスの国家主権は制限。 ＊ＥＵはイギリスが加盟国の間にこの協定は結ばない。実行に何年もかかる。	・サーヴィス部門も自由貿易から利益をえる。 ・金融サーヴィスが含まれるのは稀なケース。 ・ＥＵ規制に準じて監視すれば対ＥＵ金融サーヴィスは可能。	・多くの部門でイギリスはＥＵルールに従う。 ・欧州同一基準の適用によりイギリス・グループの政府補助金授受は妨げられる。	・イギリスはＥＵの法と規制に直接言及できない。 ・ＥＵはイギリスの法に影響を与える。 ・ハードＢｒｅｘｉｔよりも緩やか。 ・イギリスはＥＵ以外と貿易協定を探れる。
関税同盟協定	・新たな関税同盟の合意。 ・イギリスはサーヴィスと農業で自身の協定を交渉。 ・財の関税と貿易はＥＵが運営。 ・多くの非関税障壁が緩和。 ＊２０１９年以降の期間で合意。	・イギリスと欧州の製造業はこの合意に満足。 ・イギリスの企業はＥＵとの貿易協定で利益。	・ＥＵの規制に合わない財は関税手続きに遅れ。 ・農産物は含まれない可能性。 ・サーヴィス部門は協定のみの関税同盟から利益をえない。	・現行のイギリスの貿易と製造業の多くを保護。 ・イギリスは財貿易で関税を削減できない。 ・イギリスはＥＵのルールと同じ関税と規制を持つ。
単一市場協定	・ＥＥＡに留まることでイギリスは単一市場にアクセス。 ・イギリスは規制をＥＵと合致させ、非関税貿易を行う。 ・協定が関税と農業を含めば貿易面でＥＵのメンバー。 ＊２０１９年以前に注文型移行期をつくるのは困難。	・シティはパスポート権を使ってＥＵに金融サーヴィスを提供。 ・労働者の自由移動を認めるためイギリスの大企業とＥＵ労働者の雇用主は利益をえる。 ・雇用主は現行通りの経営。	・イギリスの国家主権をＥＵから取り戻したい人々。 ・イギリスはＥＵの規制を受け入れざるをえない。	・イギリスとＥＵの経済的結びつきはほとんど維持。 ・イギリスは多くのコントロールから利益をえない。 ・最も破壊度の低いＢｒｅｘｉｔ。

出所：Giles, C., & Barker, A., "On the Brexit menu: six scenarios for Britain", *FT*, 23, June, 2017 より作成。

場からの離脱によって、フランスは金融業と製造業で仕事を増やす唯一のチャンスをえられると考えるからである。

では、今後に結ばれる可能性のある離脱協定にはいかなるものが想定されるか。FT紙は複数の主たる協定を想定し、各々についてその内容と実施時期、それによる勝者と敗者、並びにその評価を表している。表7－5はそれらをまとめたものである。見られるように、ノー・ディールの極端なケースを含めていずれのケースも、イギリスとEUの双方の利害対立を取り去ることはできない。

このような中で、イギリス内に勢いを取り戻しつつある一つの動きが見られる。それは、Brexitを阻止させるキャンペーンである。この運動は、プロ残留派でレファレンダムのときに離脱は起こりえないと信じた人々により支持される。労働党の元党首で首相のブレア、自由民主党の元党首で副首相のクレッグ、そしてFT紙の記者ラックマンなどの人物がその考えを表明する主たる論者である。[75] かれらは一様に第二回目のレファレンダムを要求する。離脱派の考えは、一度レファレンダムが行われればそれは二度と起こらないとするもので、それは第三世界の独裁者のやり方と同じである。そして現実に、ノー・ディールが起これば二回目のレファレンダムのチャンスが到来する。かれらはこのように主張してBrexitの阻止を促す。

他方で、こうした考え方に異議を唱える論者もいる。FT紙の記者ミュンショーは、もともとレファレンダムでのEU離脱の可能性を認めていただけに、Brexitから離脱するという運動を批判する。[76] 確かに理論的にもまた法制的にも、Brexitのストップは可能である。しかし、仮にそうなったとしてイギリスが第四九条を発動しながらEU再参加の道を歩んだ場合にどうなるか。他のEU諸国はそれをストレートに認めるであろうか。まずこの点が問われる。さらに由々しきことは、たとえかれらがイギリスの再加入を認めても、そこには移民政策などの領域で以前にも増してより厳しい条件が付けられるのではないかという点である。彼はこのように論じながら、Ｂｒｅｘｉｔからの離脱というオプションはもはやないと主張する。

以上我々は、Ｂｒｅｘｉｔの阻止という動きをめぐって二つの対立的な考えを見た。そうした動きの正当性は真に問われねばならない。レファレンダムを再度行うことの問題点についてはすでに私見を述べているので、ここで繰り返すつもりはない。ただ一つだけ再確認しておきたい点がある。それは、再レファレンダムが離脱票を投じた民衆とりわけ労働者の意思を蔑ろにすることに尽きる。今回のレファレンダムが、専制者によって自身の意向に人々を従わせるために行われたものでないことは言を俟たない。さらにより大きな問題となるのは、仮に再レファレンダムが行われて残留派が勝利した場合に生じる民衆への打撃である。それによって一般労働者は再び、移民の圧力による苦痛を味わうことになる。そのようなことが許されるであろうか。ブレアやクレッグの頭の中に、そうした人々の苦しみはおよそ描かれてないのではないか。実際にイギリスの大半の人々は、最近の世論調査で再レファレンダムを望んでいないことを示している[77]。そこには、エリートと民衆の間に深い溝がある。

ここまで我々は、メイ首相が第五〇条を発動してから正式なＢｒｅｘｉｔ交渉に入った過程を詳細に見てきた。彼女はＢｒｅｘｉｔのための協定を「強くて安定した」政府の下に結ぶつもりであった。しかし、その目論見は総選挙での敗北で見事に崩れてしまった。その結果メイは、Ｂｒｅｘｉｔの方法をめぐる方針の変更を迫られた。そこでは、ＥＵに歩み寄る妥協の道が示された。果して、Ｂｒｅｘｉｔはよりソフトな方向に向かうのであろうか、さらには、その方向がＢｒｅｘｉｔの阻止とＥＵ再加入のところまで行くのであろうか。イギリスが現在、Ｂｒｅｘｉｔ交渉の上で確かに予断を許さない事態に追い込まれていることは間違いない。

しかし、そうした中で唯一ぶれてはならない重要な視点がある。それはやはり民衆側に立った視点である。今後何が起ころうとも、保守党であれ労働党であれ、かつまたイギリスであれＥＵであれ、もしも為政者が民衆の心情を理解しようとしないのであれば、それこそ再びかれらが反逆することは疑いない。この点を決して忘れてはならない。

注

1 Allen, K., & Parker, G., "Brexit is not divorce, says UK premier minister", *FT*, 15, March, 2017.
2 Parker, G., & Barker, A., "The negotiator", *FT*, 27, March, 2017.
3 FT, Editorial, "After Article 50, use common sense and find common ground", *FT*, 27, March, 2017.
4 Ganesh, J., "Over-optimistic ministers manipulate the Brexit debate", *FT*, 21, March, 2017.; Barker, A., Brunsden, J., & Parker, G., "UK to trigger two-year Brexit process next week", *FT*, 21, March, 2017.
5 Barnier, M., "Brussels will be transparent in Brexit negotiations", *FT*, 27, March, 2017.
6 Wagstyl, S., "Berlin puts EU unity first and hardens Brexit stance", *FT*, 28, March, 2017.
7 Stephens, P., "Now Brussels takes control of Brexit", *FT*, 31, March, 2017.
8 Barker, A., Parker, G., & Allen, "May's careful phrasing pats start of talks on firmer ground", *FT*, 30, 2017.
9 Parker, G., & Barker, A., "UK prime minister fires Brexit starting gun", *FT*, 29, March, 2017.
10 Chaffin, J., "Remaines: Resilient core insists the fight is not yet lost", *FT*, 30, March, 2017.
11 Barker, A., & Brunsden, J., "Brussels takes three-step approach to negotiations", *FT*, 31, March, 2017.
12 Barker, A., "Rival parties set sights on 2019 landing zone", *FT*, 30, March, 2017.
13 Parker, G., "Ministers and business line up against 'bonfire' ", *FT*, 31, March, 2017.

14 Parker, G., & Allen, K., “Estranged couple avoid insults in search for amicable split”, *FT*, 1 April/ April, 2017.

15 Parker, G., & Robinson, D., “May weighs extending free movement as stance on Brexit roadlocks softens”, *FT*, 6, April, 2017.

16 FT, Editorial, “May’s constructive side on Brexit reveals itself”, *FT*, 3, April, 2017.

17 Barker, A., & Brunsden, J., “EU officials set sights on ‘orderly with drawal’ ”, *FT*, 1 April/ 2 April, 2017.

18 Barker, A., & Brunsden, J., “Brussels toughens Brexit stance by seeking to prolong rights of EU migrant workers”, *FT*, 21, April, 2017.

19 Wagstyl, S., “Berlin positive over historic Article 50 letter despite concern about hint of ‘black mail’ ”, *FT*, 1 April/ 2 April, 2017.

20 Wagstyl, S., & Barker, A., “Merkel looks to save EU’s liberal economic voice”, *FT*, 10, April, 2017.

21 Parker, G., Mance, H., & Pickard, J., “May calls snap election in bid to strengthen hand in Brexit talks”, *FT*, 19, April, 2017.; Parker, G., Robinson, D., & Brunsden, J., “Prime minister aims to achieve Brexit on her own terms”, *FT*, 19, April, 2017.; Parker, G., “May seeks mandate after polls show opportunity looks too good to miss”, *FT*, 19, April, 2017.

22 FT, Editorial, “ May’s snap election call is right for Brexit Britain”, *FT*, 19, April, 2017.

23 Ganesh, J., “May can secure her mandate on Europe”, *FT*, 19, April, 2017.

24 Stephens, P., “What May’s gambit means for Brexit”, *FT*, 21, April, 2017.

25 Parker, G., Mance, H., & Pickard, J., *op.cit*.

26 Pickard, J., Tighe, C., “Labour upbeat but backbench MPs fear rout under Corbyn”, *FT*, 19, April, 2017.

27 Shrimsley, R., “An enfeebled Labour leaves the centre ground up for grabs”, *FT*, 19, April, 2017.

28 FT, Editorial, “The great British political realignment”, *FT*, 8, May, 2017.; Wallace, M., “New Tory voters will demand a changed party”, *FT*, 8, May, 2017.

29 FT, Editorial, "May delivers a manifesto for Middle England", *FT*, 19, May, 2017.; Parker, G., Pickard, J., & Wright, R., "May rejects 'cult of selfish individualism' as Coservatives target traditional Labour", *FT*, 19, May, 2017.

30 FT, Editorial, "The wrong U-turn, for the worry reasons", *FT*, 16, March, 2017.; Pickard, J., Mance, H., & Parker, G., "British forced into Budget U-turn over tax rise for self-employed", *FT*, 16, March, 2017.

31 Giles, C., "A challenge for May: reward effort over inheritance", *FT*, 12, May, 2017.

32 FT, Editorial, "May's welcome U-turn on an ill-conceived policy", *FT*, 23, May, 2017.; Ganesh, J., "May's wobbles bode badly for Brexit", *FT*, 23, May, 2013.; Parker, G., & Odell, M., "May backs down on UK 'dementia tax' ", *FT*, 23, May, 2017.

33 Parker, G., "UK premier wins Commons go-ahead for election", *FT*, 20, April, 2017.; Pickard, J., "Labour sticks to conviction its ideas will woo UK voters", *FT*, 12, May, 2017.

34 Pickard, J., "Brexit wrongfoots Labour party's campaign launch", *FT*, 21, April, 2017.

35 Pickard, J., "Labour sticks to conviction its ideas will woo UK voters", *FT*, 12, May, 2017.

36 Chaffin, J., "Purity triumphs over pragmatism for Corbynistas", *FT*, 13 May/ 14 May,2017.

37 Pickard, J., "The unlikely rise of Jeremy Corbyn", *FT*, 6, June, 2017.

38 Harford, T., "The menu of politicians and policies is inedible", *FT*, 3 June/ 4 June, 2017.

39 Ganesh, J., "Public apathy makes politics vulnerable to capture", *FT*, 2, May, 2017.

40 Chaffin,J.,"Prime minister in cruise control as ground tour rolls through opposition's northern heartlands", *FT*, 22, May, 2017.; Mance, H., "London anti-May sentiment bucks trend", *FT*, 31, May, 2017.

41 Parker, G., & Wright, R., "May embraces 'promise of Brexit' in push to ignite UK campaign", FT, 2, June, 2017. Parker, G., & Khalaf, R., "Limping towards the finish", *FT*, 3 June/ 4 June, 2017.

42 Parker, G., & Pickard, J., "May criticized over outs to security funding", *FT*, 6, June, 2017.

43 Parker, G., Warrell, H., & Pickard, J., "May targets opposition heartlands as security questions dog final poll push", *FT*, 7, June, 2017.

44 Parker, G., "UK leader makes last bid for stringer Brexit hand", *FT*, 8, June, 2017.

45 Emott, B., "The Tories have misjudged the so-called Brexit election", *FT*, 8, June, 2017.

46 Mance, H., "May offers lesson in snatching defeat from the jaws of victory", FT, 10 June/ 11 June, 2017.

47 Ganesh, J., "May's hubris robs Britain of stability", *FT*, 10 June/ 11 June, 2017.

48 Pickard, J., "Unspun Corbyn appeals to austerity-weary voters", *FT*, 10 June/ 11 June, 2017.

49 FT, Editorial, "Austerity reaches England's school gates", *FT*, 5, April, 2017.

50 FT, Editorial, "London's housing crisis is abetted by illicit funds", *FT*, 18, April, 2017.

51 Plender, J., "The council credit bubble", *FT*, 26, April, 2017.

52 FT, Editorial, "The Grenfell fire ignites anger at UK inequality", *FT*, 17 June/ 8 June, 2017.; Chaffin, J., "Rage rises from London tower embers", *FT*, 17 June/ 18 June, 2017.

53 Grapper, J., "Anatomy of a housing disaster", *FT*, 30, June, 2017.

54 FT, Editorial, "London's housing crisis comes back to the force", *FT*, 21, June, 2017.

55 FT, Editorial, "The end of UK austerity means a tilt towards taxes", *FT*, 1, July, 2017.

56 Parker, G., & Jackson, G., "Chancellor says Britain must stick to austerity programme", *FT*, 21, June, 2017.

57 Wagstyl, S., & Beesley, A., "Officials rush to reassure Brussels", *FT*, 10 June/ 11 June, 2017.; Barker, A., & Mcclean , P., "Barnier warns UK to stop wasting time or risk crashing out of EU without deal", *FT*, 13 June, 2017.

58 Parker, G., "Europhiles hope for rethink on strategy", *FT*, 10 June/ 11 June, 2017.

59 Boland, V., "DUP insists on soft Brexit in deal talks with Tories", *FT*, 12, June, 2017.; Wright, R., & Murray Brown, J., "Former PM urges May to shun deal with Northern Ireland party", *FT*, 14, Junc, 2017.

60 Boland, V., "Ulsterwoman with the keys to power", *FT*, 17 June/ 18 June, 2017.

61 FT, Editorial, "A prime minister held to ransom by the DUP", *FT*, 27, June, 2017.; Parker, G., Mance, H., & Pickard, J., "May accused of making 'grubby' deal to keep power", *FT*, 27, June, 2017.

62 Barker, A., "EU negotiates steeled for Brexit crisis after UK election", *FT*, 7, June, 2017.; Barker, A., & Mcclean, P., "EU chef negotiator embarks on damage limitation", *FT*, 13, June, 2017.; Barker, A., & Brunsden, J., "Early Brexit talks to focus on divorce bill", *FT*, 20, June, 2017.

63 Barker, A., "Bottom line Brussels calculates minimum cost of Brexit before trade talks can begin", *FT*, 16, June, 2017.

64 Barker, A., "Thatcher's prized rebate hampers Brexit bill talks", *FT*, 20, July, 2017.

65 Barker, A., "EU raises UK brexit bill to €100bn as Paris and Berlin harden stance", *FT*, 3, May, 2017.; do., "How Brussels came up with a €100bn Brexit settlement", *FT*, 4, May, 2017.; Beesley, A., "Barnier sets out hardline opening position on talks", *FT*, 4, May, 2017.

66 Ash, S., & Boland, V., "Brexit sparks surge in EU applications for a British passport", *FT*, 10, May, 2017.

67 Barber, A., "Millions of migrants trapped in legal limbo", *FT*, 21, June, 2017.

68 Parker, G., & Barker, A., "Britain seeks to reassure leaders on citizen's rights", *FT*, 23, June, 2017.; Parker, G., Beesley, A., & Brunsden, J., "May's offer on EU citizen rights falls flat", *FT*, 24 June/ 25 June, 2017.

69 FT, Editorial, "Everything has changed, and so must Mrs May", *FT*, 10, June, 2017.; do., "Britain's chance to open serious debate on Brexit", *FT*, 12, June, 2017. do., "May's stubborn refusal to read the runes on Brexit", *FT*, 15, June, 2017.

70 Stephens, P., "Political paralysis offers chance to derail extreme Brexiters", *FT*, 10 June/ 11 June, 2017.; do., "A pathway to avoid Brexit calamity", *FT*, 16, June, 2017.

71 Parker, G., Wright, R., & Dickie, M., "May clings on after poll disaster with pro-EU forces set to strike", *FT*, 10

June/ 11 June, 2017.; Parker, G., "UK prime minister urged to support 'Soft Brexit' ", *FT*, 13, June, 2017.

72 Foy, H., Shotter, J., & Parker, G., "Cameron piles pressure on May to set course for 'softer Brexit' ", *FT*, 14, June, 2017.

73 Chaffin, J., & Burn-Murchoch, J., "Voter perceptions a year on: Britain remains polarized", *FT*, 23, June, 2017.

74 Münchau, W., "Do not overestimate the effect the election will have on Brexit", *FT*, 12, June, 2017.; Rachman, G., "Macron will offer no money to May", *FT*, 13, June, 2017.

75 Rachman, G., "The democratic case for stopping Brexit", *FT*, 18, July, 2017.

76 Münchau, W., "An exit from Brexit would be a messy affair", *FT*, 24, July, 2017.

77 Clark, H.D., Goodwin, M., & Whiteley, P., *Brexit: Why Britain voted to leave the European Union*, Cambridge University Press, 2017. P.201.

終章　Ｂｒｅｘｉｔが意味するもの

最後に、レファレンダムによるＢｒｅｘｉｔの決定が、イギリスとＥＵの双方にとって何を意味するかについて考えることにしたい。

一．イギリスにとってのＢｒｅｘｉｔの意味

まず再度確認しておくべき点は、レファレンダムで表されたＥＵ離脱の決定は、イギリスの民衆の現行の政治・経済・社会システムに対する反逆であったという点である。この点は、いくら強調してもし過ぎることはない。しかもそうした民衆の反逆は、イギリスに対してだけでなくＥＵに対しても向けられた。だからこそ、戦後の欧州史上でこのレファレンダムほど深いインパクトを与えた事件はなかったと言われるのである。[1]

そして何より銘記すべき点は、反逆した民衆の軸となったのが、つらい日々の生活を送っている労働者階級の人々であったという点であろう。かれらこそが、二〇〇八年以降のグローバル金融危機以来、イギリスのみならずEU全体で強まった緊縮政策により最も痛めつけられた。富裕な人々は、それで被害を受けることはなかった。その結果、富裕者と貧困者との間の莫大な規模の所得格差が現れた。これにより、民衆の不満と憤りが一層高まったことは言うまでもない[2]。こうした中で、公共サーヴィスが緊縮の名の下に劣化したこと、かつまた労働者の生活の糧が奪われたことは、民衆の政治家や金融家などに代表されるエリートに対する怒りを一挙に噴出させたのである。

その際、とくに労働者階級の人々が非難の矛先にしたのは移民労働者であった。かれらは堂々と反移民運動を展開した。しかしそれは、人種差別主義、外国人嫌い、あるいはまた自国民第一主義というような、イギリスで伝統的にナショナリストが掲げてきた考えに基づくものでは全くない。かれらが憤ったのは、そうした移民が先に示した置換労働者（posted worker）としてかれらの仕事を奪ったからに他ならない。実際に東欧からの移民労働者は、イギリスにおける労働のブラック・マーケットで違法の下に働いていたのである[3]。そして、そのようなことを象徴する街が北海に面したサンダーランドであった[4]。そこには、かつて炭鉱と造船で栄え労働者階級の街として誇った面影はない。現在、自動車工場設立のために日産による大投資が行われているものの、それが現地の労働者に恩恵をもたらすことはなかった。そこでは東欧から押し寄せる移民（置換）労働者が大量に雇われた。その理由はもちろん、現地労働者よりもより低い賃金でかれらを働かすことができる点にあった。その結果、サンダーランドの失業率はレファレンダム前に七％に高まった。それはイギリス全体の平均をはるかに上回っていた。こうして六〇％以上の有権者がEU離脱に投票し、Ｂｒｅｘｉｔに賭けたのである。これ以上若者が街を離れていく姿を、かつての年老いた労働者は見るに耐えなかった。一体、このような事態をイギリス政府もEU本部も正視していたであろうか。かれらはきっと、それを見ようともしなかったに違いない。

ところで、このような不熟練労働者としての置換労働者が外国から大量に流入することで、自国の現地労働者がはじき出されるという現象は、すでに指摘したように歴史的なものである。それは一九世紀末の米国でも現れていた。* 一八八〇年代にイギリス人が契約労働の形態で不熟練労働者として米国になだれ込み、現地の労働者を追いやった。米国の企業家は、そうした移民労働者の雇用を促すことで、労働コストをより低下させると同時に、国内の労働運動を打破することができた。かれらは二重の恩恵をえたのである。

こうした現象が皮肉にも、今度は現在のイギリスで起こっている。しかし、一九世紀末の米国のケースと現在のイギリスのケースでは決定的な違いが一つある。この点に注意しなければならない。当時の米国では、そうした移民労働者の導入に対して、現地労働者が反対運動を展開した。それは企業家の産業予備軍戦略によって功を奏さなかったものの、とにかくかれらは抵抗することができた。ところが今日のイギリスでは、それすらもできない。EUルールの下で、そのような労働者の自由移動が認められているからである。これはあまりに理不尽な話であろう。そうであれば、イギリスの職を奪われた労働者がそのルールから逃れるためにEUに反旗を翻すのは当然ではないか。レファレンダム前の欧州議会選挙で反移民を強くアピールしたUKIPが第一党になったのもそのためであった。しかし気をつけておくべき点は、労働者階級がUKIPの信条まで支持した訳ではないという点である。かれらは唯一点、反移民という点に賛同したにすぎない。その証拠に、レファレンダムで離脱派が勝利した以上、強いナショナリズムを掲げるＵＫＩＰにかれらが関心を寄せることはもはやない。

一方、もう一つ留意すべき点がある。それは、そうした労働者の反逆が、本来であればかれらを救うべきはずの労働党に対しても行われたという点である。実際に労働党は、二〇一五年の総選挙からレファレンダムを経て今日に至るまで、労働者階級の人々に寄り添う姿勢を真に示していない。かれらのＵＫＩＰ支持はまさしく、そうした労働党に対する懲罰であった。労働党が、長い間中道左派の政権政党として君臨したことにより、労働者階級はここでも取り残されたのである。

労働者階級は、ほんとうにその存在意義を失ってしまったのか。この点こそが問われねばならない。オックスフォード大学政治学教授のＧ・エヴァンス（Evans）とＪ・ティリー（Tilley）が鋭く指摘するように、ポスト工業社会での階級構造の最も著しい特徴は、それが失われたことではなく階級の規模の変化にこそある。[5] かつては十分に大きくて均一の労働者階級と小規模の中流階級との分断があった。現在、その分断は、より大きな規模の中流階級とより小さな規模の労働者階級の間に見られる。それゆえ労働者階級はまさに無視してもよい存在と化す。[6] その結果、不平等はむしろ著しく増大した。そして、そうした階級構造は堅固なものとして存続している。今日に至るまで労働党のブレアを中心とする中道左派はこの点を全く理解しない、と言うよりは理解しようとしない。労働党はこうして、国内で深まる不平等問題に対処することを怠ったのである。[7]

では、Ｂｒｅｘｉｔによってイギリスの労働者階級は救われるのか、メイ政権にその用意があるのか、あるいはまたコービンの率いる労働党は今度こそかれらの支持をえられるのか。これらの点が問題と

＊ この点について詳しくは前掲拙著『イギリス資本輸出と帝国経済』ミネルヴァ書房、一九九六年、七九〜八四ページを参照されたい。

なるのは当然であろう。

まずメイ政権について見れば、かれらがそれを用意しているとは思えない。そもそも保守党は党首が残留をアピールした以上、レファレンダムで敗北したはずである。この点を忘れてはならない。ところがかれらは、あたかも党内の離脱派が勝利して政権を維持しているように動いている。確かにレファレンダムの結果は、民衆のEUに対する反逆だけでもたらされたものではない。そこでは、伝統的に根強く存在する保守党の過激なナショナリストによる反EU感情が一つの大きな推進力を与えた。しかしだからと言って、政権政党の保守党が離脱の決定に対して政策上の支配権を発揮することは許されない。その決定には、民衆とりわけ労働者階級の、エリートと多国籍企業で代表される資本と労働のグローバル化に対する抵抗運動が強く関与していた。その点で、ナショナリズムと反グローバリズムの交錯したところに離脱派の勝利があったと言ってよい。そうだとすれば、保守党は政策運営の面で、反グローバリズムとしての反移民（置換労働者）の運動を生かす必要がある。

メイ政権は発足当初、そうした姿勢を確かに示した。しかし、それは次第に減退する。そして二〇一七年の総選挙での敗北以降、かれらはビッグ・ビジネスと党内残留派の意見を考慮し始めた。メイは、ハードBrexitからソフトBrexitに転換しつつある。これにより単一市場と関税同盟への参加が容認される。そこで問題となるのは、そうした参加自体の問題では全くない。そうではなく、そのための条件すなわち人々の自由移動こそが問題とされねばならない。もしこの点を認めれば、労働者階級がEUに反逆したことの意義は消え去ってしまうからである。ではどうすればよいか。イギリス政府が今後Brexit交渉で果すべきことは、そうした条件の見直し、とりわけ置換労働者としての移民労働者の自由移動の規制ではないか。それはまた、EUの改革そのものを求めることになる。キャメロンが挑戦して失敗したことを、今度はメイがそれを成功させねばならない。それができないとき、メイ政権が再び民衆の反逆に会うことは間違いない。

他方で、EU残留派の動きにも注意を要する点がある。それはすでに、Brexitをストップさせることにまで発展している。しかし、ここで最も問題とされるべき点は、それほどEUに残留する希望を抱くのであれば、かれらはどうしてユーロに参加しようとしないのかという点である。そもそもレファレンダムのキャンペーンから、プロEU派のキャメロンや自由民主党元党首のクレッグらにユーロ参加の意思は全く見られなかった。そしてEU残留を一貫して強調する労働党元党首のブレアも、現在はかつてと違いユーロ参加の問題に一切言及しない。果して、こうした姿勢は真にプロ欧州の考えを表すであろうか。

EUの一大盟主国であるイギリスが、ユーロをオプト・アウトしたこと自体極めて不可思議である。かれらはこれまで、サッチャーの説く新自由主義に基づく単一市場を利用してきたにすぎない。そこには、欧州の通貨同盟、財政同盟ひいては政治同盟に参加する意思は全然ない。イギリスは、欧州統合の深化にそもそも乗り気ではなかった。[8] 言ってみれば、イギリスはすでに「いいとこ取り」を行ってきたのである。そして由々しきことにEU自体も、それを容認してきた。一体、これでもってEUに留まる意義はどこにあるのか。ユーロを拒否するからには、EUから将来離れることは必然の流れではないか。もし残留派が結束して反Brexit運動を起こすのであれば、かれらは今こそユーロ参加の問題に真剣に向き合わねばならない。それはまた、イギリスの欧州統合に対する考え方の根本的転換を意味する。

一方、最大野党の労働党にも問題がある。確かにかれらは、二〇一七年の総選挙で息を吹き返した。

それはかれらが、一般市民の生活条件の改善と人々の間の不平等解消を訴えたからに他ならない。このことは、繰り返しになるがまさに評価されねばならない。しかし、ここで一つ指摘する必要があるのは、労働党が二〇一五年の総選挙から今日に至るまで、EUに対してきちんとしたヴィジョンを示していない点である。この点は、党内の残留派と離脱派の双方にあてはまる。かれらは例えば、労働者階級の人々の最大の関心事であるEU移民による置換労働の問題に全く言及していないのである。人気が急上昇したコービン党首でさえ、それに何も答えていない。むしろ、現在のかれらの最大のねらいは政権の奪取にある。そのためには、メイのハードBrexit論を批判することもいとわない。そこで単一市場を容認すれば、再び人々の自由移動の問題が生じる。労働党はそれこそ欧州の左派と手を組みながら、置換労働者の流入規制の運動を展開しなければならないのではないか。もしそれを行わなければ、かれらが労働者階級の反逆に再び見舞われることは目に見えている。

以上、我々はとくに労働者階級の人々にスポットを当てながらBrexitの意味とその課題について検討を重ねてきた。そこでは、多分にネガティヴな側面が強調された。しかし、それはあくまで知性のペシミズムがなせることであって、筆者自身は、今回のレファレンダムとその後の動きについてそれほど悲観視していない。否、むしろ意思のオプティミズムをもって、そうした動きのポジティヴな面に筆者は注目したい。それは、やはり民衆のプロテストの果す意義である。かれらは、エリートが想定するのとは全く逆に実に賢明な存在であることを、今回の一連の選挙の中ではっきりと示した。エリートの暴走をかれらはストップさせたのである。このことがある限り、イギリスの社会は、Brexitの交渉が今後どのようなものに展開されたとしても崩壊することはない。筆者はこのように信じたい。

二　EUにとってのBrexitの意味

では、EU側は今回のBrexitの動きをどう受け止めているか、またそれにどう対処しているか。次にこれらの問題を論じながら将来の欧州統合のあり方について考えることにしたい。

欧州大統領のトゥスクはレファレンダムの直後に、「BrexitはEUだけでなく西欧の政治文明も破壊し始める」とまで述べた。[9] そしてドイツ首相のメルケルも、レファレンダムから二ヵ月ほど経ってワルシャワに訪問したとき次のように語った。「Brexitはたんなる事件ではない。それは、EUの統合史における深い分裂である。……我々は、Brexitの諸結果に直面しEUの将来を考えねばならない。市民は、EUがかれらの繁栄を可能にすることで初めてEUを受け入れる。[10]」この二人のEUリーダーによる発言自体は全く正当である。しかし、ここで直ちに二つの疑問が浮かぶ。一つは、Brexit事件をそれほど深刻なものと捉えるのであれば、なぜそれを食い止めるための最善の努力をEUは果さなかったのかという疑問、もう一つは、EUは今後真に一般市民に寄り添う姿勢を示すのかという疑問である。そして、これらの疑問は同時に、欧州建設のこれまでの、かつまたこれからのあり方を問うことになる。

まず、第一の疑問から見てみよう。序章で述べたように、欧州統合はこれまで、エリート対民衆というアンビヴァレンスの下に民主主義の赤字を膨らませてきた。それこそドイツを中心に欧州があれほど財政赤字の削減を各国に強要する一方、この民主主義の赤字は野放しにされてきた。と言うよりは欧州のリーダーは、その赤字に気づこうとしなかった。かれらは、すでにかなりの欧州市民がEU

に友好的でないことを理解できなかった。それほど民主主義の赤字は拡大していたのである。

欧州統合に最大に貢献した人物に与えられるシャルルマーニュ賞は、イギリスのEUレファレンダムが行われる前にローマ法王に授けられた。フランシス（Francis）法王は、その受賞演説で「欧州の皆さんに何が起こったのですか」と問いかけた。[11]法王は、欧州の混迷ぶりを案じてこのような問いを発したのである。実際に当時の世論調査で、フランスでは六〇％以上の人がEUに友好的でないと答えていた。また、ユーロ・バロメーターによっても、EU加盟国の四三％の人がEUは誤った方向に向かっていると答え、正しい方向にあると答えた人は二三％しかいないことがわかる。イギリスのEUレファレンダム結果は、そうした欧州市民のEUに対する姿勢をそのまま反映するものであった。Brexitの決定は、キャメロン政権の敗北と共にEUの敗北をも意味したのである。欧州のリーダーは、そのことを正しく認識しているであろうか。先に見たトゥスクやメルケルの発言が、EUの失敗に一切言及していないことを考えると、それは怪しいと言わざるをえない。

もし、ほんとうにイギリスをEUに留めさせたいのであれば、かれらはどうしてキャメロンの移民に関する要求を全面的に受け入れなかったのであろうか。イギリスの一般労働者に最大の打撃を与える置換労働者としての移民を、EUは禁じるか、少なくとも制限すべきであった。EUはキャメロンと同時にイギリス市民をも斥けたのである。そこに、かつてギリシャ市民に対して示されたのと同じ姿勢を見ることができる。*EUは「受け入れるか拒絶するか」という脅威をイギリスに与えた。これでもってイギリスの人々とりわけ労働者が、EUに親愛の情を寄せられるであろうか。

第一に、「初めにルールありき」という発想そのものが問題とされねばならない。なぜなら、そのルールづくりに欧州の一般市民はほとんど関与していないからである。そうだとすれば、ルールを守る意味が問われるに違いない。チェコ共和国の外相、L・ザオラレック（Zaoralek）は、Ｂｒｅｘｉｔの決定直後に自らＦＴ紙に投稿し、今日の欧州ガヴァナンスの問題点を鋭く指摘した。[12] 彼は、Ｂｒｅｘｉｔ後のイギリスとＥＵが緊密なパートナーシップをつくるべきであると訴える一方で、欧州プロジェクトの再検討を促す。それは、欧州が連帯を強化して市民の信頼を取り戻すためである。同時に彼は、ＥＵ機構とりわけ欧州委員会のあり方を強く批判した。まさにその機構こそが、エリートとしてのテクノクラートの牙城であり、かれらが欧州ガヴァナンスを牛耳ることで一般市民は疎外されたからである。今こそ、ＥＵ市民とＥＵガヴァナンスのギャップが埋められねばならない。そうでなければ、ＥＵは確実に生き残れない。そう言っても過言ではない。

それでは、ＥＵはＢｒｅｘｉｔの決定後、真にこれまでのプロジェクトの見直しを図り、その改革に乗り出すであろうか。次に先に見た第二の疑問について考えてみたい。

フランスを代表するオピニオン誌の一つであるレクスプレス（L'Express）誌は、イギリスのＥＵレファレンダムから一週間も経たないうちにＢｒｅｘｉｔに関する大特集を組んだ。そのタイトルは「欧州の再建（Refaire L'Europe）」であった。[13] そこでは、今回のイギリス人のＥＵ離脱の投票は、グローバル化されたエスタブリッシュメントに対する反逆であるとする認識が共有される。[14] しかし同時に、Ｂｒｅｘｉｔでもって欧州が終焉する訳ではない点も強調された。むしろ欧州は、それによってつくり直される望外のチャンスをえた。同誌はこのように理解すべきであると論じる。[15] 筆者もそうした見方を支持したい。そこで問題となるのは、一体欧州はどのように再建すべきか、またそのことは実現可

＊　この点について詳しくは前掲拙著『ギリシャ危機と揺らぐ欧州民主主義』明石書店、二〇一七年、第五～六章を参照されたい。

能なのかという点であろう。

現フランス大統領のマクロンは、大統領選の前の二〇一七年一月末に自らFT紙に投稿して欧州の改革を訴えた[16]。Brexitの投票結果は、たんにイギリスのユーロ懐疑主義の深さだけでなく、EUの機能不全をも映し出している。欧州がエリートのためのエリートによる支配という暗黙の了解はもはや過ぎ去った。それゆえ我々は、欧州の機構的かつ民主的な基盤を再建しなければならない。そして、いかなる新たな汎EU的権限も市民によって理解され受け入れられねばならない。彼はこのように唱えて、国民としての市民の側から欧州の再建が図られるべきことを訴えた。こうしたマクロンの主張は、先のギリシャ危機の際に表されたマクロン・ガブリエル共同声明の内容につうじている。そこでは、欧州市民のための社会的プロジェクトによる社会的統合が目指される。この欧州再建の方向は正しいと言わねばならない。

実際にグローバル金融危機以降、ほぼ十年にわたって「社会的（social）」という語は欧州の発する言葉から消えてしまった[17]。しかし、今や欧州はこの語から発する問題に言及しない訳にはいかない。Brexitの投票は、民衆の社会からの脱落という不安から生まれたと考えられるからである。そうした中で欧州委員会は、二〇一七年四月末に欧州での「社会的権利の基盤」を確立する姿勢を表明した[18]。それは、EU加盟国がその市民の権利と保護を一層強くすることを促す。さらに、この社会的基盤は次の三つのテーマから成り立つ。それらは第一に、労働市場に対してすべての人が同じアクセスの機会を持つこと、第二に、労働条件を均等にすること、そして第三に、人々をより社会に包摂して保護することである。

こうした欧州委員会の社会改革プロジェクトは確かに、欧州が将来社会的統合によって、それこそ「ユンケル・レポート」で表された社会的トリプルAを目指すための第一歩になるに違いない。しかし、ここにも大きな問題が潜む。それは、かれらが社会的基盤づくりのテーマの一つとして掲げた、労働市場に対する人々のアクセスの同一化に関するものである。このことは当然、ＥＵ内の労働者の自由移動を認めることにつながる。そこには、イギリスで最大の問題となったＥＵ移民による置換労働の是非を問う意識は全く見られない。この点について論じたのは唯一フランスだけであった。オランド大統領は、ＥＵ法を置換労働者に適用すべきでないことを強調する。[19] そうした労働者は、より低い賃金で働くことが認められるからである。このことはまた、先に見た社会的基盤の第二のテーマである労働条件の均等化に齟齬をきたす。

このようにして見ると、欧州委員会はほんとうに欧州の労働者のことを考えているのか疑いたくなる。結局、今回のかれらの提言も、テクノクラートの作成した形式的なものにすぎないのではないか。もしそうであれば、民衆とりわけ社会的に排除された労働者が再び置き去りにされることは決まっている。

一方、欧州の将来に向けてもう一つの統合ヴィジョンが議論されている。それは、欧州統合の二層（二スピード）化構想である。そこでは、Ｂｒｅｘｉｔをめぐる交渉は二層のＥＵをつくり出す機会として用いられるべきとされる。その第一の層は、絶えず一層緊密になる同盟を目指して政治統合を進めるものであり、第二の層は、単一市場への参加などの面で一定の制約を受けるものである。前者は、より一層統合されたユーロ圏から成り、後者は、様々な共通政策を諸国の異なるニーズに適合したフレキシビリティを持ったもので、それほど統合されないＥＵとなる。要するに、すべての加盟国は単一市場と関税同盟の一部になるものの、かれらは必ずしも単一通貨を持たない。また生産要素（資本と労働）の自由移動も、統合を強めるコアの国にとっては義務となるが、他にとっては自発的になる。こうしてコア以外の国は、コアの政策に参加する権利はあるがオブリゲーションを持たない。二層化論の骨子は以上のとおりである。

この二層化論は、ＥＵの有力な専門家やジャーナリストの間で強く支持されている。[20]それはまた、ＥＵのＢｒｅｘｉｔへの対応の仕方と同時にイギリスのＥＵ再加入を踏まえた一つの答を表している。そして、この新たな欧州統合論にコア国でも賛同する論者がいる。例えばフランスの元大統領であるサルコジは、ＦＴ紙に自ら投稿して同様の考えを唱えた。[21]彼は、ユーロ圏が他のＥＵ諸国とは別に、健全な経済ガヴァナンスの下でより統合を深めるべきと説く。このような、欧州共通の経済ガヴァナンスをいち早く確立すべきという見解は、フランスがかねてから主張してきたものである。

では、こうした欧州統合の二層化構想は今後果して実現されるであろうか。それは確かでない。まず、このヴィジョンに対して強力に反対する考えがドイツの論者に根強くある。ミュンヘン大学名誉教授のＨ－Ｗ・ジン（Sinn）は、ポストＢｒｅｘｉｔにおける二スピードの欧州は絶対に避けるべきとする見解をＦＴ紙で次のように表明する。[22]そうしたアイデアはフランスを中心に打ち出されたものである。それはユーロ圏に対し、より国家的な構造をもたらす。そこには、共通予算のような様々な欧州の共通政策が含まれる。それはまたユーロ圏の南部をまとめることになり、ユーロ圏を分裂させる。ドイツを中心とする北部ユーロ圏は、これに抵抗しなければならない。このジンの見解にはまさに、二大コア国であるドイツとフランスの対立構図がはっきりと示されている。

他方で、このような二層化論に対する強い反対意見は、それこそ統合のスピードが遅くなるコア以外の国にも見られる。ポーランド、ハンガリー、スロヴァキア、並びにチェコ共和国から成るヴィスグラド（Visegrad）諸国は、コア諸国がより深い統合を進めることを恐れ、それに抵抗する姿勢をレファレンダム後にいち早く明らかにした。[23] かれらは、「より一層の欧州」か「それほどでない欧州」かの二スピード論を排し、「よりよい欧州」を目指すべきと主張したのである。それはまた、ユーロ圏諸国による連邦制の確立に対する批判を意味した。

以上から判断すれば、欧州の二層化統合がスムーズに実現されるとは考えられない。一方、そうした加盟諸国の利害に絡む思惑とは別に、二層化論そのものにもいくつも問題があると言わねばならない。まず、コア自身の問題がある。そこでは統合を深めることで財政同盟が目指されるであろう。この方向自体は全く正しい。問題はそのためのファンドである。その確立の合意がなければ、ギリシャやポルトガルのような南欧周辺国に対する財政資金移転は実現されない。それによって南欧危機が再び生じることは疑いない。要するにコア内の南北格差問題は、二層化でもって解消する訳ではない。他方で、コア諸国とそれ以外の諸国との関係も問題になる。そこにはもちろん、西欧対東欧の格差がそれによって拡大するという恐れがある。二層化がEU内南北問題を解決しないことは明らかであろう。さらに、その問題だけでない。もしコア外の諸国が、コアで実行される様々な規制を免れることになれば、コアとその他の地域との間で様々な摩擦が生じることは避けられない。金融規制の免除によって金融危機が生まれ、最低賃金や課税の独自設定によっていわゆる社会的ダンピングが発生するであろう。このことは結局、欧州統合を内から瓦解させるのではないか。

欧州統合の二層化論は、一つのプラグマティックな方法論にすぎない。今求められることは、より本質的な方法論である。それは、抜本的なEU改革以外にない。そこには、財政赤字や人々の自由移動に関するルールの見直しが含まれる。しかもそうした改革は、真に民衆の心情に根ざしたものでなければならない。それらのルールが、民衆の意に沿ってかれらの利益となるものでなければ、いかなる統合の方法を施行してもかれらの反逆に会うことは間違いないからである。一八四九年のパリにおける平和のための会議で、欧州合衆国構想を唱えたあのV・ユゴー（Hugo）は、「欧州の将来は人民に帰属する」と謳った。[24] 今ほどこの言説の重みが増しているときはない。人民の意思に基づく欧州建設こそが本来のあるべき姿である。このことを強く意識させる事件が、今回のイギリスのレファレンダムによるＢｒｅｘｉｔの決定であったのではないか。筆者にはそう思えてならない。

注

1 Stephens, P., "How a cautious nation came to tear down the political temple", *FT*, 25 June/ 26 June, 2016.

2 FT, Editorial, "A bleak outlook for UK living standards", *FT*, 6, February, 2017.

3 Macshane, D., *op.cit.*, p.xxv.

4 Tighe, C., "Leavers: Moment of truth for optimistic Sunderland", *FT*, 30, March, 2017.; Epstein, M., "Brexit Les déçus de Sunderland", *L'Express*, 1, Novembre, 2017.; Epstein, M., "Brexit Les déçus de Sunderland", *L'Express*, 1, Novembre, 2017, pp.62-64.

5 Evans, G., & tilley, J., *The new politics of class: The political exclusion of the British working class*, Oxford University press, 2017, p.16.

6 Jones, O., *Chavas: The demonization of the working class*, Verso, 2016, p.247.

7 Goes, E., *The Labour party under Ed Miliband: Trying but failing to renew social democracy*, Manchester University Press, 2016, p.188.

8 Jones, A., *Britain and the European Union*, Edinburgh University Press, 2016, p.229.

9 FT, Comment, "Britain cuts itself adrift", *FT*, 25 June/ 26 June, 2016.

10 Foy, H., "Brexit means 'deep break' in EU history, Merkel warns", *FT*, 27 August/ 28 August, 2016.
11 Garton Ash, T., "The fading of Europe is a result of both its failures and successes", *FT*, 11 June/ 12 June, 2016.
12 Zaoralek, L., "Europe's institutions must share the blame for Brexit", *FT*, 1, July, 2016.
13 L'Express, "Refaire L'Europe", *L'Express*, No.3391, 29, Juin, 2016.
14 *ibid*., p.52.
15 *ibid*., p.43.
16 Macron, E., "Europe holds its destiny in its own hands", *FT*, 25, January, 2017.
17 Ewing, K.D., "The Death of Social Europe", in Birkin Shaw ,P.J., & Biond, A., ed., *Britain Alone*, Kluwer, 2016, p.233.
18 Ducourtieux, C., "La Commission defend une Europe plus sociale", *Le Monde*, 6, Mai, 2017.
19 Rachman, G., "A two-tier model to revive Europe", *FT*, 13, September, 2016.
20 Münchau, W., "Opt-outs and the high price of misguided pragmatism", *FT*, 25, July, 2016.; do., "A multi-speed bloc offers Europe a future", *FT*, 13, March, 2017.; Rachman, G., "A two-tier model to revive Europe", *FT*, 13, September, 2016.
21 Sarkozy, N., "Remake the union to heal Europe's rifts", *FT*, 17, November, 2016.
22 Sinn, H-W., "Two-speed post- Brexit Europe is best avoided", *FT*, 17, April, 2017.
23 Buckley, N., & Foy, H., "Central Europe wary of deeper integration", *FT*, 1, July, 2016.
24 L'Express, "Refaire L'Europe", *op.cit*., p.42.

あとがき

イギリスが第五〇条を発動してから二年間（二〇一九年三月まで）に離脱協定は成立するのか、あるいは少なくとも移行措置の合意がなされるのか、そうでなければクラッシュ型の無秩序な離脱に終るのか。不安は募るばかりである。仮に移行措置が採られたとしても、それには深刻な問題が潜む。EUルールがその際に維持されれば、イギリスはその間、移民のコントロールを放棄しなければならない。それは、メイの公約を反故にすると同時に、レファレンダムで表された民衆の意思を蔑ろにする。これによって、かつてギリシャのレファレンダムの結果がEUによって却下されたことが再現される。このような事が繰り返されることで、欧州市民はEUに対して信頼と愛着を深められるであろうか。かれらの心情はきっと逆に向かうに違いない。

筆者は奇しくも、イギリスで第一回目のEUレファレンダムが行われた年（一九七五年）にシェフィールド大学大学院に留学した。そのときは圧倒的多数でEU残留が決まった。しかし、大学内でも巷でもEUについて盛んに談義した記憶はない。むしろ人々の関心は、オイル・ショック後の中東問題に向けられた。一方シェフィールドの街はと言えば、特殊鋼生産地として知られていたものの、その工場は廃れていた。ブリティッシュ・スティール・コーポレーションの栄光の面影は全く見られなかった。かつて工場街として誇ったミッドランド地方は衰退の一途を辿っていたのである。それからすでに四〇年以上も経った今日、そうしたミッドランド地方の経済状況は改善されたであろうか。否、むしろ悪化したのではないだろうか。その地域での、レファレンダムにおける離脱派の勝利や二〇一七年の総選挙における労働党の勝利が、そのような悲惨な経済状況と無関係なはずはない。労働者を中心とする民衆は、社会の変革を目指して胎動したのである。そう感じるのは筆者だけではないであろう。

最後に、厳しい出版界の状況下でこのような書物の刊行を快諾し、つねに温かな支援をしていただいた明石書店社長の大江道雅様に心よりお礼申し上げたい。また、本書の企画の段階から適切なアドヴァイスと励ましをいただいた同書店編集長の神野斉様にも感謝申し上げたい。

なお私事になって恐縮であるが、本書をシェフィールド大学で指導していただいたM・バラットーブラウン（Barratt-Brown）先生に捧げたい。先生は碩学の徒として著名であったと共に、つねにイギリスの労働者に思いを寄せられていた。先生のお誘いでヨークシャーの様々な労働者の方達と談笑できたことは留学時代の貴重な思い出である。ここに記して先生の恩に対する深謝の意を表したい。

参考文献

Armstrong, K. A., *Brexit time: Leaving the EU-Why, how and when ?*, Cambridge University Press, 2017.

Bailey, D., & Budd, L., *The political economy of Brexit*, Agenda, 2017.

Birkinshaw, P. J., & Biondi, A., ed., *Britain alone !: The implications and consequences of United Kingdom exit from the EU*, Wolsters Kluwer, 2016.

Clarke, H., Goodwin, M., & Whiteley, P., *Brexit: Why Britain voted to leave the European Union*, Cambridge University Press, 2017.

Clarke, H.D., Kellner, P., Stewart, M. C., Twyman, J., & Whiteley, P., *Austerity and political choice in Britain*, Palgrave Macmillan, 2016.

Cowley, P., & Kavanagh, D., *The British general election of 2015*, Palgrave Macmillan, 2016.

Dennison, J., *The greens in British politics: Protest, anti-austerity and the divided left*, Palgrave Macmillan, 2017.

Emerson, M., ed., *Britain's future in Europe: The known plan A to remain or the unknown plan B to leave*, Rowman and Littlefield International, 2016.

Evans, G., & Tilley, J., *The new politics of class: The political exclusion of the British working class*, Oxford University Press, 2017.

Gibbon, G., *Breaking point: The UK referendum on the EU and its aftermath*, Haus Curiosities, 2016.

Glencross, A., *Why the UK voted for Brexit: David Cameron's great miscalculation*, Palgrave Macmillan, 2016.

Goes, E., *The labour party under Ed Miliband: Trying but failing to renew social democracy*, Manchester University Press, 2016.

Gowland, D., *Britain and the European Union*, Routledge, 2017.

Guild, E., *Brexit and its consequences for UK and EU citizenship or monstrous citizenship*, Brill Nijhoff, 2017.

Hood, C., & Himaz, R., *A century of fiscal squeeze politics: 100 years of austerity, politics, and bureaucracy in Britain*, Oxford University Press, 2017.

Jones, A., *Britain and the European Union, Second edition*, Edinburgh University Press, 2016.

Jones, O., *Chavas: The demonization of the working class*, Verso, 2016.

Lamond, I. R., *The 2015 UK general election and the 2016 EU referendum: Towards a democracy of the spectacle*, Palgrave Macmillan, 2017.

Liddle, R., *The Europe dilemma: Britain and the drama of EU integration*, I. B. Tauris, 2014.

Liddle, R., *The risk of brexit: The politics of a referendum*, Rowan & Littlefield, 2016.

Macshane, D., *Brexit: How Britain left Europe*, I. B. Tauris, 2016.

Macshane, D., *Brexit: How Britain will leave Europe*, I. B. Tauris, 2015.

McCormick, J., *Why Europe matters for Britain: The case for remaining in, Palgrave* Macmillan, 2016.

Mindus, P., *European citizenship after Brexit*, Palgrave Macmillan, 2017.

Moran, M., *The end of British politics ?*, Palgrave Macmillan, 2017.

Peele, G., & Francis, J., ed., *David Cameron and Conservative renewal: The limits of modernisation ?*, Manchester University Press, 2016.

Smith, J., *The UK's journeys into and out of the EU: Destinations unknown*, Routledge, 2017.

Weller, J. R., ed., *Withdrawal of the United Kingdom from the European Union: Issues and impacts*, Nova publishers, 2013.

371, 377
労働者の自由移動　72, 100, 351, 362, 371
労働党　18, 23, 37, 40, 46, 51, 57, 62, 65, 74, 85, 101, 117, 120, 126, 138, 144, 148, 151, 172, 181, 188, 191, 195, 221, 231, 234, 253, 262, 294, 318, 321, 324, 327, 330, 333, 340, 352, 363, 366, 376
労働党政権　24, 38, 340
ロシア　75, 240
ロビー活動　105
ローマ条約　292
ロンドン　15, 63, 82, 91, 105, 111, 114, 129, 133, 137, 146, 161, 165, 168, 175, 180, 186, 195, 206, 226, 243, 246, 273, 276, 301, 314, 322, 328, 333, 336, 339
ロンドン金融センター　314
ロンドン・シティ　82, 91, 129, 244, 273, 301
ロンドン資本市場　207
ロンドン市民　338
ロンドン証券取引所　167
ロンドン保険市場　165

わ行

若者　144, 150, 187, 195, 235, 322, 362

349, 353, 368

ら行

リスク・マネジメント 247
リスボン条約 67, 291
リセッション 24, 31, 63, 109, 118, 126, 146, 169, 224, 238, 242, 254
離脱協定 195, 202, 300, 311, 315, 352, 376
離脱条項 202, 220, 229, 282, 285, 291, 300, 308
離脱清算金（exit bill） 300, 310
離脱の後悔（Bregret） 242
離脱派 19, 49, 90, 95, 100, 107, 110, 113, 116, 119, 124, 127, 132, 135, 139, 143, 146, 149, 160, 163, 168, 171, 174, 178, 182, 185, 188, 191, 194, 197, 200, 203, 206, 209, 221, 228, 231, 237, 240, 248, 256, 262, 272, 284, 288, 325, 349, 352, 362, 366, 377
離脱派キャンペーン 112, 116, 136, 139, 142, 145, 149
離脱派勝利 162, 169, 173, 178, 188, 191, 194, 197, 200, 239
リーテール業務 274
リーマンショック 177
流動性のワナ 24, 174, 255
量的緩和 24, 31, 127, 174, 254
累進税 32, 40, 43, 66, 257
レクスプレス（L'Express） 369
レッセ・フェール（自由放任主義） 288
レファレンダム 14, 17, 41, 48, 56, 67, 70, 73, 76, 85, 89, 93, 97, 100, 103, 106, 109, 112, 115, 119, 122, 126, 132, 136, 139, 143, 146, 149, 152, 160, 163, 166, 169, 172, 175, 178, 181, 184, 187, 191, 194, 197, 200, 203, 206, 209, 212, 220, 223, 227, 230, 233, 237, 240, 243, 253, 281, 284, 287, 295, 300, 303, 321, 325, 329, 346, 349, 352, 360, 363, 366, 369, 373, 376
レファレンダム・キャンペーン 91, 104, 112, 115, 124, 137, 145, 150, 163, 170, 199
レファレンダム・ショック 173
連合王国 15, 69, 111, 137, 181, 192, 237
連合的パートナーシップ 209
連合的メンバーシップ 95, 300
連邦主義 110, 206
連立政権 19, 22, 27, 30, 33, 37, 40, 46, 51, 63, 75, 79, 182, 334
ロイズ（Lloyd's） 105, 164
ロイズ銀行 105
ロイズ・バンク・グループ（Lloyds Bank Group） 164
ロー・インフレ 68
労働移動 45
労働組合 59, 67, 113, 190, 319
労働者 16, 23, 41, 45, 50, 57, 63, 66, 69, 72, 77, 81, 91, 95, 98, 102, 112, 115, 136, 139, 148, 152, 189, 197, 211, 224, 233, 243, 252, 261, 264, 282, 295, 299, 313, 316, 320, 323, 329, 332, 336, 339, 353, 361, 364, 368,

73, 78, 81, 85, 91, 95, 98, 101, 111, 114, 117, 126, 136, 139, 142, 146, 152, 181, 184, 188, 191, 195, 220, 224, 227, 231, 234, 257, 261, 286, 289, 294, 297, 301, 309, 315, 318, 321, 324, 327, 330, 333, 339, 342, 349, 354, 364
北海 236, 361
ポピュリズム 112, 144
ポーランド 72, 91, 94, 102, 163, 201, 209, 264, 345, 372
ボリス・ジョンソン以外なら誰でもよい（Anybody but Boris：ABB） 186, 221
ホンダ 179

ま行

マイナス金利 167, 254
マクロン・ガブリエル共同声明 370
マーストリヒト条約 16, 67
マンチェスター 332
ミッドランド 147, 161, 320, 328, 332, 376
ミドルスブロー 332
民間デヴェロッパー 261, 339
民衆 17, 26, 32, 39, 51, 66, 185, 213, 222, 226, 229, 232, 253, 257, 260, 263, 299, 322, 326, 329, 333, 338, 341, 344, 353, 360, 364, 367, 370, 373, 376, 401
民主主義 17, 27, 103, 110, 149, 153, 197, 201, 207, 227, 230, 288, 301, 313, 367, 369, 401
民主主義の赤字 17, 367
民主統一党（Democratic Unionist Party, DUP） 194, 331, 334, 342
ムーディーズ（Moody's） 172
メリル・リンチ 130
モルガン・スタンレー（Morgan Stanley） 98, 164, 176

や行

輸出競争力 341
輸入インフレ 127
輸入コスト 239
ユニリーバ 105
ユーラトム（Euratom） 279
ユーロ懐疑主義 48, 91, 142, 189, 222, 370
ユーロ懐疑派 48, 67, 70, 73, 79, 95, 98, 101, 115, 119, 122, 136, 137, 146, 188, 199, 209, 286, 297, 301, 312
ユーロ圏 16, 74, 83, 91, 95, 98, 102, 108, 119, 123, 133, 178, 209, 212, 245, 276, 293, 371
ユーログループ 123
ユーロ建て金融取引 245
ユーロ建てデリヴァティヴ取引 168, 276, 277
ユーロ建て取引の決済 131, 276
ユーロ取引 130, 134
ユーロ・トレーディング 134
ユーロネクスト 134, 246
ユンケル・レポート 206, 207, 371
ヨークシャー（Yorkshire） 147, 161, 377
世論調査 15, 33, 39, 46, 49, 59, 62, 76, 115, 143, 146, 150, 153, 233, 242, 295, 318, 323, 328,

反エスタブリッシュメント 137, 143, 150
反エリート 15, 113, 143
汎欧州資本市場 206
ハンガリー 103, 163, 211, 372
反緊縮政策 324
反緊縮論 209
バンク・オヴ・アメリカ（Bank of America） 98, 130, 176
反グローバル化 244
反ケインズ政策 26
反体制（anti-system） 262
反トラスト 313
非 EU 移民 52
ビジネス・エリート 105
ヒースロー（Heathrow） 170, 180
ビッグ・ビジネス 17, 97, 105, 113, 151, 262, 282, 321, 324, 334, 364
人々の自由移動 70, 82, 93, 111, 125, 140, 182, 187, 196, 203, 209, 226, 281, 287, 290, 298, 312, 315, 364, 373
非ユーロ圏 83, 93, 96, 99
ビルト（Bild） 148
貧困危機 16
貧困率 34, 42
ファイナンシャル・タイムズ 15
フィッチ（Fitch） 172
フォード 178, 363
フォリント（Forint） 163
付加価値税（VAT） 32, 41, 70, 117, 257, 324, 340
福祉 30, 39, 42, 52, 59, 66, 73, 140, 242, 324
福祉支出 30
複数通貨同盟（multicurrency union） 84
不熟練労働者 52, 141, 262, 362
双子の赤字 241
プット・オプション取引 134
不動産開発 337
不動産市場 337
不動産税 255, 339
不平等問題 253, 363
不法移民 81
富裕者 33, 39, 42, 113, 153, 322, 326, 334, 338, 361
ブラジル 240
ブラック・マーケット 361
フランクフルト 105, 133, 168, 176, 244
ブリティッシュ・エアウエイズ 180
ブリティッシュ・ナショナリズム 136
ブリティッシュ・レイランド（British Layland） 129
ブルー・レーバー 152, 189
フレキシブル Brexit 290
プロ欧州 16, 103, 111, 138, 175, 365
ヘッジファンド 68, 132, 166, 299, 337
ベビーブーマー 195
貿易障壁 171, 350
貿易政策 96, 100
報酬格差 253
報酬システム 252
報酬の制限 224
法人税 41, 68, 232, 245, 298, 340
北部ユーロ圏 372
保護主義 242, 350
保守主義 227
保守党 14, 19, 22, 25, 28, 33, 37, 40, 46, 49, 52, 56, 59, 62, 66, 69,

東欧市民 210
東欧諸国 38, 45, 72, 83, 91, 94, 163, 210
投機ビジネス 166
投資銀行 113, 130, 176, 246, 247, 253, 273
投資銀行業務 247
同等システム 275
同等ルール 274
東部ミッドランド（East Midlands） 147, 161
東方拡大 91, 121, 140
独立レファレンダム 69, 145, 192, 235
トーマス・クック（Tomas Cook's） 180
ドミノ効果 121, 173, 199, 212
トヨタ 179, 249
トリプルA 172, 371
トリプル・ロック 334
ドル 162, 167, 171, 179, 194, 240, 277, 290
トルコ 202
トレード・オフ 255, 293

な行

ナショナリスト 102, 111, 117, 138, 228, 361, 364
ナショナリズム 71, 112, 136, 288, 363
南欧諸国 211, 249, 316
南北格差問題 373
難民危機 93
二国間協定 107, 119, 202
二層（二スピード）化構想 371
二大政党 57, 181, 231, 320, 327
日産 238, 249, 361
ニュー・ライト 23
ニュー・レーバー 191, 326
認知症税（dementia tax） 323
年金 41, 96, 187, 195, 257, 265, 334, 347
年金受給者 41, 195, 265, 335
農業 119, 147, 248, 251, 282, 288, 345, 351
農業補助金 250, 288, 345
農業問題 251
ノーザン・ロック（Northern Rock） 24
ノー・ディール 309, 312, 342, 346, 350
ノー・モア緊縮 326
ノルウェー 187, 202, 210, 283

は行

ハイテク産業 152
白人労働者階級 112, 189
バークレーズ（Barclays） 164, 247
パスポート権 106, 165, 176, 273, 282, 350
パスポート・システム 274
ハードBrexit 281, 285, 288, 291, 302, 309, 318, 343, 347, 351, 364
ハードランディング 203
反EU 51, 70, 78, 100, 103, 121, 182, 196, 199, 316, 329, 364
反移民 15, 51, 52, 70, 111, 136, 139, 188, 199, 285, 295, 321, 329, 361, 364
反移民策 52
反移民政策 188, 199

政府支出 24, 29, 58, 110, 232, 236, 256, 327, 335
石油 236
セラフィールド（Sellafield） 279
ソシエテ・ジェネラル（Société Générale） 134
ソーシャル・ケア 224, 257, 323, 328, 333
ソフト Brexit 281, 286, 289, 343, 348, 364
ソフト・ランディング 202, 314

た行

第一次所得収支 44
第五〇条（離脱条項） 202, 220, 229, 285, 291, 294, 300, 308, 312, 315, 332, 347, 353, 376
第三の道 23, 190, 294
大西洋貿易・投資パートナーシップ（Transatlantic Trade and Investment Partnership：TTIP） 198
対内移民 45, 81
第二次所得収支 45
大望を抱いた自由貿易協定（Big Ambitious Free Trade Agreement：BAFTA） 314
絶えず一層緊密になる同盟（ever-closer union） 80, 96, 100, 123, 371
多国籍企業 98, 105, 364
ダブリン 134, 176, 244
単一市場 74, 81, 84, 100, 104, 108, 119, 123, 126, 129, 133, 141, 175, 187, 193, 202, 205, 210, 221, 226, 233, 236, 243, 249, 273, 281, 284, 287, 290, 293, 296, 309, 312, 315, 329, 348, 351, 364, 371
単一通貨 84, 178, 371
単一通貨市場 178
短期成果主義 247
小さな社会 28, 33
置換労働者（posted worker） 361, 364, 368, 371
地方税 258
中小企業 253, 321, 340
中道右派 23, 70, 92, 146, 316
中道左派 18, 23, 65, 101, 151, 188, 191, 209, 233, 320, 327, 363
中道社会民主派 65
中部イングランド 113
超競争的経済 232
直接民主制 227, 231, 288, 301
通貨オプション市場 134
通貨切下げ 341
通貨交換協定 277
通貨市場 162, 168, 178
通商協定 119, 202, 236, 249, 284, 290, 300, 311, 315
帝国 102, 136, 145, 185, 263, 363, 401
帝国主義論 185
低所得者 251, 260, 321, 338, 339
低賃金労働者 50
低利子率政策 174
デイリー・テレグラフ（Daily Telegraph） 116, 145
テクノクラート（高級官僚） 16
デフレ 40, 68
テーラー型（注文型）の通商協定 249
テロ 144, 246, 329, 333
ドイツ証券取引所 167, 246

社会的住宅建設開発ファンド 261
社会的ステータス 264
社会的ダンピング 313, 373
社会的トリプルA 371
社会的包摂 225
社会的ヨーロッパ 67
社会的流動性 322
社会福祉システム 324
社会民主派 65, 75
社会問題 58, 220, 251, 257, 330, 333
シャルルマーニュ賞 368
自由化政策 262
自由関税地 126
自由主義 63, 185, 198, 250, 288, 321, 365
自由主義経済 198
住宅価格 109, 142, 260, 322, 339
住宅危機 261, 336
住宅行政 260
住宅建設 223, 260, 323, 339
住宅不足問題 260
自由貿易 74, 100, 119, 125, 185, 197, 283, 286, 293, 298, 313, 350
自由貿易協定（FTA） 74, 125, 185, 198, 283, 298, 300, 313, 350
自由貿易推進論者 197
自由民主党 22, 27, 30, 41, 46, 60, 144, 182, 195, 331, 352, 365
熟練移民労働者 82, 243
熟練労働者 52, 81, 140, 244, 262, 336, 362
純対外投資収益 44
証券市場 8, 164
消費支出 238
消費税 255, 299
食料生産者 241
ショック・アブソーバー 212
所得格差 253, 361
所得税 31, 41, 63, 70, 257, 340
シリザ（Syriza） 66
シンガポール 130, 288, 298
シンガポール・モデル 298
新古典派経済学 26
人種差別主義 111, 117, 361
人種差別主義者 111
シン・フェイン（Sinn Fein） 331, 343
人民 113, 229, 232, 301, 325, 374
人民独裁 230
信用バブル 337
スイス 148, 164, 167, 202
スキル・ワーカー 264
スコットランド独立問題 69, 235
スコットランドの独立（Scexit） 76, 111, 145, 172, 193, 235, 290, 331
スコットランド民族党（Scottish National Party：SNP） 57, 60, 65, 69, 76, 193, 231, 237, 331
スターリング 109, 125, 128, 134, 148, 162, 166, 170, 173, 179, 212, 236, 239, 242, 277, 290, 341
ズロティ（Zloty） 163
生活水準 16, 97, 136, 140, 147, 171, 242, 262, 322, 328, 333, 340
政治的エリート 262
政治統合 93, 96, 100, 371
政治同盟 99, 108, 192, 206, 365
政党政治 288
政府赤字 26
政府債 24, 41, 128, 148, 167, 172, 212, 257
政府債務 257

国民保険料 257, 322, 340
国家主権 74, 93, 96, 99, 100, 110, 116, 120, 125, 135, 136, 142, 145, 186, 294, 297, 350
コモンウェルス 185
ゴールドマン・サックス（Goldman Sachs） 98, 113, 131, 170, 174, 177, 248, 253

さ行

債券市場 166
債券利回り 167, 212
最高裁判所 229
財収支 44
財政赤字 16, 22, 26, 29, 36, 43, 63, 125, 236, 241, 256, 299, 321, 367, 373
財政管理局（Office for Budget Responsibility：OBR） 29
財政緊縮政策 22, 29, 37, 58, 85, 175
財政緊縮プログラム 39
財政黒字 222, 255, 256
財政資金移転 41, 125, 236, 339, 373
財政政策 22, 25, 30, 33, 40, 43, 58, 126, 175, 183, 224, 254, 257, 264
財政同盟 99, 365, 373
最低賃金 139, 262, 326, 373
債務危機 26, 94
財務省 25, 98, 106, 107, 108, 109, 115, 118, 124, 140, 169, 223, 238, 250, 256, 337
財務省のアイデア 25
再レファレンダム 195, 282, 353
サッチャリスト 301
サッチャリズム 26
サブプライム危機 173
サプライ・チェーン 105, 310
産業チャレンジ・ファンド 252
産業の空洞化 250
産業プロジェクト 170
サンダーランド 361
残留キャンペーン 93, 97, 111, 132, 137, 148, 165, 189, 221, 239, 248
シェフィールド 256, 332, 376
シェル（Shell） 98, 105
シェンゲン圏 92
自国民第一主義 112, 361
システミック・リスク 337
失業率 34, 40, 139, 316, 361
実質賃金 34, 43, 142, 241, 262
シティ 68, 82, 91, 96, 99, 105, 114, 129, 130, 133, 164, 175, 184, 223, 244, 247, 273, 277, 282, 295, 299, 351
シティ・グループ 164, 176
シティ族 132
自動安定装置 127
自動車産業 178, 248, 287, 291
自動調整メカニズム 127
支払い不能危機 173
資本市場同盟（Capital Market Union：CMU） 206
資本ルール 178
市民権問題 313, 344
社会改革 223, 258, 370
社会政策 65, 85, 322, 325
社会的基準 200
社会的支出 16, 42, 224, 252, 298, 319, 322, 326, 334, 340
社会的市場（social markets） 66
社会的住宅建設 261, 339

373
金融規制　82, 85, 91, 98, 174, 198, 254, 274, 298, 301, 373
金融サーヴィス規制　274
金融サーヴィス・セクター　129
金融サーヴィス・ビジネス　170
金融政策　24, 31, 41, 109, 127, 173, 246, 254
金融政策委員会（Monetary Policy Committee：MPC）254
金融庁（Financial Conduct Authority：FCA）174, 273
金融取引税　48, 246
金融の自由化プログラム　247
金融ビジネス　17, 131, 185, 206
金融ブローカー　132
草の根運動　190, 235, 326
グラマー・スクール（選別スクール）322, 336
クリーンな分断　232, 281, 285, 297, 350
グループ BPCEC　134
クレディ・アグリコール・グループ（Crédit Agricole Group）134
クレディット・クランチ　24, 177
グレンフェル（Grenfell）338
クロス・ボーダー契約　277
クロス・ボーダー投資　131, 198
グローバリゼーション　59, 112, 145
グローバル化　16, 45, 59, 146, 212, 225, 244, 285, 364, 369
グローバル金融危機　17, 24, 65, 144, 162, 173, 258, 361, 370
グローバル都市　196
グローバル・ブリテン　80
経営参加　224
経済ガヴァナンス　93, 372
経済成長　24, 29, 42, 46, 76, 169, 239, 242, 251, 258, 341
経済ナショナリズム　288
経済復興　24, 29, 40, 45, 58
警察官　330
経常赤字　43, 171
経常収支　43, 128, 169, 241
経常収支赤字　128, 241
ケインジアン　25, 63
ケインズ経済学　26
原子力エネルギー　279
原子力産業　278
ケンジントン　338
原油価格　69, 194, 236, 241
原油相場　168
公共サーヴィス　23, 65, 139, 142, 148, 256, 260, 264, 326, 330, 333, 341, 361
公共事業ローン　337
公共支出　30, 119, 125, 257, 261, 316
公共投資　170, 256
航空産業　179
工場労働者　102, 113, 197
構造的赤字　30
公的赤字　299
公的債務　58, 109
公的ファンディング　251
鉱物資源　168
公立学校　335
高齢化　38, 258
高齢者　145, 153, 257, 323, 327, 340
国民戦線（FN）121
国民的医療サーヴィス（National Health Service：NHS）32, 37, 63, 259
国民投票　→レファレンダムを見よ

128, 134, 168, 211, 245, 276
欧州統合　99, 102, 122, 135, 182, 200, 206, 310, 365, 368, 371
欧州プロジェクト　73, 80, 94, 99, 102, 199, 292, 297, 369
欧州問題　48, 91, 111, 120, 227
欧州理事会　82, 97, 122
大きな社会　28, 33, 326
オフショア・トレーディング　245
オプト・アウト　84, 91, 99, 365
オールタナティヴ投資ファンド　132

か行

階級構造　363
外国人嫌い　136, 361
外国人嫌悪主義　112
外国直接投資　45, 105, 125
格付け会社　172
株式市場　162, 166, 212
関税同盟　202, 283, 286, 291, 294, 297, 300, 315, 329, 348, 351, 364, 371
間接税　32, 41
緩和政策　64, 183
議会制（間接）民主主義　227, 230, 288, 301
北アイルランド　15, 35, 111, 137, 147, 161, 192, 208, 243, 310, 313, 334, 342
逆進税　32, 340
キャピタル・フライト　128
キャメロン政権　30, 40, 43, 46, 51, 59, 62, 71, 76, 110, 117, 182, 224, 253, 260, 321, 330, 335, 341, 368
キャメロン連立政権　52, 63, 334, 336
教育支出　30, 336
競争力　93, 96, 99, 107, 129, 152, 166, 179, 197, 225, 299, 316, 341
共通農業政策（CAP）250
共通予算　272, 372
共通ルール　198
共同決定（Mitbestimmung）226
恐怖のプロジェクト　127, 146, 169, 239
漁業権　278
漁業戦争　278
ギリシャ　16, 26, 27, 66, 83, 94, 103, 152, 201, 207, 211, 313, 368, 373, 376, 401
ギリシャ危機　16, 26, 103, 153, 201, 207, 313, 369, 401
ギリシャ救済　209
キリスト教民主同盟（CDU）209
金価格　162, 168
緊急財政政策　126
銀行監督　246
金鉱山会社　164
銀行同盟　96, 99, 178, 274
緊縮　16, 19, 22, 26, 29, 32, 37, 40, 43, 46, 52, 58, 63, 66, 69, 75, 85, 104, 110, 120, 126, 136, 151, 175, 183, 209, 222, 225, 232, 235, 252, 258, 261, 264, 299, 317, 321, 324, 327, 330, 334, 337, 340, 341, 361
緊縮緩和策　42, 47
緊縮予算　120, 261
金融エリート　105
金融勘定　44
金融危機　17, 24, 58, 65, 68, 99, 133, 144, 162, 173, 178, 240, 247, 258, 277, 299, 340, 361, 370,

331, 362
イギリスの是正（The UK correction） 345
イギリス法 346
イギリス＝連合王国（UK） 69
移行措置 202, 295, 315, 376
五つ星運動 212
移民 17, 38, 45, 48, 51, 59, 70, 73, 81, 85, 91, 94, 97, 103, 108, 111, 114, 117, 120, 125, 136, 139, 142, 146, 149, 181, 186, 199, 204, 210, 221, 226, 232, 243, 260, 263, 281, 284, 287, 290, 293, 309, 313, 321, 328, 333, 336, 346, 353, 361, 364, 368, 371, 376
移民送り出し国 210
移民規制モデル 285
移民コントロール 210, 282, 290, 321
移民システム 59
移民問題 48, 51, 92, 117, 120, 138, 142, 146, 150, 226, 261, 265, 293
移民抑制策 81
移民労働者 16, 45, 50, 73, 82, 91, 95, 98, 136, 140, 211, 243, 262, 282, 316, 361, 364
医療危機 259
医療ケア 37, 257, 347
医療サーヴィス 31, 37, 63, 259, 326
医療サーヴィス・ファンド 259
イングランド銀行 24, 31, 41, 69, 98, 109, 113, 127, 132, 164, 169, 173, 177, 238, 242, 254, 277, 289, 337
イングランド北東部 320, 328, 332
インド 119
インフレ・リスク 242
インフレ率 69, 254
ヴィスグラド（Visegrad）諸国 372
ウィンブルドン現象 273
ヴォーダフォン（Vorderphone） 98
宇宙産業 291
エアバス 179
エクィティ・マーケット 166
エスタブリッシュメント 101, 104, 112, 115, 137, 143, 150, 197, 224, 231, 235, 369
エリート 15, 18, 39, 66, 101, 105, 112, 115, 126, 133, 136, 143, 150, 182, 213, 221, 232, 261, 322, 325, 353, 361, 364, 367, 370
円 163
オイル・ショック 240, 376
欧州委員会 48, 78, 83, 102, 193, 203, 206, 275, 285, 292, 293, 300, 316, 345, 369, 371
欧州ガヴァナンス 369
欧州合衆国構想 374
欧州為替相場メカニズム 240
欧州議会 51, 82, 92, 193, 202, 311, 362
欧州金融規制 275
欧州経済圏（European Economic Area：EEA） 107, 187, 204, 281
欧州再建 370
欧州司法裁判所 276, 285, 312, 315, 346, 349
欧州資本市場 135, 206
欧州市民 100, 200, 346, 367, 370, 376
欧州証券取引所 274
欧州中央銀行（ECB） 84, 98, 123,

EU 単一市場 84, 108, 130, 133, 193, 202, 205, 210, 221, 243, 249
EU 法 71, 83, 118, 122, 229, 272, 276, 314, 346, 371
EU メンバーシップ 48, 67, 71, 106, 114, 132, 136, 153, 192, 202, 350
EU 予算 118, 144, 272, 289, 297, 303, 345, 348
EU 離脱 49, 71, 80, 92, 95, 106, 112, 115, 118, 122, 130, 135, 138, 141, 145, 148, 160, 167, 174, 180, 187, 192, 195, 199, 202, 206, 210, 224, 235, 238, 262, 271, 280, 283, 289, 329, 332, 352, 360, 369
EU レファレンダム 17, 48, 67, 70, 73, 76, 85, 89, 120, 137, 152, 160, 172, 180, 192, 195, 199, 207, 223, 227, 230, 233, 368, 376
Frexit 122
FT →ファイナンシャル・タイムズを見よ
FTA →自由貿易協定を見よ
FTSE100 68, 98, 104, 148, 164, 253
Grexit 問題 73
HSBC 170, 247
IMF 113, 151
J・P・モルガン・スタンレー（Morgan Stanley） 98
J・P・モルガン・チェース 176, 248
LSE →ロンドン証券取引所を見よ
MPC →金融政策委員会を見よ
Nexit 199
OECD 113, 128, 243
RBS（Royal Bank of Scotland） 164
R&D 投資 252
Scexit →スコットランドの独立を見よ
SNP →スコットランド民族党を見よ
S&P 172
UKIP →イギリス独立党を見よ
VAT →付加価値税を見よ
WTO 107, 202, 205, 286, 350
WTO ルール 202, 205, 350

あ行

アイルランド 15, 35, 103, 111, 128, 137, 147, 161, 192, 194, 207, 243, 246, 310, 313, 334, 342
アヴィヴァ（Aviva） 165
アウト・ソーシング（社外調達） 263
アセット・マネージャー 165
アセット・マネジメント 132, 273
アングロ・スコッティッシュ政治同盟 192
安全資産 166
安全保障 121, 202, 279, 311, 314, 329, 343
いいとこ取り（cherry picking） 203, 210, 281, 290, 294, 299, 302, 312, 365
怒りのプロジェクト 111, 137
イギリス市民 50, 59, 73, 99, 114, 120, 140, 146, 183, 264, 288, 346, 368
イギリス独立党（United Kingdom Independent Party：UKIP） 51, 59, 70, 81, 111, 117, 137, 149, 184, 230, 233, 262, 294,

ボールズ、E（Balls） 77
マクミラン、H（Macmillan） 227
マクラスキー、L（McCluskey） 190
マクロン、E（Macron） 200, 209, 349, 370
マックシェーン、D（Macshane） 16
ミュンショー、W（Münchau） 74, 127, 281, 352
ミリバンド、E（Miliband） 40, 57, 60, 64, 75, 191, 234
ムッソリーニ、B（Mussolini） 227
メイ、T（May） 52, 186, 220, 223, 226, 229, 232, 249, 252, 255, 258, 261, 264, 279, 283, 286, 289, 292, 295, 298, 301, 308, 311, 314, 317, 320, 323, 328, 331, 334, 337, 340, 343, 346, 349, 353, 363, 366, 376
メイジャー、J（Major） 62, 138, 227, 343
メルケル、A（Merkel） 83, 102, 182, 199, 203, 208, 249, 290, 303, 310, 316, 367
モルガン、N（Morgan） 151
ユゴー、V（Hugo） 374
ユンケル、J-C（Juncker） 48
ラックマン、G（Rachman） 76, 111, 121, 143, 205, 261, 352
ラッド、A（Rudd） 295
ルッテ、M（Rutte） 199
ル・ペン、M（Le Pen） 110, 121, 150, 199
レッドソム、A（Leadsom） 222
レンツィ、M（Renzi） 212

事項

欧文

ABB →「ボリス・ジョンソン以外なら誰でもよい」を見よ
AIG（American International Group） 166, 273
BNP パリバ（Paribas） 134
Brexit 交渉 220, 248, 264, 271, 277, 291, 294, 297, 301, 314, 317, 342, 346, 349, 353, 364
Brexit 派 71, 107, 123, 144, 203, 225, 230, 238, 275, 284, 287, 294, 297, 312, 315, 318, 331, 349
Brexit 問題 73, 92, 331
CAP →共通農業政策を見よ
CDU →キリスト教民主同盟を見よ
CMU →資本市場同盟を見よ
DUP →民主統一党を見よ
ECB →欧州中央銀行を見よ
EDF 279
ERM →欧州為替相場メカニズムを見よ
EU 移民 51, 73, 82, 93, 97, 117, 140, 205, 211, 264, 285, 366, 371
EU 改革案 85, 94
EU 残留 16, 49, 68, 75, 91, 94, 97, 100, 103, 106, 109, 118, 130, 133, 140, 144, 148, 153, 161, 169, 174, 180, 189, 194, 197, 206, 228, 237, 248, 300, 312, 343, 348, 365, 376
EU 市民 93, 210, 264, 302, 309, 312, 318, 329, 344, 347, 369
EU 市民権 303, 344, 347

319, 324, 328, 334, 363, 366
ザオラレック、L（Zaoralek） 369
サッチャー、M（Thatcher） 26, 67, 110, 227, 260, 272, 298, 319, 324, 339, 345, 365
サルコジ、N（Sarkozy） 209, 372
サンダース、B（Sanders） 66, 150
ジェニングス、W 114
シドロ、B（Szydlo） 211
ジャヴィド、S（Javid） 261
シュルツ、M（Schultz） 193, 203
ショイブレ、W（Schäuble） 123, 205, 209, 310
ジョンソン、B（Johnson） 115, 136, 185, 188, 204, 221, 225, 228, 288, 297, 310
ジン、H-W（Sinn） 372
スタージョン、N（Sturgeon） 69, 192, 235, 289
スティーヴンス、P（Stephens） 15, 59, 77, 110, 136, 348
ストゥブ、A（Stubb） 95
スミス、I・D 49, 118
ダール、K・T（Dahl） 199
チャーチル、W（Churchill） 79
ツィプラス、A（Tsipras） 152
デイヴィス、D（Davis） 73, 225, 283, 289, 293, 301, 310, 315
ディーセルブルーム、J（Dijeselbloem） 123
ティリー、J（Tilley） 363
ティンメルマンス、F（Timmermans） 80, 292
デヴォリュイ、M（Dévoluy） 17
トゥスク、D（Tusk） 93, 102, 148, 198, 203, 311, 367
ド・ゴール、C（De Gaulle） 79
ドラギ、M（Draghi） 84, 123, 276
トランプ、D（Trump） 110, 143, 150, 227, 261
ノーマン、J（Norman） 280
バーカー、A（Barker） 281, 297
ハモンド、P（Hammond） 49, 224, 232, 242, 250, 254, 257, 289, 295, 321, 335, 340
バルニエ、M（Barnier） 275, 301, 310, 313, 316, 342, 345
ハント、J（Hunt） 195
ヒース、E（Heath） 170, 227, 319
ヒットラー、A（Hitler） 227
ピリス、J-C（Piris） 122, 123
ヒル、J（Hill） 206, 223
ファーガソン、N（Ferguson） 63
ファラージ、N（Farage） 70, 111, 137, 230, 262
ファロン、T（Farron） 195
フィリポ、F（Philippot） 122
フィールディング、S（Fielding） 325
フォスター、A（Foster） 194, 343
フォックス、L（Fox） 95, 225, 283, 286, 289
ブラウン、G（Brown） 24, 27, 101, 148, 189, 233
ブランクファイン、L（Blankfein） 248
フランシス（Francis）法王 368
ブルトン、J（Bruton） 208
ブレア、T（Blair） 16, 23, 39, 65, 138, 189, 195, 233, 319, 325, 352, 363
ベイカー、S（Baker） 71
ベン、H（Benn） 190, 326
ボグダノー、V（Bogdanor） 15, 226

索　引

人名

ヴァルス、M（Valls） 245
ウィルソン、H（Wilson） 71, 319
ウルフ、M（Wolf） 92, 101, 107, 110, 139, 227, 230, 243, 287, 300
エヴァンス、G（Evans） 363
オズボーン、G（Osborne） 22, 25, 30, 33, 37, 40, 52, 58, 63, 68, 84, 107, 110, 118, 126, 148, 151, 182, 186, 222, 225, 232, 256, 285, 295, 301, 322
オランド、F（Hollande） 78, 99, 102, 133, 196, 199, 204, 209, 245, 276, 371
オルバン、V（Orban） 103, 211
カー、J（Kerr） 291
カチンスキー、J（Kaczyski） 201, 209
カーニー、M（Carney） 41, 109, 127, 132, 165, 173, 239, 254, 277, 289
ガネシュ、J（Ganesh） 66, 143, 223
ガブリエル、S（Gabriel） 200, 209, 370
カミングス、D（Cummings） 116
カーン、S（Kahn） 329
キャメロン、D（Cameron） 16, 19, 22, 25, 28, 32, 37, 40, 43, 46, 49, 52, 56, 59, 63, 67, 70, 73, 76, 79, 82, 85, 90, 93, 96, 99, 102, 105, 109, 115, 118, 124, 135, 141, 146, 149, 152, 180, 183, 186, 189, 196, 201, 205, 211, 220, 224, 227, 253, 260, 292, 319, 322, 330, 334, 337, 341, 348, 365, 368
キング、M（King） 170
グッドウィル、R（Goodwill） 263
グッドウィン、M（Goodwin） 70
クラーク、H（Clarke） 37
グラント、C（Grant） 114
グリーニング、J（Greening） 225
グリル、B（Gryll） 212
クルーグマン、P（Krugman） 63
クーレ、B（Couré） 276
グレイリング、C（Grayling） 117, 123, 184
クレッグ、N（Clegg） 27, 32, 182, 231, 352, 365
クロスビー、L（Crosby） 63
ケインズ、J・M（Keynes） 24
ケニー、E（Kenny） 103, 138, 208, 342
ゴーヴ、M（Gove） 49, 126, 221, 224
コックス、ジョー（Jo Cox） 149
コービン、J（Corbyn） 66, 120, 144, 150, 188, 191, 197, 233, 253,

【著者略歴】
尾上 修悟（おのえ しゅうご）
1949年生まれ。現在、西南学院大学経済学部教授。京都大学博士（経済学）。日本EU学会理事。2000年と2004年にパリ・シアンス・ポリティークにて客員研究員。主な著書は『イギリス資本輸出と帝国経済』（ミネルヴァ書房、1996年）、『フランスとEUの金融ガヴァナンス』（ミネルヴァ書房、2012年）、『欧州財政統合論』（ミネルヴァ書房、2014年）、『ギリシャ危機と揺らぐ欧州民主主義』（明石書店、2017年）、A．アルティ『「連帯金融」の世界』（訳書、ミネルヴァ書房、2016年）、『国際金融論』（編著、ミネルヴァ書房、1993年）、『新版 国際金融論』（編著、ミネルヴァ書房、2003年）、『新版 世界経済』（共編著、ミネルヴァ書房、1998年）、『イギリス帝国経済の構造』（共著、新評論、1986年）、『国際経済論』（共著、ミネルヴァ書房、1987年）、『国際労働力移動』（共著、東京大学出版会、1987年）、『世界経済』（共著、ミネルヴァ書房、1989年）、『新国際金融論』（共著、有斐閣、1993年）、『世界経済論』（共著、ミネルヴァ書房、1995年）、『世界経済史』（共著、ミネルヴァ書房、1997年）など。

BREXIT《ブレグジット》 「民衆の反逆」から見る英国のEU離脱

――緊縮政策・移民問題・欧州危機

2018年1月25日　　初版第1刷発行

著　者　　尾　上　修　悟
発行者　　大　江　道　雅
発行所　　株式会社 明石書店

〒101-0021 東京都千代田区外神田6-9-5
電 話　03（5818）1171
FAX　03（5818）1174
振 替　00100-7-24505
http://www.akashi.co.jp

装丁　清水肇（プリグラフィックス）
印刷／製本　モリモト印刷株式会社

（定価はカバーに表示してあります）　ISBN978-4-7503-4618-2

格差拡大の真実

——二極化の要因を解き明かす

経済協力開発機構（OECD） 編著
小島克久、金子能宏 訳

A4判変型／並製／464頁 ◎7200円

1パーセント、さらには一握りの高所得者の富が膨れ上がり、二極化がますます進むのはなぜか？ グローバル化、技術進歩、情報通信技術、海外投資、国際労働移動、高齢化、世帯構造の変化などの各種の要因を詳細に分析し、格差が拡大してきたことを明らかにする。

内容構成

概要　OECD加盟国における所得格差拡大の概観
特集　新興経済国における格差

第I部　グローバル化、技術進歩、政策は賃金格差と所得格差にどのような影響を及ぼすのか
経済のグローバル化、労働市場の制度・政策、賃金格差の動向／経済のグローバル化と制度・政策の変化の所得格差への影響／就業者と非就業者の格差

第II部　労働所得の格差はどのように世帯可処分所得の格差を引き起こすのか
所得格差の要素：労働時間、自営業、非就業／世帯の就業所得の格差の動向：家族構成の変化が果たす役割／世帯就業所得の格差から世帯可処分所得の格差へ

第III部　税と社会保障の役割はどのように変化したか
税と社会保障による所得再分配機能：過去20年間の変化／公共サービスが所得格差に及ぼす影響／高額所得者の傾向と租税政策

格差は拡大しているか OECD諸国における所得分布と貧困
OECD編著　小島克久、金子能宏訳　◎5600円

地図でみる世界の地域格差 都市集中と地域発展の国際比較
OECD地域指標（2013年版）オールカラー版
OECD編著　中澤高志、神谷浩夫監訳　◎5500円

格差と不安定のグローバル経済学 ガルブレイスの現代資本主義論
ジェームス・K・ガルブレイス著　塚原康博、鈴木賢志、馬場正弘、鑓田 亨訳　◎3800円

世界の労働市場改革 OECD新雇用戦略
雇用の拡大と質の向上、所得の増大をめざして
OECD編著　樋口美雄監訳　戎居皆和訳　◎5000円

世界の若者と雇用 学校から職業への移行を支援する
〈OECD若年者雇用レビュー：統合報告書〉
OECD編著　濱口桂一郎監訳　中島ゆり訳　◎3800円

グローバリゼーション事典 地球社会を読み解く手引き
アンドリュー・ジョーンズ著　佐々木てる監訳　◎4000円

新版グローバル・ディアスポラ
明石ライブラリー150　ロビン・コーエン著　駒井 洋訳　◎4800円

グローバル化する世界と「帰属の政治」 移民・シティズンシップ・国民国家
ロジャース・ブルーベイカー著　佐藤成基、高橋誠一、岩城邦義、吉田公記編訳　◎4600円

〈価格は本体価格です〉

郵便はがき

料金受取人払郵便

神田局
承認

8956

差出有効期間
2018年 9 月
30日まで

切手を貼らずに
お出し下さい。

101-8796

537

【受　取　人】

東京都千代田区外神田6-9-5

株式会社 **明石書店** 読者通信係 行

お買い上げ、ありがとうございました。
今後の出版物の参考といたしたく、ご記入、ご投函いただければ幸いに存じます。

ふりがな お 名 前	年齢	性別

ご 住 所　〒　　　-

TEL　(　　　)　　FAX　(　　　)

メールアドレス	ご職業（または学校名）

＊図書目録のご希望	＊ジャンル別などのご案内（不定期）のご希望
□ある □ない	□ある：ジャンル（　　　　） □ない

書籍のタイトル

◆本書を何でお知りになりましたか？
□新聞・雑誌の広告…掲載紙誌名[ ]
□書評・紹介記事……掲載紙誌名[ ]
□店頭で □知人のすすめ □弊社からの案内 □弊社ホームページ
□ネット書店［ ］ □その他[ ]

◆本書についてのご意見・ご感想
■定　価 □安い（満足） □ほどほど □高い（不満）
■カバーデザイン □良い □ふつう □悪い・ふさわしくない
■内　容 □良い □ふつう □期待はずれ
■その他お気づきの点、ご質問、ご感想など、ご自由にお書き下さい。

◆本書をお買い上げの書店
［ 市・区・町・村 書店 店］

◆今後どのような書籍をお望みですか？
今関心をお持ちのテーマ・人・ジャンル、また翻訳希望の本など、何でもお書き下さい。

◆ご購読紙 (1)朝日 (2)読売 (3)毎日 (4)日経 (5)その他[新聞]
◆定期ご購読の雑誌［ ］

ご協力ありがとうございました。

ご意見などを弊社ホームページなどでご紹介させていただくことがあります。 □諾 □否

◆ご 注 文 書◆ このハガキで弊社刊行物をご注文いただけます。
□ご指定の書店でお受取り……下欄に書店名と所在地域、わかれば電話番号をご記入下さい。
□代金引換郵便にてお受取り…送料+手数料として300円かかります(表記ご住所宛のみ)。

書名	冊
書名	冊

ご指定の書店・支店名	書店の所在地域 都・道 府・県 市・区 町・村
	書店の電話番号 ( )